财务管理与会计研究

肖首荣　张亚丽　王　晗　著

吉林科学技术出版社

图书在版编目（CIP）数据

财务管理与会计研究 / 肖首荣，张亚丽，王晗著
. -- 长春：吉林科学技术出版社，2023.8
ISBN 978-7-5744-0937-8

Ⅰ．①财… Ⅱ．①肖… ②张… ③王… Ⅲ．①财务管理－研究②会计学－研究 Ⅳ．①F275②F230

中国国家版本馆 CIP 数据核字（2023）第 201201 号

财务管理与会计研究

著　　者	肖首荣　张亚丽　王　晗	
出 版 人	宛　霞	
责任编辑	潘竞翔	
封面设计	树人教育	
制　　版	树人教育	
幅面尺寸	185mm×260mm	
开　　本	16	
字　　数	290 千字	
印　　张	13.25	
印　　数	1-1500 册	
版　　次	2023 年 8 月第 1 版	
印　　次	2024 年 2 月第 1 次印刷	
出　　版	吉林科学技术出版社	
发　　行	吉林科学技术出版社	
地　　址	长春市南关区福祉大路 5788 号出版大厦 A 座	
邮　　编	130118	
发行部电话/传真	0431—81629529　　81629530　　81629531	
	81629532　　81629533　　81629534	
储运部电话	0431—86059116	
编辑部电话	0431—81629520	
印　　刷	三河市嵩川印刷有限公司	
书　　号	ISBN 978-7-5744-0937-8	
定　　价	80.00 元	

前　言

我国的经济目前正处于极速发展的过程中，随着市场竞争的程度越来越激烈，对市场大环境可能造成影响的因素越来越多，我国企业组织形式的复杂程度也在不断提升。在这样的背景下，各企业如何对其复杂的组织机构进行管理就显得尤为重要了。特别是在对企业来说意义非凡的扩张阶段，选择以什么样的形式进行扩张，扩张之后又以怎样的模式进行管理，都是各个企业需要考虑的问题。

财务管理是在一定的整体目标下，关于资产的购置（投资）、资本的融通（筹资）和经营中的现金流量（营运资金），以及利润分配的管理。财务管理是企业管理的一个组成部分，它是根据财经法规制度，按照财务管理的原则，组织企业财务活动，处理财务关系的一项经济管理工作。在现代企业管理当中，财务管理是一项涉及面广、综合性和制约性都很强的系统工程。

会计发展的历程表明，经济越发展，会计越重要。会计作为市场经济活动的主要组成部分，其信息质量的高低直接影响着经营者、投资人和社会公众等相关者的利益，进而影响着整个国民经济秩序。随着我国社会主义市场经济的发展，经济业务推陈出新，会计处理日趋复杂，不断对会计从业人员提出新问题和新挑战。社会对高质量、高透明度会计信息的需求不断增加，所有这些都要求会计从业人员不断提高素质。为保证社会主义市场经济有序运行，必须强化对会计人员的继续教育和管理，充分发挥会计在市场经济中的重大作用。

由于时间仓促，本书在创作过程中难免存在疏漏之处，敬请各位读者指正！

目　录

第一章　财务管理概述

第一节　财务管理的理论基础

一、财务管理的概念

财务管理是组织企业财务活动、处理财务关系的一项经济管理工作。因此，要了解什么是财务管理，首先要了解企业的财务活动和财务关系。

（一）企业的财务活动

企业的财务活动是以现金收支为主的企业资金收支活动的总称。在商品经济条件下，拥有一定数额的资金，是进行生产经营活动的必要条件。企业的生产经营过程，一方面表现为物资的不断购进和售出；另一方面则表现为资金的支出和收回，企业的经营活动不断进行，也会不断产生资金的收支，企业资金的收支构成了企业经济活动的一个独立方面，这便是企业的财务活动。

（二）企业财务关系

企业财务关系是指企业在组织财务活动过程中与各有关方面发生的经济关系。企业的筹资活动、投资活动、经营活动、利润及其分配活动与企业内部和外部的各方面有着广泛的联系。

企业的财务关系可概括为以下几个方面。

1. 企业与所有者之间的财务关系

这主要是指企业所有者向企业投入资金，企业向其所有者支付投资报酬所形成的经济关系。企业所有者主要有四类：①国家。②法人单位。③个人。④外商。企业同其所有者之间的财务关系，体现着所有权的性质，反映着经营权和所有权的关系。

2. 企业与债权人之间的财务关系

这主要是指企业向债权人借入资金，并按借款合同的规定按时支付利息和归还本金所形成的经济关系。企业债权人主要有：①债券持有人；②贷款机构；③商业信用的提供者；④其他出借资金给企业的单位或个人。企业同其债权人的关系呈现的是债权与债务的关系。

3. 企业与其他被投资单位的财务关系

这主要是指企业将其闲置的资金以购买股票或直接投资的形式向其他企业投资所形成的经济关系。企业向其他单位投资，应按约定履行出资义务，参与被投资单位的利润分配。企业与被投资单位的关系是体现所有权性质的投资与受资关系。

4. 企业与债务人的财务关系

这主要是指企业将其资金以购买债券、提供借款或商业信用等形式出借给其他单位所形成的经济关系。企业将资金借出后，有权要求其债务人按约定的条件支付利息和归还本金。企业同其债务人的关系体现的也是债权与债务关系。

5. 企业内部各单位的财务关系

这主要是指企业内部各单位之间在生产经营各环节中相互提供产品或劳务所形成的经济关系。企业在实行内部经济核算制的条件下，企业供、产、销各部门以及各生产单位之间，相互提供产品和劳务要进行计价结算，这种在企业内部形成的资金结算关系，体现了企业内部各单位之间的利益关系。

6. 企业与职工之间的财务关系

这主要是指企业在向职工支付劳动报酬的过程中所形成的经济关系。企业要用自身的产品销售收入，向职工支付工资、津贴、奖金等，按照提供的劳动数量和质量支付职工的劳动报酬。这种企业职工之间的财务关系，体现了职工和企业在劳动成果上的分配关系。

7. 企业与税务机关之间的财务关系

这主要是指企业要按税法的规定依法纳税而与国家税务机关所形成的经济关系。任何企业，都要按照国家税法的规定缴纳各种税款，以保证国家财政收入的实现，满足社会各方面的需要。及时、足额地纳税是企业对国家的贡献，也是对社会应尽的义务。因此，企业与税务机关的关系反映的是依法纳税和依法征税的权利义务关系。

二、财务管理的目标

企业的财务管理是基于企业这个实体存在为前提而进行的一系列理财活动。这使得企业财务管理成为企业管理的一部分，财务管理目标取决于企业目标。

（一）财务管理的目标

企业是根据市场反映的社会需要来组织和安排商品生产和交换的社会经济组织，企业必须有自己的经营目标。企业一旦成立，就要面临竞争，并处于生存和倒闭、发展和萎缩的矛盾之中。企业必须生存下去才可能获利，只有发展才能求得生存。因此，企业的目标可以概括为生存、发展和获利，其中获利应该是企业的终极目标。

1. 生存

生存是企业获利的首要条件，企业生存的基本条件是以收抵支，也就是企业从市场上获得的货币量至少要等于其付出的货币量，才能够维持企业的持续经营。一方面，企业使用货币去市场上购买货物，以取得企业发展所需资源；另一方面，企业生产出产品或提供服务，以满足市场需求，从而从市场上获取货币。一旦企业不能够持续创新，并且以独特的产品和服务取得货币收入，或者不能够持续降低成本从而减少货币流出，那么企业将缺少足够的货币资金从市场上购买必需的资源，企业将出现亏损的局面。长期如此，将出现恶性循环，企业就会萎缩，甚至会因无法维持最低的运营条件而使企业终止。

企业生存的另一个基本条件是能够偿还到期债务。企业为了扩大规模进行长期投资，或者为了满足短期经营周转需要，向银行等金融机构申请贷款。如果企业不能够到期偿还本金和利息，按照国家有关法律规定，债务人必须破产还债。

2. 发展

企业必须在发展中求得生存。在竞争日益激烈的现代社会，在科技不断进步的经济浪潮中，在产品不断更新的时代背景下，如果企业仅仅满足于以收抵支或到期偿债，而不去思考企业的发展问题，不去创新产品、工艺、工作流程，不去学习各种先进理念和方法，企业将缺少核心竞争力，就可能被对手逐渐占有自己已有的市场份额，被优胜劣汰的自然竞争规律所淘汰。企业的发展集中表现为扩大收入，这就要求企业必须不断更新设备、技术和工艺，改进管理，提高产品质量，不断创新产品，扩大产品销售量，努力增加企业销售收入。在市场经济中，各种资源的取得都需要付出货币，因此企业的发展离不开资金，财务管理活动必须为企业发展提供充足的资金保证。

3. 获利

获利是企业生存的根本目的。企业必须能够获利，才有其存在的价值。只有企业获利，它才有可能改善职工收入、改善劳动条件、提高产品质量、实现产品创新、扩大市场份额，从而实现企业的发展需要。从财务角度来看，盈利就是超过企业投资额的回报。企业的每项资产都是投资，都必须从经营中获得回报。获取盈利是最具综合性的目标，它不仅体现了企业的出发点和归宿，而且反映了企业其他目标的实现程度。财务管理的本质就是通过有效的配置资源、合理的安排资金，使得企业尽可能多的盈利。

（二）财务管理目标与企业管理目标的一致性和独立性

企业管理是一个庞大复杂的控制系统，财务管理是该系统的一个子系统，子系统必须服从系统的整体效益。"目标整体性要求协调整体目标与子系统目标的关系，以实现整体目标的最优。从这个意义上说，财务管理的总目标与企业管理的整体目标是统一的。纵观中外具有代表性的财务管理目标观，无论是产值最大化、利润最大化，还是股东财富最大化、企业价值最大化，尽管表述方式和主体侧重点有所不同，但是它们的共同之处在于与企业获利最大化这一企业目标的一致性。

财务管理的总目标虽与企业管理目标基本一致，但如何将财务管理的总目标定位得更准确、更具操作性，应作为财务管理目标的研究出发点之一。财务管理目标是企业进行理财活动所希望实现的结果。然而，由于委托代理问题的存在，企业不同利益相关者对企业的财力分配有不同的预期，因而，在满足盈利这一企业总目标下，应当通过对财务管理目标的界定，协调各个利益集团的利益。这一职能内含于企业的财务管理目标，这也是财务管理目标相对独立于企业目标的地方。

企业财务管理目标制定过程是各利益关系方之间的博弈过程，最终制定结果是一个能满足各利益集团要求的折中，各利益集团都可以借助财务管理目标实现自身的最终目的。

三、财务管理的内容

（一）财务管理的对象

财务管理主要是对资金的管理，其对象是资金及其流转。资金流转的起点和终点是现金，其他资产都是现金在流转中的转化形式。因此，财务管理的对象也可以说是现金及其流转。财务管理也会涉及成本、收入和利润等问题。从财务的观点来看，成本和费用是现金的耗费，收入和利润是现金的来源。财务管理主要在这种意义上研究成本和费用及收入和利润等，而不同于一般意义上的成本管理和销售管理，也不同于计量收入、成本、费用和利润等的会计工作。

1. 现金流转的概念

在建立一个新企业时，必须要先解决两个问题：一是制定规划，明确经营的项目和规模；二是筹集必需的现金，作为最初的资本。没有现金，企业的规划无法实施，不能开始运营。企业建立后，现金变为经营用的各种资产，在运营中这些资产又陆续变回现金。

在生产经营中，现金变为非现金资产，非现金资产又变为现金，这种流转过程称为现金流转。这种流转无始无终，不断循环，称为现金循环或资金循环。

现金循环有多条途径。例如，有的现金用于购买原材料，原材料经过加工成为产成品，产成品出售后又变为现金；有的现金用于购买固定资产，如机器等，它们在使用中逐渐磨损，价值计入产品成本，陆续通过产品销售变为现金。各种流转途径完成一次循环即从现金开始又回到现金所需的时间不同。购买商品的现金可能几天就可流回，购买机器的现金可能要许多年才能返回现金状态。

现金转变为非现金资产，然后又恢复到现金，根据所需时间的不同，可分为现金的短期循环和现金的长期循环。

2. 现金的短期循环

现金转变为非现金资产，然后又恢复到现金，所需时间超过一年的流转，称为现金的短期循环。短期循环中的资产是短期资产，包括现金本身和企业正常经营周期内可以完全转变为现金的存货、应收账款、短期投资及某些待摊和预付费用等。

3. 现金的长期循环

现金转变为非现金资产，然后又恢复到现金，所需时间在一年以上的流转，称为现金的长期循环。长期循环中的非现金资产是长期资产，包括固定资产、长期投资、无形资产、递延资产等。企业用现金购买固定资产，固定资产的价值在使用中逐步减少，减少的价值称为折旧费。折旧费和人工费、材料费构成产品成本，出售产品时收回现金。有时，出售固定资产也可使之变为现金。现金的长期循环是一个缓慢的过程，房屋建筑物的成本往往要几十年才能得到补偿。长期循环有两个特点值得注意：第一，折旧是现金的一种来源；第二，是长期循环和短期循环的联系。

现金循环和短期循环的共同特点为：现金循环和短期循环在换取非现金资产时分开，分别转化为各种长期资产和短期资产。它们被使用时，分别进入在产品和各种费用账户，又汇合在一起，同步形成产成品，产品经出售又同步转化为现金。

转化为现金以后，不管它们原来是短期循环还是长期循环，企业可以视需要重新分配。折旧形成的现金可以购买原材料、支付工资等，原来用于短期循环的现金收回后也可以用于投资固定资产等长期资产。

4. 现金流转不平衡

如果企业的现金流出量与流入量相等，财务管理工作将大大简化。实际上这种情况极少出现，不是收大于支，就是支大于收，企业在一年中会多次遇到现金流出量与现金流入量不平衡的情况。

（二）财务管理的主要内容

企业财务活动包括：筹资活动、投资活动、营运活动及分配活动，对这四个方面的活动的管理构成了财务管理的基本内容。企业财务活动具体又包括：筹资管理、投资管理、营运资金管理、利润及其分配管理。

1. 筹资管理

在筹资管理中，主要针对以下问题进行管理：一是要正确预测需要筹资的金额规模多少最合理；二是合理确定筹资的方式，比如发行股票和借入资金的选择以及两种方式的比例确定；三是如果采取借入资金，要对是选择发行债券还是选择从银行借入做出决策；四是要对采取长期还是短期借款以及两者的比例做出选择与决策，同时还要对不同性质的银行借款比例进行决策，以保证借款的稳定性；五是要对还款方式进行选择等。

2. 投资管理

企业的投资包括购买固定资产、无形资产等对内投资，也包括购买股票、债券，以及兼并、收购等对外投资。在投资管理中，企业财务人员应对投资项目进行论证，不仅要论证投资方案的现金流入与现金流出，还要论证投资的回收期，同时要控制投资风险，对不同的投资方案进行选择或投资组合。另外，还要根据企业的财务状况，确定合理的投资规模，防止盲目投资，影响财务结构的稳固性，要在投资之前进行详细分析，做出正确的决策。

无论是对内投资还是对外投资，投资管理都要求企业必须合理确定投资规模、投资方向和投资方式等，以控制投资风险，提高投资收益。

3. 营运资金管理

营运资金是指企业在生产经营过程中占用的流动资产的资金。企业在日常生产经营过程中，会发生一系列的资金收付。在营运资金管理中，主要涉及流动资产与流动负债的管理，关键是加快资金周转，提高资金的使用效果。营运资金管理主要包括存货决策、生产决策、信用管理、税收筹划等。

4. 利润及其分配管理

在利润及其分配管理中，要根据企业的情况，制定最佳的分配政策，其中最主要的是股利支付率的确定，其过高会影响企业的投资能力，过低会影响股价的变动。当然，对于非上市公司来说，不存在股价变动问题，但会导致投资人的不满，影响投资者的积极性。

四、财务管理的原则

财务管理原则，是指组织企业财务活动和协调处理财务关系的行为准则，是体现理财活动规律性的行为规范，是对财务管理的基本要求。财务管理原则是从财务管理实践中总结归纳出来的行为规范，它既反映了企业财务管理活动规范化的本质要求，又体现了理财的基本理念。

财务管理原则是联系理论与实务的纽带。财务管理理论是从科学角度对财务管理进行研究的成果，通常包括假设、概念、原理和原则等。财务管理实务是指人们在财务管理工作中使用的原则、程序和方法。财务管理原则是财务管理理论和财务管理实务的结合部分，具有重要的理论意义和现实意义，具有以下特征：①其是财务假设、概念和原理的推论，是经过论证的、合乎逻辑的结论，具有理性认识的特征。②必须符合大量观察和事实、被多数人所接受。③其是财务交易和财务决策的基础，财务管理实务是应用性的，"应用"是指对理财原则的应用，各种理财程序和方法都是根据理财原则建立的。④为解决新的问题提供指引。⑤原则不一定在任何情况下都绝对正确。

（一）有关竞争环境的原则

1. 自利行为原则

自利行为原则是指人们在进行决策时按照自己的财务利益行事，在其他条件相同的情况下人们会选择对自己经济利益最大的行动。该原则是有关竞争环境原则的核心。

自利行为原则的依据是理性人假设（又称经济人假设）。该假设认为，人们对每一项交易都会衡量其代价和利益，并且会选择对自己最有利的方案来行动。自利行为原则假设企业决策人对企业目标具有合理的认识程度，并且对如何达到目标具有合理的理解。在这种假设下，企业会采取对自己最有利的行动。自利行为原则并不认为钱是任何人生活中最重要的东西，也不认为钱以外的东西都是不重要的，而是说在"其他条件都相同时"，所有财务交易参与者都会选择对自己经济利益最大的行动。

自利行为原则的一个重要应用是委托—代理理论。根据该理论，应当把企业看成各种自利行为的集合。企业和各种利益关系人之间的关系，大部分属于委托—代理关系。这种相互依赖又相互冲突的利益关系，需要通过"契约"来协调。因此，委托—代理理论是以自利行为原则为基础的。

自利行为原则的另一个应用是机会成本概念。当一个人采取某个行动时，就等于取消了其他可能的行动，因此他必然要用这个行动与其他的可能行动相比较，看该行动是否对自己最有利。当采用一个方案而放弃另一个方案时，被放弃方案的最大净收益是被采用方案的机会成本，也称择机成本。将方案的预期收益与机会成本进行比较，实际上就是在其他条件都相同的情况下，将该方案的预期收益与其他方案进行比较，选取对自己最有利的方案。

2. 双方交易原则

双方交易原则是指每一项交易都至少存在两方，在一方根据自己的经济利益进行决策时，另一方也会按照自己的经济利益进行决策，并且对方和你一样聪明、勤奋并富有创造力，因此你在决策时要正确预见对方的反应。

双方交易原则的建立依据是商业交易至少存在两方，交易是"零和博弈"，以及各方都是自利的，每一项交易都有一个买方和一个卖方，一方的收益是另一方的成本，一方享有权利则另一方需承担义务。在"零和博弈"中，双方都按自利行为原则行事，谁都想获利而不是吃亏。那么为什么还会成交呢？这与事实上人们的信息不对称有关。信息不对称使自利的交易双方对金融证券产生不同预期，高估者买入、低估者卖出，交易的结果是一方得到的与另一方失去的一样多，从总体上看交易双方收益之和为零。因此，在决策时不仅要考虑自利行为原则，还要使对方有利，否则交易就无法实现。

双方交易原则要求在理解财务交易时不能"以我为中心"，在谋求自身利益的同时要注意对方的存在，以及对方也在遵循自利行为原则行事。这条原则要求我们不要总是"自以为是"，错误认为自己优于对手。

双方交易原则还要求在理解财务交易时注意税收的影响。由于税收的存在，主要是利息的税前扣除，使得某些交易成为"非零和博弈"。政府是交易第三方，凡是交易政府都要从中收取税金。减少政府的税收，交易双方都可以受益。避税就是寻求减少政府税收的合法交易形式。

3. 信号传递原则

信号传递原则是指行动可以传递信息，并且比企业的声明更有说服力。

信号传递原则是自利行为原则的延伸。对于人们或企业是遵循自利行为原则的，所以一项资产的买进能暗示出该资产"物有所值"，买进的行为提供了有关决策者对未来的预期或计划的信息。例如，一个公司决定进入一个新领域，反映出管理者对自己公司的实力以及新领域未来前景充满信心。

信号传递原则要求根据企业的行为来判断它未来的收益状况。例如，一个经常用配股的办法找股东要钱的公司，很可能自身产生现金流的能力较差；一个大量购买国库券的公司，很可能缺少净现值为正数的投资机会；内部持股人出售股份，常常是公司盈利能力恶化的重要信号。

信号传递原则还要求公司在决策时不仅要考虑行动方案本身，还要考虑该项行动可能给人们传递的信息。在资本市场上，每个人都在利用他人交易信息，自己交易的信息也会被别人利用，因此应考虑交易的信息效应。例如，优序融资理论认为，外部融资可能向市场传递公司证券价值被高估的信号，为避免这种嫌疑，公司应尽量选择内源融资。又如，当把一件商品价格降至难以置信的程度时，人们就会认为它质量不好，不值钱。

4. 引导原则

引导原则是指当所有办法都失败时，寻找一个可以依赖的榜样作为自己的引导。所谓"当所有办法都失败，是指我们的理解力存在局限性，不知道如何做对自己更有利；或者寻找最准确答案的成本过高，以至于不值得把问题完全搞清楚。在这种情况下，不要坚持采用正式的决策分析程序，而是直接模仿成功榜样或者大多数人的做法。引导原则是行动传递信号原则的一个应用。承认行动传递信号，就必然承认引导原则。

不要把引导原则混同于"盲目模仿"。它仅在两种情况下适用：一是理解存在局限性，认识能力有限，找不到最优解决办法。二是寻找最优方案的成本过高。在这种情况下，跟随值得信任的人或者大多数人才是有利的。引导原则不会帮你找到最好的方案，却常常可以使你避免最差的行动。它是一个次优化准则，其最好结果是得出近似最优的结论，最差结果是模仿了别人的错误。

（二）有关创造价值的原则

有关创造价值的原则，是人们对增加企业财富基本规律的认识。

1. 有价值的创意原则

有价值的创意原则是指新创意能获得额外报酬。

竞争理论认为，竞争优势可以分为经营奇异和成本领先两方面。经营奇异是指产品本身、销售交货、营销渠道等客户广泛重视的方面在产业内独树一帜。任何独树一帜都来源于新的创意。创造并保持经营奇异性的企业，如果其产品溢价超过为产品的独特性而附加的成本，它就能获得高于平均水平的利润。

有价值的创意原则主要应用于直接投资项目，要弄清一个项目依靠什么取得真正的净现值个有创意的投资项目。有创意的直接投资，其竞争不充分，商品市场有效性低，从而可以获得正的净现值；证券投资竞争程度高，资本市场有效性高，从而难以获得正的净现值。

2. 比较优势原则

比较优势原则是指能创造价值。在市场上要想赚钱，必须发挥你的专长。大家都想赚钱，你凭什么能赚到钱？你必须在某一方面比别人强，并依靠你的强项来赚钱。没有比较优势的人，很难取得超出平均水平的收入；没有比较优势的企业，很难增加财富。

比较优势原则的依据是分工理论。让每一个人都去做最适合他做的工作，让每一个企业生产最适合它生产的产品和劳务，社会经济效率才会提高。

比较优势原则的一个应用是"人尽其才、物尽其用"。在有效的市场中，不必要求自己什么都能做得最好，但要知道谁能做得最好。对于某一件事情，如果有人比你自己做得更好，就支付报酬让他代你去做。同时，你去做比别人做得更好的事情，让别人给你支付报酬。如果每个人都去做能够做得最好的事情，那么每项工作就找到了最称职的人，就会产生经济效率。如果每个企业都在做自己能够做得最好的事情，那么一个国家的效率就提高了国际贸易的基础，就是每个国家生产它最能有效生产的产品和劳务，这样就可以使每个国家都受益。

比较优势原则的另一个应用是优势互补，如合资、合并、收购等都是出于优势互补原则。比较优势原则要求企业应把主要精力放在比较优势上，而不是日常运行上。建立并维持自己的比较优势，是企业长期获利的根本。

3. 期权原则

期权是指不附带义务的权利，它有经济价值。期权原则是指在估价时要考虑期权的价值。

期权概念最初产生于金融期权交易，它是指所有者（期权购买人）能够要求出票人（期权出售者）履行期权合同上载明的交易，而出票人不能要求所有者去做任何事情。在财务上，一个明确的期权合约经常是指按照预先约定的价格买卖一项资产的权利。

广义期权不限于财务合约，任何不附带义务的权利都属于期权。许多资产都存在隐含的期权。例如，一个企业可以决定某个资产出售或者不出售，如果价格不令人满意就什么事也不做，如果价格令人满意就出售。这种选择权是广泛存在的，如一个投资项目，本来预期有正的净现值，因此被采纳并实施了，上马后发现它并没有原来设想得那么好。此时，决策人不会让事情按原计划一直发展下去，而会决定方案下马或者修改方案，使损失降到最低。这种后续选择权是有价值的，它增加了项目的净现值。在评价项目时就应考虑到后续选择权是否存在以及它的价值有多大。有时一项资产附带的期权比该资产本身更有价值。

4. 净增效益原则

净增效益原则是指财务决策建立在净增效益的基础上，一项决策的价值取决于它和替代方案相比所增加的净收益。

一项决策的优劣，是与其他可替代方案（包括维持现状而不采取行动）相比较而言的。如果一个方案的净收益大于替代方案，我们就认为它是一个比替代方案好的决策，其价值是增加的净收益。在财务决策中净收益通常用现金流量计量，一个方案的净收益是指该方案的现金流入量减去现金流出量的差额，也称现金流量净额。

净增效益原则的应用领域之一是差额分析法，也就是在分析投资方案时只分析它们有区别的部分，而省略其相同的部分。净增收益原则看起来似乎很容易理解，但实际贯彻起来需要非常清醒的头脑，需要周密地考察方案对企业现金流量总额的直接和间接影响。

净增效益原则的另一个应用是沉没成本概念。沉没成本是指已经发生、不会被以后的决策改变的成本。沉没成本与将要采纳的决策无关，不属于增量成本，因此在分析决策方案时应将其排除。

（三）有关财务交易的原则

有关财务交易的原则，是人们对于财务交易基本规律的认识，其主要分为以下几点。

1. 风险—报酬权衡原则

风险—报酬权衡原则是指风险和报酬之间存在一个对等关系，投资人必须对报酬和风险做出权衡，为追求较高报酬而承担较大风险，或者为减少风险而接受较低的报酬。所谓"对等关系"，是指高收益的机会必然伴随巨大风险，风险小的机会必然只有较低的收益。

在财务交易中，当其他一切条件相同时，人们倾向于高报酬和低风险。如果两个投资机会除了报酬不同以外，其他条件（包括风险）都相同，人们会选择报酬较高的投资机会，这是自利行为原则决定的。如果两个投资机会除了风险不同以外，其他条件（包括报酬）都相同，人们会选择风险小的投资机会，这是"风险厌恶"决定的。"风险厌恶"是指人们普遍对风险反感，认为风险是不利的事情。风险反感表现在确定的 1 元钱，其经济价值要大于不确定的 1 元钱；风险反感使得投资者在冒风险投资时，会要求额外的收益作为补偿，投资者的风险厌恶感越强，要求的风险补偿越大。

2. 投资分散化原则

投资分散化原则是指不要把全部财富投资于一个项目，而要分散投资。

投资分散化原则的理论依据是投资组合理论。哈里·马科维茨的投资组合理论认为若干种股票组成的投资组合，其收益是这些股票收益的加权平均数，但其风险要小于这些股票的加权平均风险，所以投资组合能降低风险。

分散化投资具有普遍意义，不仅仅适用于证券投资，公司各项决策都应注意分散化原则。不应把公司的全部投资集中于个别项目、个别产品或个别行业，不应当把销售集中于少数客户，不应当使资源供应集中于个别供应商，重要的事情不要依赖一个人完成，重要的决策不要由一个人做出。凡是有风险的事项，都要贯彻分散化原则，以降低风险。

3. 资本市场有效原则

资本市场有效原则是指在资本市场上频繁交易的金融资产的市场价格反映了所有可获得的信息，而且面对新信息完全能迅速地进行调整。

资本市场有效原则要求理财时重视市场对企业的估价。资本市场既是企业的一面镜子，又是企业的行为矫正器。股价可以综合反映公司的业绩，弄虚作假和人为改变会计方法对于企业价值的提高毫无用处。

4. 货币时间价值原则

货币时间价值原则是指在进行财务计量时要考虑货币时间价值因素。货币时间价值是指货币在经过一定时间的投资和再投资后所增加的价值。

货币具有时间价值的依据是货币投入市场后其数额会随着时间的延续而不断增加。货币具有时间价值，是投资与再投资将产生投资收益的结果，要想让投资者把钱拿出来，市场必须给他们一定的报酬。这种报酬包括两部分：一部分是时间价值，即无风险投资的投资报酬；另一部分是风险价值，即因为有风险而附加的投资报酬。

货币时间价值原则的首要应用是现值概念。不同时点上的货币具有不同的价值量，不能直接相加、相减、相比较，必须换算到同一时点上。通常要把不同时点上的货币价值统一换算到当前时点，以便进行运算或比较。

货币时间价值原则的另一个重要应用是"早收晚付"观念。对于不附带利息的货币收支，与其晚收不如早收，与其早付不如晚付。

五、财务管理的环节

在财务管理工作中，为了实现财务管理的目标，还必须掌握财务管理的环节和方法。财务管理的环节是指财务管理的工作步骤与各个阶段。财务管理一般包括财务预测、财务决策、财务预算、财务控制、财务分析五个相互联系、相互配合的环节。这些环节紧密联系，形成周而复始的财务管理循环过程，从而构成完整的财务管理工作体系。

（一）财务预测

财务预测是根据企业财务活动的历史资料，考虑现实的要求和条件，对企业未来的财务活动和财务成果做出科学的预计和测算。其作用是通过测算各项生产经营方案的效益，为决策提供可靠的依据;通过预计财务收支的发展变化情况，以确定经营目标;通过测定各项定额和标准，为编制预算提供服务。财务预测是两个管理循环的联结点，其工作内容包括：①明确预测对象和目的。②收集和整理资料。③确定预测方法，利用预测模型进行预测。

（二）财务决策

财务决策是指财务人员在财务目标的总体要求下，运用专门的方法从各种备选方案中选出最佳方案。在市场经济条件下，财务管理的核心是财务决策，因为财务决策关系着企业财务活动的成败。财务决策的工作步骤包括：①确定决策目标。②提出备选方案。③选择最优方案。

财务决策的方法，主要有优选对比法和数学模型法。前者有总量对比法、差量对比法、指标对比法等，后者有数学微分法、线性规划法、概率决策法、损益决策法等。

（三）财务预算

财务预算是指运用科学的技术手段和方法，对目标进行综合平衡，制订主要的计划指标，拟定增产节约措施，协调各项计划指标。财务预算是以财务决策确立的方案和财务预测提供的信息为基础编制的，是财务预测和财务决策所确定的经营目标的系统化、具体化，是控制财务收支活动、分析生产经营成果的依据。财务预算主要包括以下工作：①分析财务环境，确定预算指标。②协调财务能力，组织综合平衡。③选择预算方法，编制财务预算。

（四）财务控制

财务控制是指在生产经营活动过程中，以预算任务和各项定额为依据，对各项财务收支进行日常计算、审核和调节，将其控制在制度和预算规定的范围之内，发现偏差，及时进行纠正，以保证实现或超过预定的财务目标。实行财务控制是贯彻财务制度，实现财务预算的关键环节。其主要工作内容包括：①制定控制标准，分解落实责任；②实施追踪控制，及时调整误差；③分析执行差异，搞好考核奖惩。

（五）财务分析

财务分析是指以核算资料为依据，对企业财务活动的过程和结果进行调查研究，评价预算完成情况，分析影响预算执行的因素，挖掘企业潜力，提出改进措施。通过财务分析，可以掌握各项财务预算和财务指标的完成情况，不断改善财务预测和财务预算工作，提高财务管理水平。财务分析的一般程序是：①收集资料，掌握信息。②进行对比，做出评价。③分析原因，明确责任。④提出措施，改进工作。

第二节 财务管理价值基础

财务管理价值基础包括利率、资金时间价值观念和风险与报酬，下面对这三点进行详细的分析。

一、财务管理的利率

利率，是指借款、存入或借入金额（称为本金总额）中每个期间到期的利息金额与票面价值的比率。在财务管理的价值管理过程中，利率是其中十分重要的因素。从广义的角度来说，利率并不局限于银行利息本身，还包括债券市场，甚至还可以纳入股票分红，作为股息的另一种表达方式。

影响利率高低的因素主要包括与资本的边际生产力或资本的供求关系，以及承诺交付货币的时间长短以及所承担风险的程度。在我国社会主义市场经济中，利息作为平均利润的部分，因此利息率也由平均利润率决定，即利率的高低首先取决于社会平均利润率的高低。现阶段，我国利率的总水平与大多数企业的负担能力是相适应的。

（一）利率的类型

利率可以按照不同的标准进行分类。

1.根据与通货膨胀的关系

根据与通货膨胀的关系，利率可分为名义利率和实际利率。名义利率是指以名义货币表示的利息与本金之比，该种利率是没有剔除通货膨胀因素的利率，也就是借款合同或单据上标明的利率。实际利率是指在物价水平不变，从而货币购买力不变条件下的利息率，该种利率是已经剔除通货膨胀因素后的利率。

资金提供者或使用者现金收取或支付的利率一般为名义利率，如银行存款的年利率为3.5%，这个利率就是名义利率，但在通货膨胀环境下，储户或投资者收到的利息回报就会被通胀侵蚀。比如，在银行存款的例子中，如果同期的通货膨胀率为5%，则储户存入资金的实际购买力在贬值。因此，扣除通胀成分后的实际利率才更具有实际意义。

名义利率与实际利率之间存在如下的计算关系：

1+ 名义利率 =（ 1+ 实际利率 ）×（ 1+ 通货膨胀率 ）

一般可近似简化为：

名义利率 = 实际利率 + 通货膨胀率

2. 根据利率形成机制的不同

根据利率形成机制的不同，利率可分为法定利率和市场利率。法定利率是指由一国政府金融管理部门或者中央银行确定的利率，它是由政府根据货币政策的需要和市场利率的变化趋势加以制定的。法定利率体现了政府调节经济的意向。市场利率是指根据市场资金供求关系通过竞争形成的利率，随着资金的供求状况变化而变化。

3. 根据利率之间的变动关系

根据利率之间的变动关系，利率可分为基准利率和套算利率。基准利率是指金融市场上具有普遍参照作用的利率，是其他利率或金融资产价格定价的基础，基准利率变动，其他利率也随之变动。套算利率是指在基准利率确定之后，各金融机构根据基准利率和借贷款项的特点而换算出的利率。例如，某金融机构规定，AAA 级、AA 级和 A 级企业的贷款利率应分别在基准利率的基础上加 0.5%、1.0% 和 1.5%，基准利率加上调整利率就是套算利率。

4. 根据货币资金借贷关系持续期间内利率水平是否变动来划分

根据货币资金借贷关系持续期间内利率水平是否变动来划分，利率可分为固定利率与浮动利率。固定利率是指在整个借贷期限内，利率不随物价或其他因素的变化而调整的利率。固定利率在稳定的物价背景下，便于借贷双方进行经济核算，能为微观经济主体提供较为确定的融资成本预期，但若存在严重的通货膨胀，固定利率有利于借款人而不利于贷款人。浮动利率是指在借贷期限内利率随物价或其他因素变化相应调整的利率。借贷双方可以在签订借款协议时就规定利率可以随物价或其他市场利率等因素进行调整。浮动利率的变动可以灵敏地反映金融市场上资金的供求状况，资金借贷双方可以及时根据市场利率的变动情况调整其资产负债规模，降低借贷双方所承担的利率变动风险，但不便于计算与预测收益和成本。

（二）利率的决定因素

利率通常由纯利率、通货膨胀补偿率和风险收益率三部分构成。利率的一般计算公式可表示如下：

利率＝纯利率＋通货膨胀补偿率＋风险收益率＝无风险收益率＋风险收益率

1. 纯利率

纯利率是指在没有风险和通货膨胀情况下的社会平均资金利润率，通常把无通货膨胀情况下的国库券利率视为纯利率。纯利率的高低，受平均利润率、资金供求关系和国家调节的影响。纯利率会随着社会平均利润率的提高而提高。在平均利润率不变的情况下，纯利率的大小由资金的供求状况决定，在资金供不应求时，利率上升；在资金供大于求时，利率下降。政府为了防止经济过热或经济不景气，会调节货币的供应量。为了刺激经济发展，会通过中央银行增加货币投放，导致货币供给增加，利率下降；为了抑制经济过热，会减少流通中的货币，导致货币供给减少，利率上升。

2. 通货膨胀补偿率

通货膨胀的存在使货币的购买能力下降，从而会使投资者的真实收益率下降。在存在通货膨胀的情况下，资金提供方会要求提高收益率以弥补其购买力方面的损失，这部分提高的利率就是通货膨胀补偿率。在没有风险的情况下，资金提供方要求的收益率就是在纯利率的基础上加上通货膨胀补偿率，称为无风险收益率。政府发行短期国库券的利息率就是由纯利率和通货膨胀补偿率两部分构成，通常将短期国债利率看作无风险收益率。

3. 风险收益率

风险收益率是指由于投资者承担风险而要求的超过无风险收益率的额外部分，是对承担风险的补偿。风险收益率的高低受风险大小和风险价格的影响。风险越大，要求的风险收益率越高；风险越小，要求的风险收益率越低。风险价格的高低取决于投资者对风险的偏好程度。风险偏好是指为了实现目标，企业或个体投资者在承担风险的种类、大小等方面的基本态度。投资者偏好风险，对风险的容忍度高，对承担风险要求的补偿就低；投资者厌恶风险，对承担风险要求的补偿就高。风险收益率包括违约风险收益率、流动性风险收益率和期限风险收益率。

违约风险收益率，是指为了弥补因债务人无法按时还本付息而带来的风险，由债权人要求提高的利率。违约风险的大小与债务人的信用等级有关，信用等级越高，债务人违约的可能性越小；违约风险越低，违约风险收益率就越低。反之亦然。国库券、地方政府债券由政府发行，可以看作是没有违约风险，利率一般比较低。企业债券的违约风险则要根据企业的信用程度来定，信用等级越高，违约风险越低，利率水平越低；信誉不好，违约风险高，利率水平自然也高。

流动性风险收益率，是指为了弥补因债务人流动性差而带来的风险，由债权人要求提高的利率。流动性是指某项资产迅速转化为现金的可能性，一般用变现时间的长短表示。不同金融资产的变现能力不同。国库券、政府债券和上市公司的股票及公司债可以迅速变现，投资者的接受度高、流动性好，持有者持有价证券，投资者的投资风险比较低，所以其风险补偿收益率也比较低。对那些无法公开交易或只能在地方性产权市场进行交易的有价证券，因为缺乏必要的流动性，其持有者承担更大的风险，因此要求提高收益率。

期限风险收益率，期限风险是指因到期期间长短不同而形成的利率变化的风险。任何机构发行的债券，到期期间越长，由于利率变化导致证券价格变化，使购买长期证券的投资者遭受损失的可行性就越大。期限风险补偿率就是指为了弥补因偿债期长而带来的风险，由债权人要求提高的利率。一般而言，因为期限风险的存在，长期债券利率会高于短期债券，但有时也会出现相反情况。这是因为受到再投资风险的影响。

再投资风险，是指购买短期债券的投资者在债券到期时，由于利率下降，而找不到获利较大的投资机会，导致收益率降低。当预计市场利率有下降的趋势时，再投资风险会大于期限风险，就可能出现短期债券利率高于长期债券利率的情况。

（三）利率的构成与影响因素

1.利率的构成

在现代经济中，利率作为资金的价格，不仅受经济社会中许多因素的制约，而且利率的变动会对整个经济产生重大的影响。利率的主要构成部分为纯利率、通货膨胀补偿率和风险补偿。

（1）纯利率

纯利率又称真实利率，是指通货膨胀为零时，无风险证券的平均利率。通常将无通货膨胀情况下的国库券利率视为纯利率。并且，社会平均利润率、资金供求关系和国家宏观政策调节将影响纯利率的高低。

（2）通货膨胀补偿率

在通货膨胀的经济环境下，投资方会因为资金受到通货膨胀的腐蚀，货币价值发生贬值，而要求取得较高的名义利率作为补偿，该利率即为通货膨胀补偿率。从数量关系上，可以表示为：投资人的风险调整贴现率＝无风险收益率＋风险＝纯利率＋通货膨胀补偿率＋风险收益率。

（3）风险补偿

利率的风险源于利率的波动。到期期限越长，发生波动的概率会越大，风险就会越高。因此从投资方角度来看，刻于到期期限较长的贷款或债券，会要求较高的利率作为补偿，高出平均利率水平的部分即为利率风险补偿。

（4）名义利率

名义利率是中央银行或其他提供资金借贷的机构所发布的未调整通货膨胀因素的利率。该利率并不是投资者能够获得的真实收益，因为通货膨胀因素实际中会影响投资者的真实收益。

若发生通货膨胀，投资者所得的货币购买力会发生贬值，因此投资者所获得的真实收益必须剔除通货膨胀的影响，即实际利率。实际利率，是指物价水平不发生变化，从而货币购买力不变的条件下的真实利息率。

2. 利率的影响因素

（1）利润率水平

利率的高低首先取决于社会平均利润率的高低，与大多数企业的负担能力相匹配。在社会主义市场经济中，利息作为平均利润的一部分，利率水平不能高于多数企业的承受能力，也不能过低影响杠杆效应的发挥。

（2）资金供求关系

在我国市场经济条件下，利率作为金融市场商品的"价格"与其他商品一样会受到供求关系的影响。在借贷资本供不应求的前提下，借贷双方的竞争结果将促进利率上升；相反，借贷资本供过于求时，竞争会导致利率下降，因此，资金的供求关系对利率的高低有着决定作用。

（3）物价变动幅度

利率水平变化趋势一般与物价水平同步发展。从事经营货币资金的银行为了更多地吸收存款以及获得更多投资收益，会根据物价上涨的幅度来调节吸收存款的名义利率和贷款的名义利率。所以，物价变动幅度制约着名义利率水平的高低。

（4）国际经济环境

随着全球化进程的不断推进，中国与世界其他各国的经济联系日益紧密。利率也不可避免地会受到国际经济环境因素的影响，如通过国际资金流动，改变中国资金供给量来影响中国的利率水平；通过国际商品竞争来影响中国的利率水平；通过国家的外汇储备量和外资政策来影响中国的利率水平。

（5）政策性因素

我国的利率基本属于管制利率，即由国务院统一制定，中国人民银行统一管理。我国长期实行低利率政策，以稳定物价，维稳市场。利率在一定程度上体现政策性的引导。在中国特色社会主义市场经济体系下，利率受国家的控制，以满足国家调节经济的需要。

（四）基准利率及其特征

基准利率是中国人民银行公布的商业银行存款、贷款、贴现等业务的指导性利率，是利率的核心。它在整个金融市场和利率体系中处于关键地位，起决定作用，具有普遍的参照作用，其他利率水平或金融资产价格均可根据这一基准利率水平来确定。

在中国，以中国人民银行对国家农业银行和其他金融机构规定的存贷款利率为基准利率。具体而言，一般普通民众把银行一年定期存款利率作为市场基准利率指标，银行则是把隔夜拆借利率作为市场基准利率。

基准利率具有市场化、基础性和传递性三大特征。

1. 市场化

基准利率由市场供求关系决定，不仅反映实际市场供求状况，还要反映市场对未来的预期。同时，基准利率也是利率市场化的重要前提之一。

2. 基础性

在利率体系与金融产品价格体系中，基准利率处于基础性地位，它与其他金融机构的利率或金融资产的价格具有较强的关联性。各金融机构的存款利率目前可以在基准利率基础上下浮 10%，贷款利率可以在基准利率基础上下浮 20%。

3. 传递性

基准利率所反映的市场信号，或者中央银行通过基准利率所发出的调控信号，能够有效地传递到其他金融市场和金融产品的价格上。

基准利率是中国中央银行实现货币政策目标的重要手段之一，制定基准利率的依据只能是货币政策目标。当政策目标重点发生变化时，利率作为政策工具也应随之变化。不同的利率水平体现不同的政策要求，当政策重点放在稳定货币时，中国中央银行贷款利率就应该适时调高，以抑制中国人民银行过热的需求；相反，则应该适时调低。

（五）利率的期限结构

利率的期限结构是指在某个时点上，不同期限资金的收益率与到期期限之间的关系。它能够在一定程度上反映不同期限的资金供求关系，揭示市场利率的总体水平和变化方向，为投资者从事债券投资和政府有关部门加强债券管理提供可参考的依据。

由于零息债券的到期收益率等于相同期限的市场即期利率，从对应关系上来说，任何时刻的利率期限结构是利率水平和期限相联系的函数。因此，利率的期限结构，即零息债券的到期收益率与期限的关系可以用一条曲线来表示，如水平线、向上倾斜和向下倾斜的曲线。甚至还可能出现更复杂的收益率曲线，即债券收益率曲线是上述部分或全部收益率曲线的组合。收益率曲线的变化本质上体现了债券的到期收益率与期限之间的关系，即债券的短期利率和长期利率表现的差异性。

二、财务管理的资金时间价值观念

（一）资金时间价值的概念

资金时间价值也称货币时间价值，是指随着时间的推移，货币发生的增值。或者说，在不考虑风险和通货膨胀因素影响下，资金由于时间因素而形成的差额价值。这一概念体现了同等数额的资金因具有增值特性，因此在不同的时间点上价值也不同。

资金的时间价值的表现形式，之一是相对数形式，即时间价值率（或称利率），通常是指不考虑风险和通货膨胀因了资金与利率的乘积，是资金真实的增值额。

（二）资金时间价值的计算

1. 资金时间价值的计算对象

当人们在衡量现金流量的真实价值时，并不是简单地将不同时间点的现金流量累加，而是考虑到资金时间价值的作用，对现金流量的终值和现值进行计算。

证终值是指资金投入后在一段时间后的未来值，是本金与资金增值额的合计，俗称本利和。

现值，是指投入时的资金价值，俗称本金；或指未来一定时间的特定资金按一定利率折算到现在的价值。

2. 一次性收付款项的终值和现值

一次性收付款项是指在某一特定时点上一次性收取或支付的款项。它可以计算该种类型款项的终值与现值。资金时间价值的计算有两种制度：单利制和复利制。

单利制是指当期产生的利息不进入下一期计息本金，利息计算基础不变，每一期利息额相等。

复利制也称利滚利，是指每一期产生的利息也要滚动计入下一期的计息本金中，利息金额也会产生利息，每期计息递增。

3. 等额系列收付款项中复利年金终值与复利年金现值

年金是指等额且定期的系列收支，在现实经济生活中，如分期付款赊购、分期偿还贷款、发放养老金、分期支付工程款等都属于年金收付形式。按照收付时点和方式的不同，可将年金分为普通年金、预付年金、递延年金和永续年金四种。年金的现值或终值的计算都是以复利为计算基础来进行的。

三、财务管理的风险与报酬

（一）风险的含义

风险从财务的角度来看，是指特定状态下和特定时间内可能发生的结果的变动。针对可能出现的多种可能以及每种可能带来的结果可以进行事先预测，但是最终的结果如何却是人们不能预知的，这就是风险。就如同我们投掷一枚硬币，当硬币落地会出现正面朝上和反面朝上两种结果，若实验次数足够多，我们能发现这两种结果出现的概率各为 50%，但是任何人都无法在硬币落地前知道结果。

一般我们所谈论的风险具有以下三个特点：①两面性。即风险的发生可能给企业带来意外的损失，但也可能带来意料之外的收益。从财务管理的角度来看，人们通常将风险视为企业实际收益与预期收益发生偏离而遭受损失的可能性。②客观性。无论投资者对于风险的偏好如何，风险都普遍存在于每项决策中，是无法回避或消除的。③相对性。风险产生的主要原因是信息的不充分，因此风险程度的大小取决于风险事件本身所处的时间和环境，如科技的发展程度、经济体制与经济结构等。同时也取决于从事风险活动的人的自身条件、能力和态度。

风险的概念作为非常重要的理论贯穿于财务管理全过程，从企业角度划分，风险可以分为经营风险和财务风险；从个体投资者角度划分，风险又可以分为市场风险和企业特有风险。在风险客观且普遍存在的前提下，风险和报酬是如影随形的，若投资者希望得到报酬，则意味着在一定程度上要承受相应的风险。通常情况下，所冒风险越大，要求获得的期望报酬也会越高。因此，在做财务决策时，若风险已确定，则应选择报酬率较高的方案；若报酬率已经确定，则应选择风险较小的方案，从而降低损失，提高收益；当出现了多个备选方案的情况下，则需要衡量各个方案的风险和收益之后择优选择。

（二）单项投资的风险与报酬

在投资的过程中，风险较大的项目可能会带来较大的损失，也可能会带来较高的报酬。因此，通过选择具有一定风险的项目投资来获得的报酬会超过货币的时间价值，我们称之为投资的风险报酬。单项投资的风险通常利用概率统计学中标准差、标准离差率等离散指标进行定量评估。

1. 概率

在一定条件下，某件可能发生也可能不发生的事件通常称为随机事件。在财务管理中，投资净生产力、现金流量等都是随机发生的事件。概率即用来反映随机事件发生的可能性的大小。

2. 期望值

期望值是一个概率分布中的所有可能结果，以各自相应的概率为权数计算的加权平均值。

3. 标准差

标准差可以用来衡量在概率分布中各种可能值与期望值的偏离程度，偏离程度越大则意味着不确定性越大，风险越大；偏离程度越小，不确定性越小，风险则越小。

4. 标准离差率

因为上述的标准差为绝对值，在一定程度上体现了方案的可能结果与期望值的偏离程度，但只适用于期望值相同条件下，风险程度的比较。对于不同规模大小的项目之间风险的比较，标准差则不适用，因此需要引入标准离差率的概念。标准离差率是标准差与期望值之间的比值。由此可见，标准离差率是相对数，标准离差率越大，则表示可能的结果与期望值偏离程度越大，不确定性越大，风险就会越大；标准离差率越小，则表示可能的结果与期望值偏离程度越小，不确定性越小，风险就会越小。

5. 单个投资方案的风险报酬率

标准离差率虽然可以用来评价投资项口的风险程度，但是却无法表达风险报酬之间的关系，需借助于风险报酬系数，将风险程度转换为风险报酬率。

其中，风险报酬系数可以根据同类项目的历史数据来确定，或由相关企业内和行业内的专家确定。而无风险报酬率则是指评估基准相对无风险证券的当期投资收益。在现实经济活动中并不存在无风险的证券，因为所有投资都存在一定的通货膨胀风险和违约风险。在我国，与无风险证券最为接近且普遍公认相对安全的证券是国库券。因此一般会将国库券报酬率视为无风险报酬率。

第三节 财务管理模式概述

一、财务管理模式

根据财权分层治理理论和组织发展理论，财务管理模式是指存在于企业整体管理框架内，为实现企业总体财务目标而设计的管理机构、组织分工及财务管理运营过程等要素的有机结合。

财务管理层级的划分、财务管理权限的分配、财务控制体系的建立是建立财务管理模式必须解决的问题，这三个问题所对应的内容构成了财务管理模式最基本的内容。具体包括各层级财务机构的设置与职能的定位、财务决策和财务控制制度以及激励、约束制度等。从宏观层面上讲，一个企业的财务管理模式构建必须解决好四个方面的问题：组织管理模式的选择、财务权责的协调、组织内部治理结构的协调和财务综合评价体系的建立。

（一）组织管理模式

企业财务管理模式的构建首先应该根据自己的规模、产业状况、组织成熟度选择适合自己运营的组织管理模式。

（二）组织内部层级治理结构

集团财务管理组织治理结构是指企业财务管理层级、各个层级之间以及每个层级的财务组织架构的搭建，是财务模式构建的基础和依据。

（三）财务权责关系

财务权责关系的协调是企业财务管理模式构建最主要的内容，是企业根据自身的情况在运营中对各种管理权限的分配和协调，确保自己所有资源配置质量和效率达到最优。

（四）财务综合评价体系

财务综合评价体系可以及时反映子公司和分公司经营成果，也可以传递企业的战略目标与具体任务，将集团公司利益、下属公司和个人利益相结合的重要体现，是充分调动经营者和员工积极性的主要激励手段，是提高自己的竞争力、促进自己长期稳定发展的重要保障。

二、构建财务管理模式的原则

企业财务管理模式的设计应遵循以下几个原则。

（一）与战略目标一致原则

战略目标是进行经营活动的引航标。企业在设计财务管理模式时必须参照自己的总体战略目标，从设计理念上保持二者的一致性，这样才能最大限度地节约资源，降低经营成本。

（二）相关权力不交叠原则

只有科学、合理地决策，才能保证企业后续运行的持久性。企业管理者需客观公正地看待企业的经营条件、市场环境，确保做出的决策不受个人主观臆断的影响。除此之外，必须避免决策权、执行权与监督权之间的权力交叠，保证彼此之间的独立性。这一原则的意义在于能够强化企业决策的科学性，保证决策执行的有效性和监督的独立性，从而使企业财务管理活动形成良性的循环系统。

（三）与企业组织结构相适应原则

只有与企业组织结构相匹配，企业财务管理模式才能最大化地发挥作用，企业财务管理模式要伴随甚至先于组织结构做出调整，这样才能使企业形成一个牢固的整体，使企业的发展运行有规律可循。

（四）超前服务原则

企业财务管理模式不但要适应现阶段企业发展的需要，还要超前于企业的发展。只有这样，企业财务管理模式才能起到先锋带头作用，从而促进企业更好地发展。

三、企业的财务管理环境

任何事物总是与一定的环境相联系、并存和共同发展的，财务管理模式当然也不例外。企业在财务管理环境中，就如同生物在自然界，必须随着环境的改变而变化，正所谓适者生存，企业面对环境的变化也需要及时做出调整或改变。在第一节笔者提过，财务管理环境按其所包括的范围，可以分为财务管理的宏观环境和财务管理的微观环境。而企业的财务管理环境对财务管理的影响巨大，因此笔者在这里从宏观环境和微观环境两个方面入手，进行详细的阐述。

（一）财务管理的宏观环境

宏观经济是企业赖以生存和发展的重要条件，对企业的经营和理财活动产生重要影响。企业无法控制和改变宏观环境，只能受其制约并与之相适应。宏观环境是影响财务管理系统的不可控因素。宏观环境内容复杂，范围广泛。政治法律、社会文化等均属于宏观环境，但其中对企业财务管理活动影响最大的是经济环境、法律环境和金融市场环境。

1. 经济环境

经济环境是指对财务管理产生重要影响的一系列经济因素，包括经济周期、经济体制、经济政策、经济增长与经济发展水平、通货膨胀水平等。

2. 法律环境

财务管理的法律环境是指企业组织财务活动、处理财务关系所必须遵守的各种法律、法规和制度。市场经济是法治经济，法律环境一方面为企业的经营活动确定了界限，另一方面也为企业各项经营活动提供法律上和制度上的保护。企业的各项理财活动，无论是资金的筹集，还是资金的投放与使用，都受到法律规范的约束，都必须遵守有关法律规定，否则就会受到法律的制裁，危及企业的生存和发展。

对企业财务管理活动有影响的法律规范很多，主要包括企业组织法规、税收法规、金融证券法规、财务法规和企业终止清算的法律法规。

3. 金融市场环境

企业的筹资与投资活动离不开金融市场，金融政策的变化对企业的财务活动会产生较大影响。金融市场环境是企业财务管理最为重要的环境之一，对企业财务管理目标的实现具有重要作用。

（二）财务管理的微观环境

微观财务管理环境，又称企业内部财务管理环境，是指存在于企业内部的影响企业财务管理活动的条件和因素，包括企业组织形式、公司治理结构、企业生产状况和经营管理状况。

1. 企业组织体制

企业组织体制包括企业的所有制形式、企业类型、企业的经济责任制和企业内部组织形式等。国有、集体、个体、私营等不同的所有制形式的企业财务管理的原则、方法、目标等都有所不同，因而财务管理活动也不一样；公司、工厂、集团等企业类型的不同，财务管理的程序、财务管理的组织等也会不一样；承包、租赁、股份制等企业内部责任制和经营体制的不同，对财务管理的目标、资金的分配等方面会产生不同的影响；企业内部组织形式的不同，会影响财务管理的计划制订、财务管理措施的实施等。

2. 市场环境

市场环境包括产品的销售和原材料的采购两个方面。

（1）销售环境

销售环境主要是反映企业商品在销售市场上的竞争程度。影响企业商品在市场上竞争程度的因素有两个：一是参加交易的生产者和消费者的数量。生产厂家越多，或者需要此种商品的消费客户越多，则竞争程度越大。二是参加交易的商品的差异程度。同类商品的品种、规格多，质量档次差异大，则竞争的程度相对要大些。

销售环境对企业财务管理具有重要的影响主要表现在因价格和销售量波动而影响资金的收回、商业信用的运用、借贷的风险等方面。一般来说，竞争性强的企业风险大，利用债务资金要慎重竞争性一般的企业，产品销售一般不成问题，价格波动也不大，利润稳定，风险较小，资金占用量相对较少，可较多地利用债务资金。

（2）采购环境

采购环境又称物资供应环境，是指企业在市场采购物资时涉及采购数量和采购价格的相关因素。

企业进行采购面临的环境，按物资供应是否充裕，可分为稳定的采购环境和波动的采购环境。在稳定的采购环境下，商品资源相对比较充足，运输条件比较正常，能经常保证生产经营的需要，企业可以少储备物资，不用过多的资金。在波动的采购环境中，商品资源相对比较紧缺，运输很不正常，有时不能如期供货。为此企业要设置物资的保险储备，占用较多资金。对价格看涨的物资，企业通常要提前进货，投放较多资金，而对价格看跌的物资，在保证生产需要的情况下推迟采购，节约资金。

3.企业生产状况

企业生产状况主要是指由生产能力、厂房设备、生产组织、劳动生产率、人力资源、物质资源、技术资源所构成的生产条件和企业产品的寿命周期。就生产条件而言，企业可分为劳动密集型、技术密集型和资源开发型的企业。劳动密集型企业所需资金费用较多，长期资金的占用则较少；技术密集型企业需要使用较多的先进设备，而所用人力较少，企业需要筹集较多的长期资金；至于资源开发型企业则需投入大量资金用于勘探、开采，资金周期较长。因此，企业的生产状况会影响企业资金的流动、流向和分配。另外，在企业产品的寿命周期（投入期—成长期—成熟期—衰退期）的不同阶段，资金需要量的企业财务管理的策略也有所不同。

4.经营管理状况

经营管理状况是指企业的经营管理水平，包括物资采购、物资供应及物资销售能力等。企业经营管理状况对企业财务管理有重大影响。企业的经营管理状况好，水平高，会形成一个良好的财务管理环境；否则，会阻碍财务管理工作的顺利开展。

财务管理环境对企业的财务活动有重大影响，企业应适用财务管理环境的状况及其变化要及时了解宏观财务管理环境的变化和要求，加强财务管理，通过财务管理的应变能力，并努力改造宏观环境的反作用，使企业的财务活动朝着实现财务管理目标的方向顺利进行。

四、基于责任中心制的企业财务管理模式设定

从资源配置和财务管理的视角，在企业集团内部，对于各个子分公司的责任中心定位不同。各子分公司若要保证自身目标的实现，需设定权责分明的责任权限，因此责任中心对企业集团财务管理模式的选择也具有重要影响。企业集团通过对责任中心进行其职能权限的描述，能清晰地说明集团母公司在管理上是做什么的、有什么权限、子公司权限边界和责任何在，如此可以更好地界定出集团应采取的集权分权程度，更有利于集团及集团内各子分公司的协同发展。

（一）责任中心

责任中心是指承担一定经济责任，并享有一定权利的企业内部责任单位。企业集团中，责任中心划分是将企业集团内各成员企业根据其综合实力、经营范围等因素，将其划分为不同的绩效责任单位后，将母公司的各项权力下放给各责任中心，然后根据其绩效考评结果，实施奖惩的一种管理制度。

责任中心一般可分为：投资中心、利润中心、成本中心。

1. 投资中心

投资中心是最高层次的责任中心，其对成本和利润负责的同时也要对投资效果负责。同时由于投资的目的是获得利润，因而投资中心也是一个利润中心。企业集团投资中心的目标是追求集团资本的保值和持续增值，它具有利润中心、成本中心所描述的全部职责，具有最大的独立决策权，如投资决策权、筹资决策权，当然权力越大，所承担的责任也就越大。

企业集团的投资中心的职能包括：集团的投资管理、筹资管理、资金的全面管理、利润分配等，同时投资中心还兼具着企业集团各项财务管理总纲领的制定，与对下属责任中心各项财务工作开展的监控责任。其中，资金管理贯穿了投资中心业务的全过程。投资中心是整个企业集团的资金管理中心，控制着全集团资金的使用，一般投资中心为有效控制资金控制会建立企业集团的结算中心或内部银行等形式，并具有以下义务：①为各子分公司办理资金结算和融通。②监督和控制企业的资金收支，降低资金成本，提高资金的使用收益。③资金结算包括现金结算和转账结算。④资金融通包含以企业整体的名义进行的外部融资和在成员企业之间的内部资金融通。同时，其也兼具着结算服务职能、监督控制职能、投资管理职能和信息反馈职能等。

2. 利润中心

利润中心指拥有产品或劳务的生产经营决策权，是既对成本负责又对收入和利润负责的责任中心。利润中心分为自然利润中心与人为利润中心，在企业集团中的利润中心是大多都相当于自然利润中心，是根据各子分公司所拥有的独立法人资格或独立生产经营决策权所自然划分而成的。

利润中心的权利与责任大小介于成本中心和投资中心之间，它并不具有投资决策权和筹资决策权等集团高层次的决策权力。企业集团根据各利润中心不同的经营责任与经营目标，赋予其相应的管理权限，各项经营活动均要在母公司的战略规划、财务政策、投资方针的限制下开展。一般企业集团赋予利润中心的财务权限仅限于资金使用、内部投资筹资活动的执行等。同时，企业集团运用全面预算管理制度对利润中心进行全过程可量化的动态控制，全面预算管理重在战略规划的年度分解和具体落实、战略行动计划的资源支持，实现经营预算、资本支出预算与财务预算的有机结合。

企业集团利润中心的建立能够更清楚地表明母子公司、事业部或分公司之间的产权关系、业务关系和管理关系，可以很好地界定出传统的由产权关系所带来的多级独立法人和多层公司治理，这种传统的由产权关系形成的治理层级会削弱集团母公司对不同子公司的战略控制力，也无法厘清不同子公司在集团战略布局和管控系统中的真正定位。利润中心制度能够实现资源配置权与资源使用权的分离和对接，优化资源配置，通过实施利润中心，可以更准确地监控到各利润中心的表现，评价并比较各利润中心对集团总体利润的贡献大小，从而指导、修正公司的资源配置方案；利润中心制度能够实现公司内部战略制定和战略实施的有序分离，提高整体经营效率。在财务管理方面，利润中心并不具有对外投资融资权力，它根据集团的投资融资战略来进行自身的经营活动；在资金管理方面，一般企业集团会使用全面预算管理来对利润中心的资金进行监管。与投资中心相比，受权利所限，利润中心更易实现企业集团整体性共同发展的要求，同时利润中心比成本中心拥有更多的自主权，对子公司更有激励效果。

综上所述，企业集团内部对利润中心可以是分权的，但这种分权绝不是下放母公司的所有权力，这种分权是有限的。母公司过度分权，将使利润中心与投资中心权责界定不清，失去了利润中心本身与集团整体战略吻合度高的优点；相反，若利润中心权力不够，将使其无法发挥正常效用，不能完成自主经营和应尽的职责。因此，确定一种权责利分明，各项控制、监督考评制度完善的利润中心制度，对一个企业集团财务管理模式的选择也有着至关重要的影响，

3. 成本中心

成本中心是指能够对成本、费用负责的责任中心。成本中心是最基本、最广泛的责任单位，相较于投资中心与利润中心来说也是权力最小的责任中心。企业内部凡是有成本、费用发生并能够对成本费用的发生实施控制的任何一级责任单位都是成本中心，如分厂、部门、车间、班组，甚至个人，都可以划分为成本中心。由此可以看出，成本中心所具有的权力非常有限，可以说它仅相当于企业集团财务管理中的一层执行机构，仅对成本负责，相对地被赋予的权力也很少。

投资中心与利润中心于三种不同财务管理模式下在财务管理的投资管理、筹资管理、资金管理、利润分配等方面有着不同的权责分配。因成本中心本身特点，权力分配占比较小，这里不进行列示。

（二）集权型财务管理模式

投资中心：①根据集团战略，统一汇编对外投资决策方案，高度集中投资管理权。②根据集团发展需求，制定筹资方案，高度集中筹资管理权。③通过结算中心或内部银行集中统一管理整个集团的资金，无论数额大小。④各项经营活动的预算审批与决算权。⑤统一支配、调度可分配利润。⑥信息中心。

利润中心：①根据集团决策，结合自身经营活动情况，上报各项经营财务活动的预算进行审批。②无投资、筹资决策权，可提出可行方案，向上申请审批。③主要负责资金的日常收支核算。④信息收集反馈。

（三）分权型财务管理模式

投资中心：①制定企业集团总战略发展目标和规定，给下级的各项决策作为总方向。②对下级的经营结果进行考评。③对各项经营活动负有监督责任。

利润中心：①在集团总目标的要求下，利用信息优势，结合自身经营情况享有投资、筹资决策权。②根据投资、筹资和经营情况做好各项资金使用计划及控制。

（四）混合型财务管理模式

投资中心：①设定对外投资限额，具有投资最终决策权。②享有超过资产负债、租赁融资、发行债券、发行股票的融资权。③设置子公司所享决策权的资金限额，限额以上的决策均需审批。④利润分配权集中，但给下级一定比例的利润留成。⑤掌握实际发生值与预算控制计划之间差异的管理权限。

利润中心：①享有内部投资决策权，超过限额的投资项目必须由上级审批。②享有在资产负债率安全线内的限额举债，与自行决策的投资相配合的融资。③拥有资产的日常管理权，但限额以上的资产等重要事项的处置则必须经母公司审批。④享有限额以内的资金自主管控权。⑤享有一定比例的利润留成。⑥权限范围内，预算内的资金自由使用。

五、不同组织结构影响财务管理模式选择

不同的组织结构有着不同的特点，因此企业在进行财务管理模式选择时，常常会受到组织结构的影响。因此，在讨论不同组织结构影响财务管理模式选择时，应当对各种类型的组织结构有一个系统的了解，通过不同组织结构的特点来进行选择。

（一）U 型组织结构

U 型组织结构也称"一元结构"或"职能部制结构"，其典型特征是管理权力的高度集中，所以是采用集权型财务管理模式的企业集团常使用的组织结构。这种结构是企业集团最高领导层直接指挥各职能部门，但各职能部门仅作为决策的执行机构，并没有决策权，董事会拥有企业集团的所有决策权。这种组织结构更适合企业集团成立初期或者本身规模较小时采用。这种组织结构权力集中统一，管理层级单一，能高效、准确地完成最高决策者的目标任务，易于做好对成员企业的控制，能很好地保证企业集团的整体利益。但是随着企业集团的不断发展，经营规模的不断扩大，企业集团管理幅度增大，使需要各职能部室协调、评估和政策制定等工作量逐渐增大，出现管理控制失效，管理成本上升，负责各职能部门的高层管理者行政负担过重，分身乏术，疲于应对各类烦琐的管理实务，根本没有精力考虑企业集团的长远发展规划。

(二)H 型组织结构

H 型组织结构与 U 型组织结构不同，其不再将母公司作为整个企业集团生产经营和财务决策的中心，而是将每一个子公司都作为一个独立的单元，自主进行生产经营与财务管理，母公司仅作为各子公司的控股或持股股东或者契约协议的合作者。

H 型组织结构使子公司在生产经营与财务管理上拥有了一定的自主权，在提高子公司经营的积极性、创造性的同时，分散了由母公司作为核心在投资、经营、管理等方面的风险。但是，由于 H 型结构的管理运作主要依据资产作为纽带，过度的分权可能会导致企业结构过分松散，在管理上缺乏统一的领导力量，企业集团整体发展规划和目标很难渗透进子公司，无法发挥企业集团优化资源配置、企业成员共享资源的优势，这与成立企业集团的初衷背道而驰，因此 H 型组织结构不仅在我国，在国际上被企业集团使用的范围也很小，并不是企业集团所采用的主流组织结构。

(三)M 型组织结构

M 型组织结构也常被称作"事业部制结构"，这种组织结构将企业集团分为三个层次：第一层次是整个企业集团的最高领导层；第二层次是中间管理层，即由最高领导层直管的按照地区、产品或技术等设立的一层管理机构，又称为事业部；第三层次是由事业部负责管理的各子分公司层。在这样的分层下，各层级所具有的权力也各不相同。企业集团总部的最高领导层为投资中心，事业部为一级利润中心，事业部所管理的各子分公司为次级利润中心和成本中心。其中，第二层事业部制的设置是 M 型组织结构最大特点，事业部相对企业集团最高领导层来说是分权的体现，但同时事业部与其下属的各子公司又形成了"子集团"，而事业部又是"子集团"的决策中心，所体现出的又是集权。正是 M 型组织结构所具有的特性，因此该组织结构下的企业集团最适宜采用混合型财务管理模式。

第二章 财务管理的基本组成

第一节 精细化财务管理

世界经济的发展为各国之间的消息交流架起了一座桥梁。随着该交流的日渐深入，跨国公司、外贸交流油然而生。在我国企业与国外企业合作的过程中，我国企业一直保持着大国的风范。该风范主要包括和平相处、不窃取他国的机密等。同时我国也面临一项巨大的挑战，那就是科技的创新。该挑战对于我国企业来说是一个转变的机会，也是我国企业内部管理制度逐渐加强的见证者。本节主要讲的是企业如何细化内部的管理制度，核心要求是提高我国企业在国际上的影响力。

一、企业精细化财务管理的基本内涵

从世界财务发展的经验来看，企业将财务管理计划落实到各个角落是必要的。那么何为落实到各个角落？具体是指既和财务有关的人员，又和财务有关的制度。那么该怎样落实到各个角落？对财务相关人员要进行积极的培训，要保证财务人员熟练地掌握财务法律。对于财务相关制度的建立，企业要保证其内容符合如今不断更新的思想要求。那么落实的意义体现在哪里？该计划的落实有利于提高企业的财务管理能力，有利于提高企业财务水平的国际影响力，有利于促进企业内部人员对财务的归属感与认同感。

二、当前时期下企业精细化财务管理工作中存在的问题分析

在如今的社会上，我国许多企业内部的财务制度都存在瑕疵。该瑕疵的产生有很多种原因，具体内容如下：

（一）精细化财务管理意识十分淡薄

在世界发展的进程中，发展的基础是意识的自主性。同时意识的产生是世界变革的必然结果。如果一个人自身没有强烈的成功意识，那么他一辈子都不会成功。企业

的经营管理也是如此。所以对于企业来说它既要提高自身的社会地位，又要提高自身的内部管理思想。综上所述，该思想的有效落实可以延长企业的存续年限。

（二）精细化财务管理相关资料及数据真实度较差

从国家财务发展的基础来看，科学的数据与真实的信息是不容忽视的条件。企业如果想要成为其他公司财务管理制度的榜样，那么就要从以上两个方面提升公司的财务能力。同时财务活动进行的基础是财务预算，因此企业就需要从以上两个方面提高自身的预算能力。综上所述，企业财务管理进步的基础是有可靠的信息来源以及真实的数据支持，同时这些都是企业在同行业中独特发展的基础。

（三）未构建完善和健全的财务预算管理体系

从各个国家财务监视发展的角度来看，规整有序的财务系统需要具有完整的监视机制。该机制不只体现在国家财务上，也体现在企业的财务上。因此，我们可以看出来对于该制度建立的重要性。同时，财务预算的准确性高低影响企业对未来投资的方向。该制度的建立有利于提高预算的准确性，也就在间接上促进了企业财务体系的发展。综上所述，企业引进与建立的监视制度是财务能力发展的里程碑。

（四）财务管理监督机制严重匮乏

从企业财务监管的角度来看，我国企业在这方面的意识略为浅薄。我国企业该如何建立财务监管制度？企业要建立独特的监管制度，才能成为发展的"领头羊"。首先，要从自身的内部出发，企业要寻找到自身存在的缺点从根部解决问题。其次，要发挥集体的作用，企业要发挥各个部门员工的作用监管财务人员的行为准则并且建立相应的奖惩制度。最后，要发挥国家监管的作用，企业要有谦虚意识正确地看待国家的相关法律制度，并为内部的财务人员进行法律监管培训。

（五）财务管理在企业各项管理中的平衡地位被完全打破

从企业各个部门的角度出发，企业逐步认识到了财务部门的重要性。从之前许多年的企业管理案例来看，企业失败的原因大多都在于没有理解到财务的根基内涵。他们都只看到了最浅显的财务意义，也都是着力于建设最浅显的发展计划。但是，随着社会的发展，企业的财务弊端都显露了出来，并且给企业带来了致命的打击。综上所述，深入了解财务管理的具体内涵是企业管理制度发展的前提条件。

企业要在如今的发展中正确思考如何才能让企业长久存于世。那么该问题的解决方案是什么呢？从近年来可以看出解决最有效的方法是建立完整的财务管理体系。综上所述，该体系的建立是企业屹立于世界同行业中不倒的标志。

三、精细化财务管理的特色

企业发展的灵魂在于财务。财务管理制度的完善或散乱都决定了企业的发展前景。针对该现象，对于企业管理者来说他们需要聆听各种不同的声音，并且对这些声音进行整合提炼珍贵信息，从而完善财务管理制度。该制度建立的特点是精细化。企业经营者对企业相关的财务制度要面面俱到，并将它作为终身的工作目标。

（一）制度精细化

从财务管理的整体结构来说，财务管理制度的精细化是企业发展的必然要求。同时，精细化具体指的是企业经营者所制定的财务策略。从工资的角度出发，企业要制定完善的底薪与奖惩制度，从而为工资的核算提供条件。从财务人员管理的角度出发，企业要加强对相关财务人员的技能培训。从公司现金支出的角度出发，企业要建立相应的制度严格控制现金的支出。综上所述，企业内部财务管理制度的精细化在于对任何与财务有关的人和事，该精细化的发展有利于提高企业的社会影响力。

（二）流程精细化

从企业财务发展的一般程序来看，企业要根据自身的实际情况对每一场程序都做出相应的要求与规划。该要求和规划的产生与发展有利于提高员工对财务数据的重视。企业的财务发展程序有哪些？首先，企业要进行发展预测，企业要为自己的发展从财务的角度制定相应的策略。其次，企业要进行财务预算，企业要明确自身的经济实力，要知道自身能否做下一个项目，要具有居安思危的意识。最后，企业要加强人员对财务数据的分析能力。因为该资料对于企业来说是无可替代的，它决定了企业的生存与灭亡。综上所述，财务流程的精细化对企业的后续发展起到了决定性的作用。

（三）质量精细化

从企业管理的角度出发，企业要结合不同企业的管理制度来完善自身的管理结构。企业分成两种形式，成功的企业和失败的企业。对于成功的企业，它自身的内部财务制度是有参考价值的，对企业有激励的作用。对于失败的企业，它失败的原因对企业具有警示的作用。对于他们来说，他们都落实过财务质量精细化的管理制度。综上所述，企业内部综合管理能力的提升有赖于正确的财务管理制度。

（四）服务精细化

从企业产生的角度出发，企业的产生与发展都离不开内部财务人员的支持。企业内部像一张巨大的蜘蛛网，各个部门都是该网上的节点，蜘蛛是企业的管理者。针对该比喻我们可以看出来企业内部人员的思想建设是非常重要的。综上所述，服务精细化的贯彻与落实与人员的可持续发展有关。

四、精细化财务管理的实施方法

（一）企业内部实施成本预算管理

该预算管理的准确实施具有以下几种意义。首先在成本上。企业通过对该预算的合理利用能够减低企业的各项成本。其次在发展地位上。企业内部建立完整的该预算管理是企业成功的标志，也是企业提高社会地位的关键因素。最后在财务数据的记录上。企业要善于利用该核算的方式，从而提高企业财务数据的科学性。综上所述，该预算的合理建设与发展可以在整体上降低企业财务的错误率。

（二）精细化管理认真落实

从企业长远发展的目标来看，精细化的落实符合企业的终身发展要求，也是企业适应国家政策的必然要求。如果该计划没有得到落实，那么对于企业会造成什么影响？其一，在财产保密性上。人员可能会对公司的财产机密进行泄露，从而使企业丧失竞争优势，也有可能造成企业破产清算的现象。其二，在公司内部的管理上。该计划的缺失会导致企业内部的管理紊乱，人员之间相处环境不友好，可能会造成员工大部分离职的现象。其三，在公司利润方面。该计划的缺失会造成公司净利润的亏损，导致公司因为无法盈利而灭亡的现象。其四，在薪酬核算上。该计划的缺失会造成员工薪酬核算不正确的现象，从而对公司的名声与信誉造成不可挽回的影响。其五，在企业的资金分配上。该计划的缺失可能会造成企业资金分配不合理的现象，该现象的产生可能会对高新科技的产品造成无法估计的影响。其六，在企业成本控制上。该计划的缺失会增加企业的成本，成本的上升代表了收益的减少，不利于企业的经济化进步。其七，在企业的投资风险上。该计划的缺失会加大企业的投资风险，造成收不回本金从而亏损的现象。其八，在企业的制度建立上。该计划的缺失会影响人们的判断思维，进而无法使企业建立完整的财务制度。

从上述的论述中我们可以看出来，精细化制度的落实与发展对企业变革与革命的重要性。该计划的意义让其他计划的意义望而却步。同时该计划是企业提高工作效率、提高收益、人员可持续发展的重要手段。

第二节　财务管理中的内控管理

一个企业成功的秘诀在于它具有良好的内部环境。内部环境具体是指分工明确、人员关系和谐、企业发展目标明确。但是该环境并不是每个企业都能拥有的，拥有它的基础条件是该企业具备完整的内部管理体系。综上所述，完整的管理体系有利于公司内部的和谐发展。

一、内控管理对财务管理的作用

公司的发展受两方面的影响，一方面是外部的市场环境，另一方面是内部的管理制度。对于公司来说外部的市场环境是不能控制的，但是内部的政策是可以调整和改变的。我们可以试想一下如果公司内部没有完整的管理方法，那么它将会面对什么样的现象。该现象肯定会围绕着混乱的、消极的、沮丧的气氛。在这种气氛下生存的公司其根部会是腐烂的、散发恶臭气味的。由此可见，完整的内部管理制度对公司发展的重要作用。

（一）有利于保护公司资产

从公司员工的角度出发，内部管理制度的建立提升了员工的职业素质。该职业素质的内容具体是指那些？首先在道德上。它能够提升员工的道德感，帮助员工树立正确的三观。其次在技能上。它能为员工提供学习的理论基础，帮助员工提高技能水平。最后在保守秘密上。它能提高员工对公司的归属感，从而增强员工对于公司秘密的保守意识。综上所述，内部制度的建立有利于提升员工对公司财产的认同感。

（二）提高财务信息真实性

从企业财务信息的角度出发，内部管理制度的产生与发展为财务信息的科学性提供了强大制度支持。如果企业内部财务数据的科学性是有待考量的，那么对于企业来说这将是一个致命的打击。同时对于企业来说财务数据是命脉，也是一切活动进行的根基。由此可见，内部管理制度的重要性。综上所述，企业要发展就要具有科学的财务数据，科学财务数据的来源是完善的内部管理制度。

（三）公司经济效益得以提高

从公司收入的角度来看，内控管理制度的建立是必不可少的要素。成功的企业其内部管理一定会是最先进的，同时也是符合国家发展要求的。因此，各个想要成功的企业就需要学习它们内部的管理制度，从而不断加快自己资金回流的速度。综上所述，该制度的建立有利于企业成本的降低，净收入的增加。

我国很早就已经实行了内部管理控制制度，并且它已经渗透到了我国各个中小企业中。从我国企业取得的成果来看，内部管理制度的意义主要体现在哪里？首先，在收入上。它可以从根本上提高企业对资金的利用效率。其次，在管理上。它完善了企业原本的管理制度，提高了企业财务管理效率。最后，在损失上。它减少了企业不必要的费用支出，为企业省下了一大笔的发展资金。综上所述，国家贯彻的内部管理制度全面提高了企业的能力。企业在发展期间建立内部控制制度的必要性主要体现在国家层面和企业层面。首先国家对内部控制实行了相关规定，企业发展期间也需要内部控制制度的规范，企业不断完善自身内部控制可以在较大程度上提高企业的效益和工作效率，能够有效避免企业在经营期间出现管理风险以及舞弊行为等。同时企业的经营者要根据企业发展的历史全面贯彻和落实国家的内部管理制度，从而改变企业原有的制度，最终提升企业的社会影响力。

二、内部控制在财务管理当中的范围

从企业内层发展的角度来看，何为财务管理的内部控制制度？该制度的核心思想在于联系，即加强各部门之间的联系，同时也加强各部门工作人员之间的联系，从而共同促进财务体系的完善。从一些企业经营失败的原因来看，它们在日常经营活动中大部分都没有该控制的建立。如果没有建立该控制，那么它们会面临什么样的结果？首先，在工作效率上。财务资金分配的效率会下降，从而降低企业的发展效率。其次，在竞争力上。企业将丧失财务管理创新竞争力，从而降低企业在社会中的地位。最后，在经营成本上。企业会增加经营成本减少净收入，长此以往企业的资金会断流，不利于企业的后续发展。综上所述，该制度的建立对企业的发展产生不可抗力的作用。

（一）内部控制是控制机制的重要组成部分

从企业内层结构管理的角度出发，内部控制是必不可缺的要素。如果企业没有建立内部控制体系，那么该企业会面临哪些问题？首先，在内部资金的结构上。资金的支出与收回没有明确的记录和完善的保障，会造成企业经营者与投资者之间的矛盾。其次，在企业信誉度上。在社会中该企业的工作者代表的是企业的形象，然而企业内部工作者的人文素质没有得到培养与发展，因此这就可能会给企业造成名誉的损失。最后，在公司的财务制度上。缺乏内部控制会给财务工作造成很大的困难，因为财务工作者没有可以依据的政策，无法判断自身行为的利与弊，最终造成财务工作效率低下的现象。

（二）内部控制保障资金安全

从企业财产的角度出发，内部控制为财产的存续与升值提供了天然的屏障。那么该屏障主要体现在哪些方面？其一，主要体现在财产流方面。企业内部控制的建立可以减少企业财产不必要的支出，从而促进企业财产的再利用增加企业的财产流。其二，主要体现在对未来财务规划方面。每个企业都会根据自身以往的财务数据对企业未来财务状况的发展做出详细的规划，因此内部控制的建立为该规划提供了真实有效的数据。综上所述，内部控制有利于企业资产的升值。

（三）内部控制降低企业经营风险

从企业经营的角度来说，企业损失的高低是企业发展速度快慢的基础条件。从历年来存续的企业来看，它们发展迅速是因为它们没有增加不必要的损失支出。同时企业这种情况的产生有赖于内部控制的建立。该制度的建立可以为企业提供有效的财务发展数据从根本上减少企业的财务损失，从而加快企业的发展速度。

（四）内部控制是企业发展的必然要求

从市场环境多变的角度出发，企业只有建立完整的内控制度才能在该环境中发展，否则可能会被市场"淘汰"。那么内部控制的建立对市场环境的适应性主要体现在哪里？其一，发展数据上。市场变幻莫测的环境可以为建立内部控制的企业提供真实的数据。其二，自身水平上。企业在市场经济的竞争中可以正确地认识到自身的实际发展情况。综上所述，内部控制的建立为企业的发展提供了良好的平台。

（五）提升企业财政管理的水平，适应财政改革的发展

从国家发展的角度来讲，国家对于企业的财政改革政策越来越完善。但是正所谓"物极必反"，那么国家财政政策的"反"体现在哪里？首先，企业政策调整不及时。企业没有跟上国家的财政步伐，从而导致内部政策落实的不扎实，不利于未来的发展。其次，在财政政策本身。一些财政政策缺乏实践的检验，它们可能没有经历过具体的落实，可能会出现企业政策与国家财政政策不适应的情况。最后，在企业与国家政策融合的过程中。该融合过程可能进行得不是很顺利，因为每个政策都会有它的适应性，每个企业的经营性质都不同。同时过多的财政政策可能会给企业造成"眼花缭乱"的现象，从而不利于企业自身的财政发展。综合所述，国家对该政策的建立要符合实际的要求，同时政策的具体内容与作用要经历实践的检验才可以落实到不同的企业中。

三、财务管理过程中内控管理的措施

在自然发展的过程中，树木的腐败往往来自其根部。同理从我国企业发展的角度来说，企业根基的稳固与不稳固是非常重要的。同时企业稳固的根基需要具有严格的内层管理制度，该管理制度的建设与发展可以滋养企业这棵发展大树的根须。

（一）建立完善的财务管理内控制度

从企业内层发展的角度来看，财务管理完整的内控制度是企业财务发展必不可少的条件。那么该如何建设该制度？首先，在监管上。企业在建立人人监管制度的基础上要辅以严明的奖惩制度，从而提高人们的参与度。其次，在制衡上。企业要建立相互制衡的部门，以确保不能出现一家独大的现象。同时要充分发挥每个部门的作用，共同促进企业内层的发展。

（二）提高公司财务人员的职业规范，完善内控管理

对于企业内层的发展，除了相应的制度之外，还要对其相关的工作者进行约束。该约束主要体现在思想上、技能上、行为上。在思想上，相关的工作者要具有保守企业秘密的意识，要尊重企业的发展成果。在技能上，相关的工作者要通过不同的手段提高自身的能力。例如，考取证书。在行为上，相关的工作者要按照国家的法律规范约束自己，从而提升自己的人格魅力。

（三）加强内部审计监督

内部审计监督是公司财务管理控制的重要组成部分，有着不可动摇的地位，是内部监督的主要监管方法，尤其是在当代公司管理中，内部审计人员将面临新的职责。公司应建立完善的审计机构，充分发挥审计人员的作用，为公司内控管理营造一个良好的环境。

（四）加强社会舆论的监督

如今社会的经济发展非常迅猛，人们已经实现了随时随地交流与沟通的梦想。同时该梦想的实现也为人们带来了良多的益处，人们可以对任何事发表自己的看法。所以这为财务管理政策的加强提供了优良的条件。综上所述，汇集大多数意见的财务管理政策是最有利于企业发展的政策，它也可以推进企业内部政策的调整与完善。

（五）重视内控管理流程

资金管理是公司财务管理中最重要的内容，财务管理人员需对资金使用情况进行严格审批管理，使资金管理更具有合法性。例如固定资产管理，财务部门可派专门人员对其进行单独的管理，对某一项目资产管理时，公司应对其预算有严格的审批，只有标准的额定费用使用机制，公司资金才能发挥最大的作用，才能保障周转速度一切正常。

由此可以看出，企业发展的基础是对财务资产有效利用政策的制定。该政策的制定可以加大企业对资产的掌控力度，从而在激烈的市场环境中脱颖而出。同时该政策也可以通过财务资产的增值提高企业的竞争力与社会地位，从而增强企业财务的国际影响力。

第三节　PPP 项目的财务管理

社会各项因素的发展对国家的建设提出了更高的要求。该要求预示着公私合营模式的产生与发展。该模式符合国家基本设施的建设，也符合国家对未来发展模式的盼望。不过由于应用时间不长，所以它目前并没有完整的实施措施与实施策略。这就需要国家发挥其对企业的领导职能，加快该模式相关策略的建设。

一、PPP 模式的定义

公私合营模式的产生与发展打破了我们原有的发展观念。我们原有的发展观念在于独立发展，但是由于独立发展的资金、设施、科技等因素有限，所以很难建设大项目。同时国家的发展都是从大项目开始的，独立的主体不能完成这件事，所以就产生了该模式。综上所述，该模式的内涵主要在于因为国家建设的需要所以产生的类似于"共生"的一种模式。

二、PPP 项目的特点

公私合营模式的发展是社会发展的必然要求，该模式的主体由政府和企业组成。该模式的核心发展要求是加强各个主体之间的联系，拉近主体之前的距离。因为只有将发展放在同等地位进行才可能有效地发挥该模式的作用。同时该模式的特点是时代性、公平性、进步性。从时代性的角度出发，二者之间的合作是时代发展的产物，也是随着时代的变迁而改变的。从公平性的角度出发，二者之间在合作的时候资源是共享的，不存在你多我少的不公平现象。同时国家也会建立相应的保护措施，提高企业与政府之间的信任感。从进步性的角度出发，政府的进步性体现在相关社会资源的进步，而企业的进步主要体现在制度上，它的制度会经过国家制度的洗礼而提升。由此可以看出，该模式的特点主要是由它们彼此之间融合而产生的。综上所述，国家对大项目的建设离不开该模式的发展，因此国家要提倡该模式的建立，要提高社会企业对国有企业的归属感和认同感，要形成政府与企业共同发展、共同更新的现象。

三、PPP 项目中存在的财务管理问题

（一）项目中的资金管理问题

在社会发展的进程中，公私合营模式主要面对的问题是对于日常经营活动资金的

有效利用与合理分配没有完整的体系。这就要求企业按照国家的标准改善自身存在的问题，从而促进该模式对资金体系的完善。

（二）财务预算过程中执行不到位

公私合营模式要求企业根据国家的预算模式标准进行预算体系更新。该体系的更新有利于充分发挥企业与国家相结合的作用。同时，该预算体系的更新可以提高企业各部门对资金的使用效率，从而提高企业经济活动的质量。由于国家处于不断发展的过程中，因此对于预算的体系也是不断更新的。所以对于企业来说它们要时刻保持清醒的状态，及时跟上国家预算的脚步。

（三）财务内部控制缺失的问题

公私合营模式并不是完美的模式，它也会存在一些问题。该问题主要表现在国家对公司发展的规划问题。因为在该模式中国家始终处于主导地位，企业受到国家的引领从而得到发展。因此，国家充分发挥该模式作用的基础在于对企业的监管制度的建立。监管制度主要体现在企业内部财务人员、企业相关财务政策、企业财务成本等方面。项目公司在正常管理中方式较为粗放，内部控制制度没有受到足够的重视，这些也是较为普遍的问题。企业发展的基础是内部监管制度的建立与发展。但是有些企业将监管部制度的内涵进行了曲解，以致约束了企业财务体系完善的速度，这种做法是不可取的。因此这就需要企业充分认识到监管制度的含义，建立正确的监管制度。

（四）融资投资管理问题

公私合营模式是在国家集资办大事的背景下产生的。在该背景下国家的财政投入会比较少，因为国家的资金可能在其他的大项目上。因此这就需要企业具有"国家强，企业强"的意识，充分发挥其促进国家建设的作用并为此投入更多的可使用资金。这也就间接地要求国家建立相应的对企业资金保护的政策，为企业资金的收回提供政策支持。

（五）风险管理问题

在市场经济中，企业会存在为了追求眼前的利益而损害长远利益的做法。同时这也是市场经济发展下的特点。因此公私合营模式对于企业的该做法是不适应的。因为公私合营模式追求的是长远发展的利益，是合作共赢的目标。综上所述，该模式应该避免企业不正确的发展目标。

四、PPP 模式下的项目管理财务管理策略

（一）建立完善的风险识别与控制体系

随着社会的发展与进步，公私合营模式已经成了发展的必然要求。该要求需要企

业与政府之间相互作用共同促进社会的发展。同时该模式的核心思想是合作共赢。那么这两个主体在发展中该如何体现这一核心思想呢？双方对同一项目的发展要制定多种不同的战略。不同战略建立的原因是在市场的环境中可能存在许多我们未知的因素与挑战，因此双方都需要做好万全的准备以便应对突如其来的状况。综上所述，公私合营模式顺利开展的原因在于双方的责任要对等，双方的发展意识要具有新意。

（二）努力加强预算管理与资金控制

公私合营模式要求双方具有先进的资金配置思想。首先，在日常经营活动之前，双方要估计该活动所需的资金，从而做好资金的统筹规划与收集。其次，在日常经营活动中，双方要根据活动的实际情况对资金进行分配，例如科技投入高的企业要多分配一些资金。最后，在日常活动结束之后，双方要积极总结资金分配的经验，要知道哪些资金可以省下来，哪些资金需要多投入一些。

（三）加强成本控制

公私合营模式具体是指企业与国家合作共赢的一种新型发展模式。并且该模式的充分利用可以加快我国基础设施的建设速度。那么该如何充分发挥这个模式的作用呢？首先，要控制双方的财务支出。双方对财务支出的有效控制在很大程度上为基础设施的建设节约了资金。其次，要建立正确的设备折损措施。设备折损现象是发展过程中必须会经历的，因此这就需要双方建立正确的应对措施。最后，要正确理解财务指标代表的含义。因为财务指标的变动是财务信息的传递过程，因此双方要抓住这个机会尽最大的可能掌握财务信息。

（四）加强财务分析，完善定价制度

公私合营模式有效开展的关键是双方发展的目标要具有一致性。该目标的一致性主要体现在资金投入目标的一致性、相关战略目标的一致性等。同时该目标一致性的建立有利于将公私合营模式的作用发挥到最大，也有利于提高双方财务分析的水平。对于定价制度的产生与发展，双方要分别根据自身的财务经验展开交流与讨论，最终确定出有利于双方共同发展的定价制度。综上所述，该模式的发展与完善对国家的基础建设具有真真实实的促进作用，它从根本上改变了有些企业独立国家发展的状况，同时也拉近了企业与国家之间财务发展的距离。

公司合营模式是企业与国家合作的里程碑。在该模式下，企业的财务管理结构受到了国家的积极影响。这些提高项目财务管理效率的同时让企业的决策更加科学。该模式的产生与发展在一定程度上提高了国家对企业的认可度，并且为企业的发展提供了精神支持与法律依据。同时这种模式也是国家未来建设发展的必然要求。

第四节 跨境电商的财务管理

伴随着互联网技术的飞速发展和经济发展的深度全球化，我国的跨境电商产业迅速崛起，截至 2016 年年底，中国跨境电商产业规模已经超过 6 万亿元，年均复合增长率超过 30%。跨境电商产业在传统外贸整体不景气的经济环境下依旧强势增长，本节在此背景下，阐述财务管理对跨境电商运营的重要意义，并分析跨境电商企业在财务管理方面面临的问题，如会计核算工作不规范、缺少成熟的跨境电商财务 ERP 系统以及跨境电商税务问题等，针对跨境电商财务管理面临的问题提出相应的财务管理提升方案，从而促进跨境电商企业财务管理的不断完善。

一、财务管理对跨境电商运营的重要意义

从国家在世界上的影响力角度出发，我国的财务制度发展速度是非常快的。这种高速度的发展让我们产生了新的行业，即跨境电商。如果一个企业它已经是跨境的电商了，但是它没有完整的财务管理体制，那么它将面临哪些困难？首先，将会是人员不足的问题。人员是一个企业发展的根基，如果企业缺乏对应的人员，那么这个企业将不复存在。其次，企业发展规模问题。企业发展规模将不会扩大，同时企业进步的脚步也会停滞不前。最后，在解决问题能力上。企业将不会拥有解决客服问题的能力，它们会变得"胆小"并且遇事便会退缩。综上所述，完整的财务管理体系对跨境电商的发展具有不可替代的促进作用。

二、跨境电商在财务管理上存在的问题

（一）会计核算工作缺乏规范性

从各类行业发展的经验来看，企业在进行一项财务活动后需要进行经验的总结。无论是失败的经验，还是成功的经验。同时，企业要明白财务发展的基础是有价值的财务核算。但是有一些跨国电商的企业并没有意识到问题的严重性。那么对于跨境电商来说该核算的合理运用有哪些意义呢？首先，在管理模式上。跨境电商对于我国的企业来说它的根基没有很深，我国企业对它的经验摸索只是停留在浅层上。但是快过电商对该核算的正确运用可以促进管理模式的创新，稳固该电商的社会地位。其次，在跨境电商的账务管理上。该核算的充分落实与运用可以提高企业账务的精细度，具体体现在每一笔支出与收入上。最后，在社会责任感上。该核算的制定可以提高企业

的承受能力，推动跨境企业的财务管理从稚嫩走向成熟。综上所述，跨境电商由于产生较晚，它的财务管理状况相对于其他行业是较差的。但是这只是暂时的，它们需要时间的磨炼与经验的积累，而该核算为它们的财务进步提供了很好的交流平台。

如今国家对综合人才的培养是极为重视的。为什么如此重视该人才的培养？因为未来国际的竞争是人才能力的竞争，这就间接向我们证明了跨国电商的财务发展关键在于人才的培养。那么综合人才分为哪些？综合人才代表的是除了要拥有强大的财务理论知识还要拥有高尚的人格与正确的道德观，同时该人才也不能触犯国家财务的法律法规。综上所述，国家要加大对各行各业人才的培养力度，要充分发挥他们的作用，为该电商内部财务管理体系的完善奠定基础。

（二）缺乏成熟的跨境电商财务 ERP 系统

国家要针对跨境电商行业的发展制定相应的财务软件。从财务发展的角度来看，财务软件的产生大大提高了企业财务记录的效率，也大大减少了企业出现账务错误的结果。由此可见，财务软件的建立对企业内部账务的重要性。如果跨境电商没有相关财务软件的支持，那么它将会面临许多难题，会让它本就不完善的财务体系雪上加霜。那么常见的财务软件有哪些？例如，金蝶、用友等。在我国的企业中用量最大的是用友。因此，国家要发挥其职能为该电商配备此财务软件。

（三）跨境电商税务问题

从科技发展的角度来看，跨境电子商务的特点是创新性、流动性、宽松性。创新性主要体现在以前的企业发展没有出现过这种形式的商务模式。流动性体现在该电子商务的企业与企业内部的人员流动性比较强，缺乏员工对企业的归属感。宽松性具体是指该电子商务的经营环境是比较宽松的，该环境包括国家法律环境与社会发展环境。但是，对于国家来说该商务的税务征收问题比其他企业要多，主要的原因在于该商务本身的性质，它是科技发展下的产物。因此国家要加强相关的税务征收法律，同时国家要严格规范商务发展过程中日常业务的手续，要为国家的税务征收提供证据。综上所述，该商务的发展既为国家带来积极的意义，也为国家的税务征收带来了问题。但是它总体发展对国家的促进作用是极大的。

三、基于跨境电商网络财务管理发展建议

（一）风险意识的树立是网络财务管理优化的重要前提

从国家发展环境的角度出发，跨境电子商务要树立对财务发展的忧患意识。该意识的树立有利于跨境电子商务减少不必要的人力与物力的损失。那么对于跨境电子商务来说要如何树立该风险意识呢？这就要求该商务建立完整的应对突然风险的解决措

施，同时在日常的经营活动中该商务也要建立两种发展措施，一种是主要的措施，另一种是应对突发事件的措施。综上所述，正确的忧患意识能够提升跨境电子商务的发展地位。

（二）政府扶持力度的加大是网络财务管理优化的手段

从国家的角度来说，如果国家没有大力推广与发展跨境电商，那么它的发展将会是落后的。为什么这么说？因为从财务整体的发展角度来说该电商的发展是必要的，它有利于促进财务体系的完善。因此，国家要加大重视力度，并且要制定相应的发展政策。但是该政策也要遵循财务发展的规律，还要符合现实生活的需要。综上所述，该电商的产生与发展，在一定程度上提高了企业财务的社会影响力，也为企业财务的后续发展奠定了基础。

（三）网络财务管理系统的构建是财务管理优化的根本

从企业发展失败的例子来看，它们都没有充分发挥网络对财务管理的升级作用。企业财务制度的完整度与清晰度都来自强大的互联网体系，同时也为企业的后续发展埋下了隐患。因此在如今的社会发展中，企业要善于利于互联网技术，将企业内部的财务事项通过表格的形式进行记录，如此一来可以减少企业财务数据丢失的现象，也可以减少不必要错误的发生。

（四）高素质专业化人才的培养是财务管理优化的必需

从成功企业发展的角度来看，它们成功的因素既不是高端的科技，也不是雄厚的资金支持，而是拥有一支高素质的工作人员。企业内部的工作人员是企业进步与发展的基础。那么要如何培养对企业发展有促进作用的高素质人员呢？从国家的角度出发，国家要加强对财务教育政策的建立与落实，要为人员的培养提供理论支持。从企业的角度出发，企业要定期组织相关财务人员的培训，提高人员的财务素质。从人员自身的角度出发，他们要建立正确的财务发展意识，要树立正确的道德观与人生观，要以企业与国家的发展为己任。综上所述，企业与国家的财务发展需要具有道德高尚、技能超群的工作人员。

随着社会科技的不断发展，网络已经成为人们进行商品交易和知识交易的平台。这个交易平台被人们称为跨境电子交易。该交易的产生与发展预示着它们的发展道路不会一帆风顺，它们即将会面临一场"风雨"的洗礼。为什么会面临一场"暴风雨"呢？因为对于该交易来说，它既没有传统交易模式的完整体系，也没有传统交易模式的发展资源。所以它需要经历各种财务风险的挑战才能成长与完善。综上所述，该交易的发展需要得到世界各方的帮助，同时也需要高素质人才的推进。

第五节 资本运作中的财务管理

在如今社会发展的大背景下，我国对企业的财务发展提出了更高的要求。该要求具体指的是什么呢？在企业的结构上，它主要指的是企业内部的资金运作结构。在企业内部的管理上，它主要指的是对相关财务工作者的道德素质管理。在企业的发展上，它主要是指企业对未来财务的规划以及企业对未来投资的计划。那么该要求具有哪些意义呢？它可以提高企业内部对资金的使用效率，同时也有利于资金运作体系的完善。资金运作体系是如今企业发展条件下的必然产物，它与企业的财务管理目标是相互作用的，二者既相互联系，又相互区别。综上所述，无论企业的规模如何，它们都应该在财务管理的过程中进行资金运作，从而提高企业资产的升级。

一、企业资本运营的特点分析

（一）价值性

资金运作的核心体现是对资金的再升值。资金的再升值主要体现的不是"钱生钱"，而是它们其中蕴含的做事能力。资金是日常活动的基础，因此资金的充足与缺乏决定了企业活动的规模，也就决定了在该规模下产生的社会效益。所以企业要充分认知到资金升值的内涵，从而提升企业的社会责任感，最终提升企业的社会价值。综上所述，企业的社会性发展需要充分发挥资金运作的作用。

（二）市场性

从古至今，市场一直是人们进行交易的活动场所。它能准确无误地反映出人们的需要情况，也能为企业提供真实可靠的商业信息。在如今的社会中，资金运作的发展基础是稳定的市场环境。同时稳定的市场环境可以给资金运作带来准确的数据，以便于提高资金运作的准确性。综上所述，资金运作的市场性主要在于能够通过市场的活动带来有效的信息，最终提高该运作的科学性。

（三）流动性

资金运作的流动性对企业的主要意义体现在哪里？首先，可以加快企业资金的回流速度。其次，可以提高企业资金运用的价值，促进更多的社会效益。最后，可以提高企业的净收益，提高企业在资金运作中的社会地位。综上所述，流动性是企业资金运作发挥到一定程度而产生的特点。同时该特点的产生也预示了资金运作在管理中的崇高地位。

二、强化财务管理，优化资本运作

从企业历史发展的角度来看，资金运作是企业实现最终目的的主要方式。同时在企业的各项政策中各类管理政策处于核心地位。因此，我们必须充分发挥财务管理的积极作用，推动企业资本运作的优化、升级，从而推动企业健康发展。

（一）强化会计核算工作，完善财务管理

从微宏观角度分析，企业财务管理是企业资本运作中的重要组成部分，因此，实现资本运作会计核算，就是将企业资本投入生产经营活动中，从而在生产经营中实现会计核算，加强生产成本的控制。同时资本的运作也给企业的发展方式提出了新的要求。该要求主要是指企业要重视自身对资金的运用，不能出现"乱用""混用"的现象。还要求企业的经营者在进行合并、融资的过程中时刻保持警惕，不能将自身的资产与其他尚未入账的资产混淆。如果企业没有按照资本运作的新要求去发展企业，那么企业会面临许多关于资金的问题，从而大大降低企业的生产效率，也会给企业内部的工作人员带来压抑的情绪。综上所述，建立正确的资本运作方式可以降低企业的破产率。

（二）完善企业财务管理

在如今各项经济因素都得到发展的前提下，企业要如何提高自身的财务管理能力？首先，在思想意识上，企业要时刻保持自身的警惕性，因为处在社会中的各类企业之间的竞争是非常激烈的，稍有不慎就会被"吞没"。其次，在行为能力上，企业要说到做到。对于相应的财务发展策略要真正落实，同时在落实的过程中要时刻关注反映出的情况，以便及时调整。最后，在资本运作上，企业要把握住资本运作的特点。综上所述，企业要将资本运作的特点与财务管理的作用相结合，最终推动企业向世界产业的发展之林前进。

（三）完善资本运作中财务管理制度

资本运作良好效果最关键的因素是财务数据的真实性。而财务数据真实性的来源需要企业建立完整的管理制度。企业该如何建立这个管理制度呢？从整体上出发要明确自身的实际发展状况，同时要求企业管理者明白自身与其他同行业企业之间存在的差距以及产生该差距的原因。从部分的角度出发，企业要明确分配好各部分的职责。例如：财务部门要及时对财务数据进行盘点；财务人员要不断地学习国家新制定的财务规则；其他人员要协助财务人员办事，未经允许不得私自翻找财务档案。综上所述，良好的企业管理会给资本运作带来完美的效果。因此，企业要在复杂的环境中取得一席之地，就需要付出相应的"代价"。该代价具体指的是企业要脚踏实地地研究管理制度的知识。

企业多年以来的发展规律可以证明资本运作的有效利用是企业制度发展的里程碑。资本运作在企业彼此之间进行的社会地位比拼上发挥独特的作用。同时拥有强大资本运作体系的企业是该比拼中最浓烈的色彩，也为该企业的未来发展提供了基础性的条件。

第六节　国有投资公司财务管理

在我国市场中，投资公司处于发展阶段。然而，因为投资公司能够在降低投资风险的基础上，推动其他相关行业的发展，所以这一行业的出现也标志着我国金融服务行业的快速发展。那么投资公司该如何提高自身的能力从而生存在该环境中？其一，投资公司需要在该环境中正确认识自身的发展地位。其二，投资公司要明确自身的优势与弊端。其三，投资公司要时刻做好应急措施。

一、国有投资公司财务管理基本内容概述

无论是哪种性质的企业，它们发展的基础都需要完整的财务管理体制。那么对于国有投资公司来说，如果它没有建立完该体制的话会出现哪些问题？首先在企业经营者的判断上。不完整的财务管理体制会给企业造成误判的现象。因为财务体系的不完整所以其带来的数据也是不准确的，这给企业的经营者对未来的发展判断造成了很大的误区。其次，在资金的二次利用上。不完整的财务管理体制无法对企业的资金进行二次利用，因为在该体制下企业内部的资金管理是混乱的毫无规律可言的。因此企业无法识别出哪些是可用资金，哪些是不可用资金。最后，在企业的发展意识上。在不完整的财务管理体制下生存的企业不会具有具体的发展意识。它们对企业的发展认识主要停留在经济的层面上，而非社会的层面上。综上所述，如果一个企业不具有完整的财务管理体制，那么它将不会得到永恒的发展。

二、国有投资公司的性质与目的

从历史发展的角度来看，国有投资企业发展的时间较为充足。从字面的意思我们可以看出它是由国家主导的企业，该企业的特点是国有性。同时从国家人民群众的角度来说，它是实现人们资产升值的保障。它建立的核心要求是一切为了人民的利益。因此对于国有投资公司来说，它的出现就决定了它为人们服务的终极性质。但是它的作用不只体现在这里，还体现在保障人民利益的基础上促进国家公共设施的建立。综

上所述，国有投资公司是国家间接促进人民经济水平提升的一种手段，也是调整国家基础经济结构的重要方式。

三、国有投资公司的财务管理模式

（一）集权制管理模式

集权制度管理模式的建立既可以促进企业的发展，也可以阻碍企业的发展。因为该模式的建立在一定程度上体现了集权的思想，集权思想具有双面的影响。集权思想的意义在于可以集中力量办一件单独无法完成的项目，但是它的不利之处在于高度的集权会导致企业之间发展的不平衡以及内部人员对公司归属感的崩塌。因此在企业发展的过程中，该模式的建立与发展要根据企业自身的实际情况做出底线控制，而不是盲目地效仿其他公司的集权模式。综上所述，该模式整体上的作用是有利的，但是也要根据自身企业的实践状况进行有针对性的选择。只有这样企业的管理者才能做出正确的企业规划，从而推进企业迈向新的征程。

（二）集权与分权结合的财务管理模式

企业过多的集权会导致企业内部力量的失衡，但是企业分权会导致内部力量的不集中。因此，这就需要企业经营者发挥其作用将二者进行有机的结合。这种有机结合并不是意味着你抄袭我，我抄袭你，而是二者相互补充而产生的新思想。同时该思想对于企业的各项发展都是极为有利的。综上所述，二者之间的结合发展可以提高企业内部管理质量，也可以促进企业内部和谐氛围的形成。

对于企业经营者来说，过度的集权是企业分崩离析的导火索，过度的分权是企业散漫发展的根本原因。因此这就需要公司经营者准确把握二者发展的度，在保证公司整体利益的基础上进行二者的结合实验，只有经历过真正实践的制度，才会对真实的企业具有促进作用。该实验的成功也证明了一个企业的综合发展能力。综上所述，企业成功的原因在于对不同道路的探索以及建立的集权与分权二者相结合的发展战略。

四、国有投资公司财务管理模式的优化策略

（一）加强国有控股企业的财务管理

在企业发展的过程中，失败是很常见的结果。但是只要充分了解失败的原因就可以减少失败的发生，企业经营失败的大部分原因在于财务管理制度的不完善。因此这就需要加强国有控股企业的财务管理，从根本上减少失败的发生频率。

（1）实行全面预算的管理。该管理的核心在于对财务数据的及时把握。因此这就

需要企业建立完整的财务数据审核体系，并将该体系真正运用到企业的日常经营会计核算中。对于在企业会计预算中产生的各类财务数据，要通过该体系进行严格的审查。要确定传输到国家的财务数据是准确的、真实的、科学的。因为只有高质量财务数据的产生与提供，才能为我国的企业发展提供可靠的依据。

（2）建立"松紧"相结合的管理体系。该管理体系的建立是企业财务发展的里程碑。何为松紧相结合的体系？该体系是在公司经营者意识活动的基础上产生的，并且该体系的核心思想在于管理的底线与原则。因此，企业财务管理的有效发展得益于在企业内该体系的建设。

（3）加快企业内部咨询制度的建立。该制度的建立在一定基础上反映了企业的内部综合实力。同时，该制度的建立也可以提高国有投资企业的社会地位与国际影响力。因为咨询制度的建立需要企业具有一定的技能知识与良好的信誉度，所以对于企业来说能够建立该制度是十分荣幸的。

（4）完善控股项目单位经营者的激励约束体制。从委托至代理角度进行考虑，基于内在矛盾诸如信息不对称、契约不完备和责任不对等，可能会产生代理人"道德风险"和"逆向选择"。所以，需要建立激励约束经营者的管理机制，以促使经营者为股东出谋划策，用制衡机制来对抗存在的滥用权力现象。

（二）加强对参股公司的财务管理

首先，国家要从实际国情出发建立相关的法规文件。该文件的建立为国有资金的有效利用与升值提供了文件支持，同时也会减少国有企业的财务问题。因为法规的建立在一定程度上可以约束相关人员的操作方式，从而减少对企业资金的滥用。

其次，要建立稳定的盘点制度。对于企业来说库存盘点是在发展过程中格外注意的问题。该问题的严重性可以直接影响到企业的成本支出与资金收益，也可能会造成企业内部瓦解的现象。因此不论是国有企业还是一般企业都需要建立完整的盘点制度，以确保企业库房内原材料的准确性。

最后，要建立平等的买卖制度。对于国有企业来说它的所有权归属于国家。如果人们没有取得国家的同意从而按自己的意愿对国有企业的所有权进行买卖，那么国家是可以追究其法律责任的。对于一般的企业来说，它们之间的所有权转让只需要转让双方知情就可以进行正常的交易。综上所述，平等的买卖制度贯穿于所有企业的所有权转让中。

企业的财务政策需要根据国家财务政策的发展变化而更新。企业是世界发展进程的标志，因此各国都要加强企业的发展。同时企业发展的基础是具有完整的财务管理体系，所以各国都要不断地更新财政思想，提高企业的财务管理水平，在该水平提高的基础上增强企业的竞争能力。

第七节　公共组织财务管理

随着社会的不断发展，公共财务组织管理的强化已然成为人们共同的追求。在过去的时光中，美国的相关学术者对公共财务管理组织进行了检查，检查的结果是他们发现许多财务问题，并且这些财务问题关乎到人民的发展与国家的发展。因此他们立即做出了相应的措施，该措施包括国家制定的相关性法律文件。这些法律文件对财务错误的产生速度具有约束力，并且在后续的发展中财务错误明显下降。近年来，我国的财政措施也存在一些披露，各企业或公职人员欺瞒国家私吞公共财务的案例屡见不鲜，这就间接向人们证明了建立完整财务政策的重要性。综上所述，如果想要财政恢复"平静"的生活，那么国家就必须建立严格的财政政策，约束人们的财政能力。

在以上的案例中，各国相关的学者对公共财务组织管理的作用进行了深刻的讨论。从我国两位学者的角度出发，他们分别论述了公共财务组织管理的内涵、意义，并且都提出了相关的建议与意见，他们的意见相同之处都是在于国家要加大公共财务的干预力度，充分发挥国家的主体作用。与此同时，其他国家的学者也提出了对该问题的讨论。相对于其他国家而言，我国对该问题的分析针对我国国情来说是相当深刻的、丰富的，同时也有利于提高我国财务公平分配的效率。综上所述，我国学者提出的关于公共财务组织管理的建设既是促进人民财务意识增强的建设，也是促进国家加强对财务方面研究的建设。它的充分贯彻与落实可以提升国家与人民之间的财务信誉度。基于此，本节在吸收前人研究成果的基础上尝试着对公共组织财务管理的内涵、特征、目标及内容进行探讨。

一、公共组织财务管理的含义和特点

公共组织财务管理也称为公共部门财务管理或公共财务管理，是指公共组织（或部门）组织本单位的财务活动处理财务关系的一项经济管理活动。

（一）公共组织

从组织发展的过程来看，组织可以按照其自身的性质分为不同的种类。社会组织按组织目标可分为两类：一类是以为组织成员及利益相关者谋取经济利益为目的的营利性组织，一般称为私人组织，包括私人、家庭、企业及其他经营机构等；另一类是以提供公共产品和公共服务，维护和实现社会公共利益为目的的非营利组织，一般称为公共组织，包括政府组织和非营利组织。

从我国企业性质的角度来看，国有企业不包括在公共部门中。因为国有企业是国家领导的企业，同时该企业的利得与损失国家具有有限的支配权，只是国家的发展都是从人民发展的角度进行的。因此，国有企业最终的目的也是为了人民。

公共部门存在的特点是社会性、公益性。该部门的社会性主要体现在它是社会发展而产生的，不是为了某个私人目的产生的，而是为了公共的利益产生的。该部门的公益性主要体现在它是社会公众的组织，不是赚钱的工具。

（二）公共组织财务的特点

从不同的角度出发公共部门具有不同的内涵。但是其内涵的核心内容都离不开两方面。一是对社会财务做出的详细记录，二是对社会公共资源的有效使用。它主要具有四个特点，具体内容如下：

1. 财政性

为什么说公共部门的资金具有财政性？原因在于公共组织的最终领导主体是国家，因此该部门的资金来源渠道是国家的财政收入。那么公共部门资金财政性的意义体现在哪些方面？首先，它可以帮助公共部门避免资金链断掉现象的发生。其次，它提高了公共部门在其他行业中的发展地位。最后，它证实了公共部门是国家领导的社会性组织。

2. 限制性

该限制性主要体现在国家对公共部门资源利用上的限制。因为从各国企业发展的角度来看企业权力越大越会发生滥用的现象，从而造成企业内部根基的腐烂，最终造成企业经营失败的结果。同理公共部门是属于国家领导，同时也是对社会资源具有很大的使用能力的组织，因此国家为了将资源用在真正需要发展的地方，所以就需要对公共部门建立相应的限制制度。综上所述，该制度的建立在一定程度上可以避免权力滥用现象的产生。

3. 财务监督弱化

对于公共部门来说，财务监督弱化主要体现在该部门的所有者以及社会公众的监督弱化上。那么它们具体表现在哪里的弱化？①资金提供者监督弱化。对于企业资金的提供者来说他们没有经济收入，但是他们可以提高自身的社会道德感从而提升自己的价值。针对这种情况，该提供者没有利益的驱使会减少对这项投入资金的关注度，有的人甚至已经忘了这项投资。因此，这必然就造成了提供者对财务监督和管理效率低下的现象。

②市场监督弱化。该监督弱化主要是公共产品区别于市场产品不同的本质。在该不同的本质下公共部门也会产生错误的判断。例如：无法将公共发展能源合理地分配给每一个发展项目，但是这都只是暂时的，随着时间的变化公共部门的监督效率会提升。

4. 财务关系复杂

从不同的发展角度来说，公共部门财务关系主要体现在不同的地方。但是从总体上来说，公共部门财务关系的核心思想是有利于社会发展的思想。①利益相关者众多。利益相关者众多的意义在于可以提高公共部门的资金利用效率，也可以加快公共部门对社会基础设施的建设速度。②存在国家性。这主要体现在它与国家社会发展的目标具有一致性。同时它也是国家领导下的部门，国家政治制度的变化与改革它首当其冲受到影响。综上所述，公共部门财务关系的特点是多样性与国家性。同时这也是它与其他企业不同的地方。

（三）公共组织财务管理的特点

1. 以预算管理为中心

公共部门与企业最大的区别在于它不是以营利为目的的组织。这也就间接造成了它既没有完整的运行体系也没有明确的数据展示结果的现象。该现象的产生可能会导致社会公众与公共部门之间的"误会"，从而降低公共部门的办事效率。因此针对这一现象，公共部门提出了相应的解决措施。该措施的核心在于对国家制定的有关预算管理思想的运用与分析。至此之后，公共部门资金的入账与出账都有了明确的参考文件。这也在很大程度上丰富了公共部门财务管理的具体内容。综上所述，公共部门核心思想的产生与发展是公共部门与国家财政相连接的平衡点，有利于促进公共部门财务管理政策的更新与改革。

2. 兼顾效率和公平

无论是企业还是公共部门，办事能力的程度永远是它们实力的标志。办事能力的强弱决定了它们的效率快慢与对国家事业建设产生的意义。同时公共部门是以社会利益为己任的组织，所以它的建立要求与目的都应该和社会的发展相关，这就间接要求了它们彼此之间不能发生不必要的冲突，要有先后的发展顺序，同时也要体现出平等的发展地位。综上所述，公共部门办事能力的提升有利于帮助社会公众建立美好的家园，也有利于帮助国家建立稳固的基础设施。

3. 微观性

公共部门的微观性主要体现在对国家公共事业的建设上。从公共部门财产性质的角度来看，该性质主要体现在公共财务上，因为该财务的本质在于帮助基层人民群众的发展。与之相同但是主体相反的是公共财政，该财政的主体不是公共部门，但是二者的目的都在于国家与社会的发展。

4. 手段的多样性

公共部门由于其本身性质，它可以通过不同的方式实现财务管理的目标。并且不同手段实现的财务管理目标其意义也是不同的，但是其最终的意义在于完善其内部的管理措施。同时这也是公共部门与企业之间的又一区别。

三、公共组织财务管理的目标

从社会进步的角度来看，我国为了社会公众的利益发展从而产生了新的组织形式，即公共组织。该组织的核心思想是如何提高社会大众的利益，如何才能最大限度地发挥自己的价值。该组织是在我国总体领导下进行发展的组织。因此，该组织的财务管理目标符合国家发展的相关管理目标。那么该组织的财务管理目标从哪几个方面实现的呢？其一，社会公众的力量。其二，网络提供的财务数据。其三，对于社会资源的合理利用。综上所述，该组织的产生是社会发展的必然要求，因此该组织财务管理目标的最终目的是促进社会的发展。它的具体做法主要包括以下三个方面：

（一）保障公共资源的安全完整

从社会发展能源的整体性出发，这是公共部门财务发展的前提条件。同时公共部门要善于抓住能源整体性的特点，从而制定有效的利用措施。但是由于公共部门工作人员的原因，所以公共部门对财务长远发展没有明确的目标。因此公共部门财务发展的基础条件是建立该目标，同时建立该目标的基础是需要公共组织掌握社会能源的整体状况。该目标的建立有利于公共组织更好地利用能源减少浪费的现象，有利于最大限度地保证社会能源的完整性。综上所述，公共部门财务目标发展的基础是确保社会能源能够得到合理的分配。

（二）提高资源使用效率

从社会发展能源的使用能力出发，这是公共部门财务发展的关键条件。该使用能力如何才能得到有效的发展，这是公共部门需要着重考虑的因素。同时它们给出的具体做法是需要加大对管理制度建立以及对人们节约意识的发展力度，从而提高对能源的使用能力。

（三）实现效率与公平的统一

该统一的实现是公共部门的终极追求。公共部门存在的意义在于展示速度与平等之间的关系。同时它们也强调价值的意义在于对社会的贡献度。因此企业要向公共部门学习它们的发展意识，提高自身的社会建设参与度。

四、公共组织财务管理的内容

从企业自身的角度出发，它们认为财务活动都是与金钱有关的日常活动，包括企业的融资、破产、收入等。因此，财务管理的具体内容就是它们这些要素的具体内容。但是对于公共部门来说以上的管理内涵过于"狭隘"，因为它们的管理内涵包括许多社会层面的意义，主要内容如下：

（一）预算管理

从会计相关制度发展的角度来看，公共部门的财务发展需要建立完整的预算管理制度。建立该预算管理制度的意义主要体现在哪里？首先，在过去的发展中。公共部门可以通过对财务预算管理制度的学习总结出该部门发展经验与发展规律。其次，在现在的发展中。公共部门建立完整的预算管理有利于提高部门的知名度和信誉度，从而提升部门的财务管理质量。最后，在未来的发展中。财务预算可以帮助该部门进行未来资金发展的统筹规划，从而提高该部门的资金利用率。

1. 公共组织预算与公共预算的关系

政府预算的特点是平等性，其核心内容是指对国家整年度财政收入的记录，其主体是国家，其发展要求是促进社会的整体进步以及人民生活水平的提高。但是公共部门预算与政府预算存在很大的差别，该差别产生的原因在于双方服务主体的不同。公共部门服务的主体是社会公众，而政府预算的服务主体是国家。

从国家的角度出发，政府预算为公共部门预算提供基础的数据支持。因为相对于公共部门预算而言，政府预算的规模更大、资源更丰富，并且它也掌握着国家最新的财务数据。

2. 公共组织预算管理的内容

从预算管理的流程来看，公共组织预算管理主要包括：①预算基础信息管理。公共组织预算是在充分分析组织相关信息如人员数量、各级别人员工资福利标准、工作职能、业务量、业务物耗标准等基础上编制的，基础信息的全面、准确是预算编制科学性的重要保障。在相关信息中定员定额信息是最重要的基础信息，定员定额是确定公共部门人员编制额度和计算经费预算中有关费用额度标准的合称，是公共部门预算编制的依据和财务管理的基础，也是最主要的单位管理规范。受我国政府机构改革的影响，近年来，政府机构撤销、增设、合并频繁，政府部门原有的定员定额标准已不符合实际情况，迫切需要重新制定科学合理的定员定额标准。另外，还应建立相关的统计分析和预测模型，对部门收支进行科学的预测，提高预算与实际的符合度，便于预算的执行和考核。②预算编制。预算编制管理的核心是预算编制、审批程序的设计和预算编制方法的选择。③预算执行。预算执行环节的管理主要是加强预算执行的严肃性，规范预算调整行为，加强预算执行过程中的控制。④预算绩效考核。将预算执行结果与业绩评价结合起来。

（二）收入与支出管理

从公共部门发展的角度来说，该部门的资金无论是支出还是收回都不是走个人的账户，它们走的都是公账。这里间接体现出了公共部门的性质，即无偿性、社会性。

从国家各类企业发展的角度来看，企业收益与企业成本的产生是企业进行日常活动的基础。同时这两种因素也间接反映了企业的发展能力，主要是从两个方面进行的。一方面是低收益、高成本，这是典型的没有发展能力的企业。另一方面是高收益、低成本，这是发展能力强的代表企业。以上都是对社会企业进行的讨论，但是公共部门与社会企业的性质不同，所以以上的结果并不能真实地反映出公共部门的发展能力。公共部门的发展主要是对于费用的讨论，因为它是不以赚钱为目的的，但是需要考虑费用的支出。因此对于公共部门来说要合理地控制费用的支出，并建立相应的措施从而提高该部门在社会中的发展能力。

公共组织收支财务管理制度一般有：

1. 内部控制制度

严格的内部控制管理的意义主要体现在以下几个方面。其一，可以拉近各部门之间的距离，从而提高生产效率。其二，有利于在工作人员中形成良好的竞争氛围，从而提高工作者的工作效率。其三，有利于减少贪污腐败现象的发生，从而为企业的发展提供良好的环境。

2. 财务收支审批制度

该制度的建议有利于企业管理者查找每一笔资金的具体去处，从而大大提高财务的工作效率。

3. 内部稽核制度

该制度的建议有利于减少企业内部不必要的问题。同时该问题的减少也为企业的发展降低了负担。

（三）成本管理

从国家发展的角度来看，国家对公共部门的收益格外重视。该重视程度的加深也会产生一些问题，该问题具体是指在收益增长的同时费用也在增长。该问题的产生预示着国家要在重视收益的基础上通过合理的手段控制费用的支出。

在公共部门费用控制方面国外显然比我国做得好一些。因此我国要吸收国外优秀的控制经验，并且结合自身部门的实际情况进行落实与调整，从而减少该部门的费用支出。

公共组织成本管理应包括以下内容：

1. 综合成本计算

综合成本计算的意义主要体现在以下几个方面。有利于完善企业内部的财务结构，也有利于企业内部之间奖惩制度的建立，还有利于加强各部门之间已有的联系，通过不断的交流与沟通可以找到减少成本的方法。

2. 活动分析和成本趋势分析

对政府项目和流程进行分析，寻找较低成本的项目和能减少执行特定任务的成本途径。

3. 目标成本管理

目标成本管理即恰当地制定和公正地实施支出上限，合理控制业务成本。将成本同绩效管理目标联系起来，实施绩效预算和业绩计量。

（四）投资管理

公共组织投资主要指由政府或其他公共组织投资形成资本的活动。公共组织投资包括政府组织投资和非营利组织投资。其中政府的投资项目往往集中在为社会公众服务，非营利的公益性项目如公共基础设施建设等，具有投资金额高、风险大、影响广等特点。非营利组织投资主要指非营利组织的对外投资。

公共组织投资活动的财务管理主要侧重于：

（1）对投资项目进行的成本效益分析和风险分析，为公共组织科学决策提供依据。政府投资项目的成本效益分析要综合考虑项目的经济效益和社会效益。

（2）健全相关制度提高投资金使用效率。如采用招投标和政府集中采购制度，提高资金使用效率。

（3）建立科学的核算制度，提供清晰完整的投资项目及其收益的财务信息。

（五）债务管理

公共组织债务是指以公共组织为主体所承担的需要以公共资源偿还的债务。目前，在我国比较突出的公共组织债务是高校在扩建中大量银行贷款所形成的债务。

有些学者将政府债务管理纳入公共组织财务管理中，本节认为是不妥的。因为大部分的政府债务如债券、借款等是由政府承担的并未具体到某个行政单位，行政单位的债务主要是一些往来业务形成的且一般数量并不大，所以政府债务应属于财政管理的范畴，行政单位的债务属于公共组织财务管理的范畴。

从财务管理角度实施公共组织债务管理的主要内容有：

（1）建立财务风险评估体系，合理控制负债规模，降低债务风险。公共组织为解决资金短缺或扩大业务规模，可以选择适度举债。但由于公共组织不以营利为目的，偿债能力有限。因此，建立财务风险评估体系，根据组织的偿债能力，合理控制负债规模，降低债务风险。

（2）建立偿债准备金制度，避免债务危机。

（3）建立科学的核算制度，全面系统地反映公共组织债务状况。

（六）资产管理

公共组织资产是公共组织提供公共产品和服务的基本物质保障，然而由于公共组织资产的取得和使用主要靠行政手段，随意性较大。目前我国公共组织间资产配置不合理、资产使用效率低、资产处置不规范等现象较多。

从财务管理角度实施公共组织资产管理的主要内容有：

（1）编制资产预算表。公共组织在编制预算的同时应编制资产预算表，说明组织资产存量及使用状况，新增资产的用途、预期效果等，便于预算审核部门全面了解公共组织资产状况，对资产配置做出科学决策。

（2）建立健全资产登记、验收、保管、领用、维护、处置等规章制度，以防资产流失。

（3）建立公共资产共享制度，提高公共资产利用效果。

（4）完善资产核算和信息披露，并全面反映公共组织资产信息。

（七）绩效管理

建立高效政府、强化公共组织绩效管理是各国公共管理的目标。绩效管理重视公共资金效率，将公共资金投入与办事效果比较，促进公共组织来讲究效率，是实现公共组织社会目标，建设廉洁高效公共组织的必要条件。

从公共组织财务管理的角度来看，主要是把绩效管理同预算管理、公共支出管理等内容结合起来。

（1）建立以绩效为基础的预算制度，将绩效与预算拨款挂钩。

（2）建立公共支出绩效评价制度。

（3）在会计报告中增加年度绩效报告。

（4）开展绩效审计，进行有效监督。

第三章 现代财务管理的新理念

第一节 绿色财务管理

一、传统财务管理的弊端及引入绿色财务管理的必要性

当今社会是一个发展的社会，可持续发展理念已深入人心，因此，企业在进行自身的财务管理以及制定企业发展战略的时候，必须要考虑到多方面的因素，如包括了多种资源的自然环境，又如包含了许多危机的社会环境。如果处于恶性循环下，会使整个国家，整个社会，整个世界为其短浅的目光付出严峻的代价。因而，我们必须走绿色财务管理之路，相对于绿色财务管理，传统的财务管理有以下缺点：

（1）传统模式下的企业财务管理，不能够准确地核算企业的经营成果，只能够单纯地计算企业中的货币计量的经济效益，而无法将会计核算体系纳入企业管理中，无法将货币计量的环境资源优势转化为企业中的管理优势。

（2）传统模式下的财务管理，不利于企业对环境造成的污染及财务风险进行分析，传统的企业财务管理，没有办法准确核算企业经营环境，没有办法避免自然资源的匮乏造成的后果，没有办法改善生态环境的恶化模式，没有办法减缓竞争的加剧，没有办法遏制环境污染的发展，从而会加快企业生存及经营的不确定性，使得企业自身的财务管理出现从体制上的差错。

（3）传统模式下的财务管理，不利于进行有效的财务决策，在这种模式下的财务管理，企业在进行经营的时候，大多是将资金投入到了高回报、重污染的重化工企业，不考虑对环境的污染，不顾环境破坏，因此这种模式下的企业管理，只会使得经济的宏观恶性循环，将严重破坏环保问题，而这也将会使企业遭到倒闭、被取缔等停产风险。

传统的财务管理在这几方面的弊端，充分说明了进行新的财务管理理念的重要性，也就是说，企业要改变，就有必要走绿色财务管理之路。

二、绿色财务管理的概念及主要内容

绿色财务管理，是指充分利用有限的资源来进行最大效益的社会效益化、环境保护化、企业盈利化，而绿色财务管理的目的，是在保持和改善生态环镜的同时买现企业的价值最大化，使得企业能够与社会和谐相处。绿色财务管理就是在传统财务管理的基础上考虑到环境保护这一层因素，主要有以下几个方面：

（一）绿色投资

由于企业的各种因素，所以需要引进绿色投资，而绿色投资，也需要我们在所需要投资的项目以及外在压力上进行简单的调查研究。而这几点，则是研究的方向：第一，企业在对环境的保护上有没有切实按照国家制定的标准来进行，需要保证所投资的项目之中不能有与环境保护相违背的内容，这也正是绿色投资的前提。第二，提前考虑因环保措施而造成的费用支出。第三，提前考虑项目能否与国家政策响应而获得优惠。第四，考虑能否投资相关联的项目机会成本。第五，考虑项目结束后是否拥有因环境问题而造成的环境影响的成本回收。第六，考虑因实施环保措施后对废弃物回收而省下的资金。

（二）绿色分配

绿色财务管理在股利上面继承了传统财务管理理论的内容，同时又有着它的独特性存在。在支付股利时，需要先按一定比例来支付绿色资金不足的绿色公益金以及绿色股股利。绿色公益金的提取，相当于从内部筹集绿色支出不足部分的资金，而这一过程与企业进行公益金提取的过程相似，却区分不同企业规模，绿色公益金的提取，不仅需要企业是处于盈利状态，还需要确保有一定的余额，而且，不得随意挪用，绿色公益金只能做绿色资金不足部分的支出。绿色股股利的支付与普通股一致，但不同的是，如果企业无盈利且盈余公积金弥补亏损后仍无法支付股利，就可以用绿色公益金支付一定数量的绿色股股利，但不能支付普通股股利，而这一方式，也是为了维护企业在资源环境方面的声望。

三、绿色财务管理理念的理论基础

（一）绿色管理理论起源与发展

发达国家于 1950 年左右提出绿色思想，生态农业由此兴起，而随着时代的推移，战争的干扰，经济的全球化，发达国家对环境的污染也日渐严重，而绿色思想也在人们的心里扎根，20 世纪 90 年代，全球兴起了一股绿色思潮，绿色管理思想也由此出现。

（二）绿色会计理论

这几年来，自然社会的急剧变化，使得人们将目光逐渐聚焦于环境与可持续发展中。会计领域的人们也积极探索会计与环境相结合，提出了绿色会计理论。在这一领域的很多会计师也对绿色会计理论提出了许多新的观点，在各个方面都提出了大量有益的探索，从而使得绿色会计的研究越来越深，越来越具有操作性。对绿色会计活动中的确认、计量、披露，给信息使用者进行服务的，尤其是在为企业的决策者提供信息方面有着大量会计领域的专业人员对绿色会计进行研究，也就导致了满足绿色会计这一理论的企业能够进行正确的筹资，投资以及决策，也就使得绿色财务管理出现。

四、绿色财务管理在应用中的注意事项

绿色财务管理理论是适应人类社会资源环保保护潮流的理论，是对传统财务管理理论的挑战与发展，而绿色财务管理理论要想在这个社会中应用到企业中，就需要做到以下几点：

（一）企业要兼顾资源环境与生态环境的平衡

当今社会随着绿色消费的出现，消费者的绿色消费观也在逐渐增强，而企业要想在这个社会上立足，就需要将资源环境问题代入企业管理中，以绿色财务管理理论作为指导依据，尽量开展绿色经营模式，以此提高企业的经济效益与社会效益。

（二）增强员工素质

企业员工的素质也是影响绿色财务管理正常实施的一大因素，因此，企业员工，特别是财务人员，应当利用社会生态资源，利用生态环境，通过资源整合来提高资源环保意识，加快传统模式下的财务管理理论向绿色财务管理理论的转变，通过提高员工素质以增强财务管理工作。

（三）使得会计领域与绿色财务管理理论相适应

想要做到这点，需要我们增设会计科目，如绿色成本、绿色公益金等绿色概念，从而使得绿色财务管理得到完美的应用；需要我们对会计报表进行改革，在企业对环境保护及改善等方面设定指标，从而使企业能够清楚自己在哪方面如何做可以提高对环境的优化，不会像无头苍蝇一样到处乱撞。

综上所述，我国的绿色财务管理理论还是处于一个新理论的萌芽阶段，却可以随着世界环保呼声的增强而不断得以完善，不断得以进步，从而在指导企业经营、提升企业经济效益及社会效益中起的作用越来越强大。

第二节 财务管理与人工智能

与企业资本有关的管理活动——财务管理成为企业家最关心的问题。财务管理就是通过处理可靠的财务数据信息为企业制定发展战略提供依据，但是当今时代信息爆炸，财务数据规模庞大繁杂，为了简化流程、降低成本，20 世纪中期兴起了人工智能技术，极大地提高了管理效率。然而，人工智能技术在处理财务信息的过程中利用固定的模型与公式，处于多变环境中的企业经常遇到常规难以处理的数据信息，这种情况下人工智能的弊端逐渐地显露出来。如何处理财务管理与人工智能的关系成为管理界的一个新课题。本节就财务管理和人工智能的基本理论做了相关介绍，并探讨了财务管理与人工智能的关系，最后提出了处理财务管理与人工智能二者关系的相应措施。

一个企业经营的是否长久、赚取的利润是否丰厚，主要在于企业的战略制定和决策预测。企业制定出合适的战略，也就抓住了全局和方向，然后通过战术或者经营决策进行当下的日常经营。根据战略制定的步骤，我们知道，要想制定出适合企业发展的战略，最关键的一步就是找出拟订方案的依据，所谓的拟订方案的依据具体通过企业的财务管理提供。财务管理的主要职能就是分析企业的财务报表和相关的数据，为企业的筹资、投资和资金营运提供决策的依据。在财务管理活动中，需要很多的公式进行运算，甚至某一个特定的常见情况也具备了固定的计算模型。企业的规模不断增大，来自企业营运活动和会计方面的信息越来越多，20 世纪中叶，计算机技术正在蓬勃发展，企业的管理者为了减轻财务管理方面的负担，降低成本，提高财务信息处理的准确性，开始尝试着将人工智能技术引入企业的财务管理领域，这种创举在人工智能技术的引入初期的确给企业带来了极大的便利，增加了利润，提高了财务管理的效率。但随着社会的发展，尤其是我国在加入世界贸易组织后，国内企业面临的经济环境瞬息万变，不但需要处理的财务信息进一步增多，而且出现了很多常规方法难以分析出合理结果的情况。

一、财务管理的理论基础

简单来说，财务管理就是企业运用相关的财务理论知识处理和分析财务报表以及其他的财务信息，最终得出企业经营状况的管理活动。关于企业资本的营运和投资正是财务管理的重要内容，企业在进行筹资决策、投资决策以及营运资本和股利分配决策时，所依据的重要信息就是通过财务管理人员的计算与分析得出的。财务管理的发展也一直在与时俱进，共经历了三个阶段，即企业利润最大化、每股收益最大化和股东财富最大化，每个财务管理的目标都符合时代的发展需要，也适应了企业经营者的经营目标。财务管理最早出现的时候，企业经营的目的就是赚取丰厚的利润，为了适应企业的发展需要，也为了发挥出财务管理的作用，就把企业的利润最大化作为目标。随着时代的发展，企业的规模越来越大，出现了上市公司，在上市公司内部，对于经营至关重要的是筹集足够的资金，即能够满足股东的需要，很多的小股民只关心自己在企业投资的收益，至于企业每年的利润以及经营情况则是无关紧要的。为了满足股民的心理需要和现实需要、筹集到资金，企业就想方设法地提高股民的收益，财务管理的目标也就变为每股收益最大化。大多数的企业满足不了短时间内股民的巨大收益，对此，企业的经营可能不惜牺牲经营时间来换取股民收益，但在实务中，一年赚取一定数额的收益和两年赚取相同数额的收益显然是不一样的。

因为货币包含时间价值，所以，企业财务管理的目标发展到目前的阶段，即股东的财富最大化。财务管理的最终目的就是通过分析数据得出恰当的决策，再通过合理的决策，最大化地增加企业价值。

二、人工智能相关介绍

人工智能技术的概念最早在 20 世纪中叶提出，20 世纪末至今是人工智能技术应用的时期。人工智能技术指的是在计算机技术的基础之上，通过模拟人类某个领域专家进行解题的方式，使企业的经营决策智能化，实质就是模拟人类的思维活动。企业的财务管理是分析财务报表、得出有效信息、进行决策的过程，企业的财务人员在分析财务信息时，总会借助固定的财务公式，使用固定的财务模式解决日常经营的难题。基于这样的现实情况，具有计算机技术和财务管理专业知识的研究人员为了降低成本、提高效率，尝试着将财务管理的某些模式与公式存储在计算机的系统中，这样就可以把财务报表的信息输入计算机，通过之前存储在内部的计算模式进行报表信息的运算，从而得出相应的结果，这就是专家系统。与传统的财务管理相比，人工智能技术的引入解决了某些财务上的复杂运算以及数据分析的过程。人工智能技术在财务管理上的作用不仅仅是收集和整理数据，更重要的是通过学习新的专业知识，并将知识运用到实际运算中，得出合理的结果，做出客观的判断。人工智能技术包含很多复杂的计算程序，凡是输入的数据，进入程序的运行之后就可以得出与实际手工运算一样准确的结果，所以，在人工智能技术下，财务人员的工作由原来的大量计算转变为数据的输入与结果的记录与汇报。过去的信息系统只能将数据输入，并运行非常简单的分类和加总程序生成财务报表，而当今的人工智能可以运行复杂程序并得出客观的结果，甚至可以分析数据之间的相关与回归关系。

三、财务管理与人工智能的关系

今天已经进入大数据时代，传统的手工计算分析已经跟不上时代的潮流，企业的财务管理不能闭门造车，需要应用人工智能技术提高工作效率，帮助企业提供决策依据，发现事物和现象之间的内在联系，人工智能技术同样需要与时俱进，根据企业的需要和管理的发展，不断补充新的程序，继续开发新的技术。总之，二者是相辅相成、互相完善的关系，财务管理使用人工智能是为了更加方便快捷，人工智能也需要通过服务财务管理找出不足，通过逐渐地完善达到节省成本的目的。

四、处理财务管理与人工智能关系的措施

上文提到了财务管理与人工智能的关系，企业的发展离不开人工智能，但是企业的财务管理又不能完全依赖人工智能技术。处理财务管理与人工智能关系的措施如下。

（一）提高财务管理人员的专业素养和水平

员工是财务管理工作的执行者，也是整个财务工作的推进者，财务管理人员的综合素质关系到整个财务管理工作的效率和质量。只有提高相关人员的专业素质，才有助于识别财务工作中的重点问题和复杂问题，有能力判断哪些问题需要慎重对待，哪些问题需要借助人工智能技术解决等。

（二）与时俱进的引入人工智能技术

人工智能是基于计算机技术发展而来的，人工智能技术的发展将会非常迅速，企业应该及时关注人工智能技术的更新换代，及时更新财务管理部门的相关技术，保证财务管理活动始终在最前沿的人工智能技术下进行，这样才有助于企业整个财务管理活动的与时俱进。企业通过人工智能技术的更新推动整个财务管理工作的进程。

（三）成立专门的人工智能与手工操作分工小组

财务管理工作复杂繁多，如前文所述，人工智能技术不能承担企业所有的财务管理活动，只能有选择性地辅助财务人员进行决策与分析。对于复杂的财务工作，到底哪些工作需要由财务人员手工完成，哪些工作需要借助人工智能技术来解决，这需要一个合理的分配对此，企业可以成立专门的分工小组对财务管理中的工作进行适当的识别与分配，保证财务管理有序进行。

人工智能技术是信息技术的重要方面，也是时代发展的标志，它的出现解决了财务管理很多烦琐的问题，企业的财务工作应该运用人工智能技术，通过人工智能技术，提高企业的管理效率，为企业的持续发展提供更加准确的策略，实现财务管理的目标。

第三节 财务管理的权变思考

权变是权宜机变，机变是因时、因地、因人、因势变通之法。"权变"一词最早出于《史记》，其中记载了古代纵横家、商家的权变思维。最早运用权变思想研究管理问题的是英国学者伯恩斯和斯托克。权变理论认为环境条件、管理对象和管理目标三者之中任何一者发生变化，管理手段和方式都应随之发生变化。权变理论的特点是：开放系统的观念、实践研究导向、多变量的方法。

一、财务管理的权变分析

理财活动作为一种实践与人类生产活动同样有着悠久的历史，但现代意义上的财务管理作为一门独立学科只有近百年的历史。财务活动能否成功，在很大程度上取决于对环境的认识深度和广度。下面将从权变的角度分析各时期财务管理的特点。

（一）筹资管理理财时期

20世纪初，西方一些国家经济持续繁荣，股份公司迅速发展，许多公司都面临着如何为扩大企业生产经营规模和加速企业发展筹措所需资金的问题。在此阶段中财务环境、理财对象影响着财务管理活动，财务管理主要是来预测公司资金的需要和筹集公司所需要的资金。

（二）破产清偿理财时期

20世纪30年代，西方发生了经济危机，经济大萧条，许多企业纷纷破产倒闭，众多小公司被大公司兼并。这一阶段中，由于受外界环境影响，财务管理重点发生转移，主要问题是企业破产、清偿和合并及对公司偿债能力的管理。

（三）资产管理理财时期

第二次世界大战以后，世界政治经济进入相对稳定时期，各国都致力于发展本国经济。随着科学技术迅速发展、市场竞争日益激烈，企业要维持的生存和发展必须注重资金的日常周转和企业内部的控制管理。在这一时期，计算机技术首次应用于财务分析和规划，计量模型也被逐渐应用于存货、应收账款等项目管理中，财务分析、财务计划、财务控制等也得到了广泛的应用。在这一阶段中，很显然财务管理的重点受经济发展又一次发生改变，且财务研究方法、手段的改进加速了财务理论的发展。

（四）资本结构、投资组合理财时期

到了 20 世纪 60 年代至 70 年代，随着经济的发展，公司规模的扩大，公司组织形式及运作方式也发生变化，资本结构和投资组合的优化成为这一时期财务管理的核心问题。此时，统计学和运筹学优化理论等数学方法引入财务理论研究中，丰富了财务理论研究的方法。这一时期形成的"资产组合理论""资本资产定价模型"和"期权定价理论"等理论形成了近代财务管理学的主要理论框架。

综上所述，可以得出以下结论：①随着财务环境的变化，财务管理的重心都会有所变化；②研究方法的改进也会促进财务管理的发展，特别实际是信息技术、数学、运筹学、统计学等在财务上的应用，使财务管理研究从定性发展到定量化，更具操作性；③随着经济的发展，传统的财务管理对象不断补充着新的内容，从开始的股票、债券、到金融工具及其衍生品等一并随着知识经济的发展仍在变化着。

二、权变中的财务管理

随着时代的变迁，财务管理不断丰富发展。财务管理目标的实现是许多因素综合作用并相互影响的结果，通过上面的分析，笔者用下面的函数式表达出财务环境、财务目标、财务对象及财务方法、手段间的关系。

财务管理目标 $=\sum f($ 财务环境、财务对象、财务方法及手段 $)$

通常情况下财务目标不会发生太大的变化，现在普遍接受的财务目标是企业价值最大化。一旦财务目标发生变化，则财务环境，财务对象，财务管理方式、手段三者至少有一个变量发生变化。财务目标一定的情况下，有公式可得出：

（1）在财务目标一定，财务管理对象不变的情况下，一旦财务环境发生变化，原来条件下的财务管理方式手段不能适应新的环境条件，因而财务管理的手段和方式应发生变化。从各时期发展财务管理的发展，可以看出随着历史发展、环境的改变，财务管理的重心也不断变化着。我们通过前面所描述通货膨胀时期的财务管理可以明显地看出，通货膨胀时，原来的方法是无法解决通货膨胀所带来的问题的，所以必须改变管理方法及手段以适应管理需要，达到企业理财的目标。

（2）在财务目标一定，财务环境一定的情况下，当财务对象发生新的变化时管理方式和手段应随对象的变化而变化。如网上银行和"电子货币"的盛行，使资本流动更快捷，资本决策可以瞬间完成，企业势必改变传统的财务管理方法以适应经济的快速发展。

（3）在财务目标一定，财务环境不变的情况下，财务管理方法手段的变化会引起财务管理对象的变化。只有数学、计算机的应用使财务管理手段更加先进，才能出现

第三章　现代财务管理的新理念

众多的理论模型，比如资本资产定价模型、投资组合模型。

以上分析、推断可表明财务管理活动本身是权变的过程。

三、对策

权变理论认为：在企业管理中应依据不同的环境和管理对象而相应地选择不同的管理手段和方式，在管理中不存在适用于一切组织的管理模式。企业财务管理面临权变境地，应因权而变，要提高整个企业的财务管理水平，需从多方面综合分析入手。

（一）加强财务管理为中心

加强企业财务管理，提高财务管理水平，对增强企业核心竞争力具有十分重要的作用。企业必须以财务管理为中心，其他各项管理都要服从于财务管理目标，不能各自为政。企业在进行财务决策时要识别各种风险，采用一定的方法，权衡得失，选择最佳方案；必要时企业要聘请财务专家为企业自身定做财务预测、财务计划、财务预算等工作。只有知变、通变，掌握变化之道，才能使各个环节渠道畅通，提高财务管理效率，提高企业整体管理水平，在激烈的国际竞争中生存并发展下去。

（二）转变角色政府，改善理财环境

为适应经济发展，政府应转变角色，从领导者角色转向服务者，为企业的发展创造良好的政治、经济、政策、法律等宏观环境。

（三）大力发展财务管理教育与研究，提高企业财务管理水平

加快高校财务管理专业的改革及发展，培养大批高素质财务管理专业人才。同时加强对在职财务人员的继续教育，提高财务人员的整体素质。借鉴国际先进管理经验，结合实际加快财务管理理论研究，坚持理论与实践的结合，推进财务管理理论建设，为企业进行财务管理改革提供更多的科学的理论依据，从而提高我国企业财务管理整体水平。

第四节　基于企业税收筹划的财务管理

随着我国经济的不断深化发展，企业面临着越来越多来自国内外的挑战，企业必须不断地通过各种途径来提高自身竞争能力，企业进行税收筹划活动对提高财务管理水平、提高市场竞争力具有现实的意义。税收筹划是一种理财行为，属于纳税人的财务管理活动，又为财务管理赋予了新的内容；税收筹划是一种前期策划行为；税收筹划是一种合法行为。纳税人在实施税收筹划时,应注意以下几个问题:企业利益最优化；税收筹划的不确定性；税收筹划的联动性和经济性。

一、税收筹划的定义及特征

税收筹划是指纳税人在符合国家法律及税收法规的前提下，按照税收政策法规的导向，事前选择税收利益最大化的纳税方案处理自己的生产、经营和投资、理财活动的一种企业筹划行为。税收筹划具有以下特征：

（一）税收筹划是一种理财行为，为企业财务管理赋予了新的内容

传统的财务管理研究中，主要注重分析所得税对现金流量的影响。如纳税人进行项目投资时，投资收益要在税后的基础上衡量，在项目研究和开发时，考虑相关的税收减免，这将减少研究和开发项目上的税收支出，而这些增量现金流量可能会使原本不赢利的项目变得有利可图。在现实的经济生活中，企业的经营活动会涉及多个税种，所得税仅为其中的一个。税收筹划正是以企业的涉税活动为研究对象，研究范围涉及企业生产经营、财务管理和税收缴纳等各方面，与财务预测、财务决策、财务预算和财务分析环节密切相关，这就要求企业要充分考虑纳税的影响，根据自身的实际经营情况，对经营活动和财务活动统筹安排，以获得财务收益。

（二）税收筹划是一种前期策划行为

现实经济生活中，政府通过税种的设置、课税对象的选择、税目和税率的确定以及课税环节的规定来体现其宏观经济政策，同时通过税收优惠政策，引导投资者或消费者采取符合政策导向的行为，税收的政策导向使纳税人在不同行业，不同纳税期间和不同地区之间存在税负差别。由于企业投资、经营、核算活动是多方面的，纳税人和纳税对象性质不同，其涉及的税收待遇也不同，这为纳税人对其经营、投资和理财活动等纳税事项进行前期策划提供了现实基础。税收筹划促使企业根据实际生产经营活动情况权衡选择，将税负控制在合理水平。若企业的涉税活动已经发生，纳税义务也就随之确定，企业必须依法纳税，即纳税具有相对的滞后性，这样税收筹划便无从谈起，从这个意义上讲，税收筹划是以经济预测为基础的，对企业决策项目的不同涉税方案进行分析和决策，为企业的决策项目提供决策依据的经济行为。

（三）税收筹划是一种合法行为

合法性是进行税收筹划的前提，在此应注意避税和税收筹划的区别。单从经济结果看，两者都对企业有利，都是在不违反税收法规的前提下采取的目标明确的经济行为，都能为企业带来一定的财务利益。但它们策划的方式和侧重点却存在本质的差别：避税是纳税人根据自身行业特点利用税收制度和征管手段中的一些尚未完善的条款，有意识地从事此方面的经营活动达到少交税款的目的，侧重于采取针对性的经营活动；税收筹划是纳税人以税法为导向，对生产经营活动和财务活动进行筹划，侧重于挖掘

企业自身的因素而对经营活动和财务活动进行的筹划活动。避税是一种短期行为，只能注重企业当期的经济利益，随着税收制度的完善和征管手段的提高，将会被限制在很小的范围内；而税收筹划则是企业的一种中长期决策，兼顾当期利益和长期利益，符合企业发展的长期利益，具有更加积极的因素。从这方面看，税收筹划是一种积极的理财行为。

企业作为市场竞争的主体，具有独立的经济利益，在顺应国家产业政策引导和依法经营的前提下，应从维护自身整体经济利益出发，谋求长远发展。税收作为国家参与经济分配的重要形式，其实质是对纳税人经营成果的无偿占有。对企业而言，缴纳税金表现为企业资金的流出，抵减了企业的经济利益。税收筹划决定了企业纳税时可以采用合法方式通过挖掘自身的因素实现更高的经济效益。这样企业在竞争中进行税收筹划活动便显得极为必要。

二、企业财务管理活动中进行税收筹划得以实现的前提条件

（1）税收政策税收法律法规的许多优惠政策为企业进行税收筹划提供了可能，但是，税收政策的轻微变化肯定会影响税收筹划的成功。目前，在经济全球一体化的大背景下，各国为了吸引资本和技术的流入，都在利用税收对经济的杠杆作用，不断调整税收政策，即税收筹划方案不是一成不变的，它会随着影响因素的变化而变化，所以在进行税收筹划时应不断地了解税收方面的最新动态，不断完善筹划方案，使筹划方案更适合企业的需要。目前，我国实施了《行政许可法》，使得税务部门对纳税人有关涉税事项由事前审批变为事后检查，为企业在会计政策的选择上提供了更多的选择权，为税收筹划创造了更大的空间。

（2）企业的发展战略企业在制定发展战略时，必然会考虑宏观的环境和自身经营情况，宏观的环境包括各地区的税收政策，但税收政策并不总是有利于企业的经营战略，所以，企业在权衡利弊以后制定出的发展战略则更需要通过税收筹划来尽量减少各种不利的影响。

三、税收筹划在财务管理中的应用

税收筹划涉及企业与税收有关的全部经济活动，在财务管理中税收筹划分析的角度有很多，在此仅对税收筹划应用结果的表现形式进行简要的分析。

（一）通过延期纳税，实现财务利益

资金的时间价值是财务管理中必须考虑的重要因素，而延期纳税直接体现了资金的时间价值。假定不考虑通货膨胀的因素，企业的经营环境未发生较大变化，某些环

节中，在较长的一段经营时期内交纳的税款总额不变，只是由于适用会计政策的不同，各期交纳税款不同。根据会计准则和会计制度，企业采用的会计政策在前后各期保持一致，不得随意改变。如存货成本确定和提取折旧等对企业所得税的影响，从理论上讲，购置存货时所确定的成本应当随该项存货的耗用或销售而结转，由于会计核算中采用了存货流转的假设，在期末存货和发出存货之间分配成本，存货计价方法不同，对企业财务状况、盈亏情况会产生不同的影响，进而对当期的企业所得税有一定的影响。折旧提取与此类似，采用不同的折旧提取方法各期提取折旧的数额不同，对当期的企业所得税的数额有不同的影响。但从较长时期来看，企业多批存货全部耗用和固定资产在整个使用期限结束后，对企业这一期间的利润总额和所得税款总额并未有影响。税收筹划起到了延期纳税的作用，相当于得到了政府的一笔无息贷款，实现了相应的财务利益。另外，纳税人拥有延期纳税权，可直接利用延期纳税获得财务利益。企业在遇到一些未预见的事项或其他事件如预见到可能出现财务困难局面时，可以依据税收征管法提前办理延期纳税的事项，甚至可以考虑在适当的期间内以交纳税收滞纳金为代价的税款延期交纳以解企业的燃眉之急，为企业赢得有利的局面和时间，来缓解当前财务困难的情况。

（二）优化企业税负，实现财务利益

一是对从事享有税收优惠的经营活动或对一些纳税"界点"进行控制，直接实现财务利益，如税法规定企业对研究开发新产品、新技术、新工艺所发生开发费用比上年实际发生数增长达到10%（含10%），此处10%即是一个界点，其当年发生的技术开发费除按规定可以据实列支外，年终经主管税务机关审核批准后，可再按其实际发生额的50%直接抵扣当年的应纳税所得额，增长额未达到10%以上的，不得抵扣。企业的相关费用如接近这一界点，应在财务能力许可的情况下，加大"三新费用"的投资，达到或超过10%这一界点，以获取财务利益。这方面的例子很多，不再一一列举。

二是对经营、投资和财务活动进行筹划，间接获得相应的财务利益。如企业的融资决策，其融资渠道包括借入资金和权益资金两种。无论从何种渠道获取的资金，企业都要付出一定的资金成本。两者资金成本率、面临的风险和享有的权益都不同，其资金成本的列支方法也不同，进而将直接影响企业当期的现金流量。

四、应注意的几个问题

税收筹划作为一种财务管理活动，在对企业的经济行为加以规范的基础上，经过精心的策划，使整个企业的经营、投资行为合理合法，财务活动健康有序。由于经济

活动的多样性和复杂性，企业应立足于企业内部和外部的现实情况，策划适合自己的筹划方案。

（一）企业的利益最优化

税收筹划是为了获得相关的财务利益，使企业的经济利益最优化。从结果看，一般表现为降低了企业的税负或减少了税款交纳额。因而很多人认为税收筹划就是为了少交税或降低税负。笔者认为这些都是对税收筹划认识的"误区"。应当注意的是，税负高低只是一项财务指标，是税收筹划中需要考虑的重要内容，税收筹划作为一项中长期的财务决策，制定时要做到兼顾当期利益和长期利益，在某一经营期间内，交税最少、税负最低的业务组合不一定对企业发展最有利。税收筹划必须充分考虑现实的财务环境和企业的发展目标及发展策略，运用各种财务模型对各种纳税事项进行选择和组合，有效配置企业的资金和资源，最终获取税负与财务收益的最优化配比。

（二）税收筹划的不确定性

企业的税收筹划是一项复杂的前期策划和财务测算活动。要求企业根据自身的实际情况，对经营、投资、理财活动进行事先安排和策划，进而对一些经济活动进行合理的控制，但这些活动有的还未实际发生，企业主要依靠以往的统计资料作为预测和策划的基础和依据，建立相关的财务模型，在建立模型时一般也只能考虑一些主要因素，而对其他因素采用简化的原则或是忽略不计，筹划结果往往是一个估算的范围，而经济环境和其他因素的变化，也使得税收筹划具有一些不确定因素。因此，企业在进行税收筹划时，应注重收集相关的信息，减少不确定因素的影响，据此编制可行的纳税方案，选择其中最合理的方案实施，并对实施过程中出现的各种情况进行相应的分析，使税收筹划的方案更加科学和完善。

（三）税收筹划的联动性和经济性

在财务管理中，企业的项目决策可能会与几个税种相关联，各税种对财务的影响彼此相关，不能只注重某一纳税环节中个别税种的税负高低，要着眼于整体税负的轻重，针对各税种和企业的现实情况综合考虑，对涉及的各税种进行相关的统筹，力争取得最佳的财务收益。但这并不意味着企业不考虑理财成本，对经营期间内涉及的所有税种不分主次，统统详细地分析和筹划。一般而言，对企业财务活动有较大影响且可筹划性较高的税种如流转税类、所得税类和关税等；而对于其他税种，如房产税、车船使用税、契税等财产和行为税类，筹划效果可能并不明显。但从事不同行业的企业，所涉及的税种对财务的影响也不尽相同，企业进行税收筹划时，要根据实际的经营现实和项目决策的性质，对企业财务状况有较大影响的税种可考虑其关联性，进行精心筹划，其他税种只需正确计算缴纳，使税收筹划符合经济性原则。

随着市场经济体制的不断完善，企业必须提高竞争能力以迎接来自国内、国际市场两方面的挑战。财务管理活动作为现代企业制度的重要构成部分，在企业的生存、发展和获利的方面将发挥越来越重要的作用。税收筹划树立了一种积极的理财意识，对于一个有发展前坡和潜力的企业，这种积极的理财意识无疑更加符合企业的长期利益。

第五节　区块链技术与财务审计

传统会计的工作方式和会计概念体系由于区块链可以针对交易创建一个分布式数据库。在这一分布式账簿体系中，所有交易的参与者都能将交易数据存储一份相同的文件，可以对其进行实时访问和查看。对于资金支付业务来说，这种做法影响巨大，可以在确保安全性和时效性的基础上分享信息。区块链的概念对财务和审计有着深远影响。随着财务会计的产生和发展，企业财务关系日益复杂化，特别是工业革命兴起，手工作坊被工厂代替，日益需要核算成本并进行成本分析，财务管理目标从利润最大化发展到股东权益最大化。进入信息时代以来，互联网技术日益发展，企业交易日益网络化，产生了大量共享数据，人们开发了企业资源计划的会计电算化软件和基于客户关系的会计软件，传统企业进行业务交易，为了保证客观可信，通过各种纸质会计凭证反映企业间经济关系真实性，在互联网时代，企业进行业务往来可以通过区块链系统实现两个节点数据共享，以云计算、大数据为代表的互联网前沿技术日益成熟，传统财务管理以成本、利润中心分析模式被基于区块链无中心财务分析替代。由此可见，区块链技术的应用对财务、审计发展的影响是极为深远的。

一、区块链的概念与特征

所谓区块链就是一个基于网络的分布处理数据库，企业交易数据是分散存储于全球各地的，如何才能实现数据相互链接，这就需要相互访问的信任作为基础，区块链通过基于物理的数据链路将分散在不同地方的数据联合起来，各区块数据相互调用，其他区块数据并不需要一个作为中心的数据处理系统，它们可通过链路实现数据互链，削减现有信任成本、提高数据访问速率。区块链是互联网时代的一种分布式记账方式，其主要特征有以下几点。

（一）没在数据管理中心

区块链能将储存在全球范围内各个节点的数据通过数据链路互联，每个节点交易数据能遵循链路规则实现访问，该规则基于密码算法而不是管理中心发放访问信用，每笔交易数据由网络内用户互相审批，所以不需要一个第三方中介机构进行信任背书。对任一节点攻击，不能使其他链路受影响。而在传统的中心化网络中，对一个中心节点实行有效攻击即可破坏整个系统。

（二）无须中心认证

区块链通过链路规则，运用哈希算法，不需要传统权威机构的认证。每笔交易数据由网络内用户相互给予信用，随着网络节点数增加，系统的受攻击可能性呈几何级数下降。在区块链网络中，参与人不需要对任何人信任，只需相互信任，随着节点增加，系统的安全性反而增加。

（三）无法确定重点攻击目标

区块链采取单向哈希算法，由于网络节点众多，又没中心，很难找到攻击把子，不能入侵篡改区块链内数据信息，一旦入侵篡改区块链内数据信息，该节点就被其他节点排斥，从而保证数据安全。

（四）无须第三方支付

区块链技术产生后，各交易对象之间交易后，进行货款支付更安全，无须第三方支付就实现交易，从而解决由第三方支付带来的双向支付成本，降低成本。

二、区块链对审计理论、实践产生的影响

（一）区块链技术对审计理论体系影响

1.审计证据变化

区块链技术的出现，传统的审计证据发生改变。审计证据包括会计业务文档，如会计凭证。由于区块链技术出现，企业间交易在网上进行，相互间经济运行证据变成非纸质数据，审计对证据核对变成由两个区块间通过数据链路实现数据跟踪。

2.审计程序发生变化

传统审计程序从确定审计目标开始经过制定计划、执行审计到发表审计意见结束。计算机互联网审计要求采用白箱法和黑箱法对计算机程序进行审计，以检验其运行可靠性，在执行审计阶段主要通过逆查法，从报表数据通过区块链技术跟踪到会计凭证，实现数据客观性、准确性审计。

（二）区块链技术对审计实践影响

1.提高审计工作效率、降低审计成本

计算机审计比传统手工审计效率高，区块链技术产生后，对计算机审计客观性、完整性、永久性和不可更改性提供保证，保证审计具体目标实现，区块链技术产生后，

人们利用互联网大数据实施审计工作，大大提高审计效率。解决了传统审计证据不能及时证实，不能满足公众对审计证据真实、准确的要求，也不能满足治理层了解真实可靠会计信息，实现对管理层有效监管的难点。在传统市场经济条件下，需要通过专门审计人员运用询问法对公司相关会计信息发询证函进行函证，从而需要很长时间才能证实，无论是审计时效性，还是审计耗费上都不节约，而计算机审计，尤其是区块链技术产生后，审计进入网络大数据时代，分布式数据技术能实现各区块间数据共享追踪，区块链技术保证这种共享的安全性，其安全维护成本低，由于区块链没有管理数据中心，具有不可逆性和时间邮戳功能，审计人员和治理层、政府、行业监管机构可以通过区块链及时追踪公司账套数据，从而保证审计结论正确性，计算机自动汇总计算，也保证审计工作底稿等汇总数据快速高效。

2. 改变审计重要性认定

审计重要性是审计学中的重要概念，传统审计工作通过在审计计划中确定审计重要性指标作为评价依据，审计人员通过对财务据表数据进行计算，确定各项财务指标，计算重要性比率和金额，通过手工审计发现会计业务中的错报，评价错报金额是否超过重要性金额，从而决定是否进一步审计程序。而在计算机审计条件下，审计工作可实现以账项为基础详细审计，很少需要以重要性判断为基础的分析性审计技术。

3. 内部控制的内容与方法也不同

传统审计由于更多采用以制度基础审计，更多运用概率统计技术进行抽样审计，从而解决审计效率与效益相矛盾问题。区块链技术产生后，人们运用计算机审计，审计的效率与效果都提高。虽然区块链技术提高计算机审计安全性，但计算机审计风险仍存在，传统内部控制在计算机审计下仍然有必要，但其内容发生变化，人们更重视计算机及网络安全维护，重视计算机操作人员岗位职责及岗位分工管理与监督。内部控制评估方法也更多从事后调查评估内部控制环境，到过程中运用视频监控设备进行实时监控。

三、区块链技术对财务活动影响

基于因特网的商品或劳务交易，其支付手段形式更多表现数字化、虚拟化，网上商品信息传播公开、透明、无边界与死角。传统商品经济条件下信息不对称没有了，高品价格更透明了。财务管理中运用的价格、利率等分析因素不同以前；边际贡献、成本习性也不同。

（一）财务关系发生变化

所谓财务关系就是企业资金运动过程中所表现的企业与企业经济关系，区块链运用现代分布数据库技术、现代密码学技术，将企业与企业以及企业内部各部门联系起来，通过大协作，从而形成比以往更复杂的财务关系。企业之间的资金运动不再需要以货币为媒介，传统企业支付以货币进行，而现代企业支付是电子货币，财务关系表现为大数据之间关系，也可以说是区块链关系。这种关系减少了不少地方关系。

（二）提高了财务工作的效率

1. 直接投资与融资更方便

传统财务中，筹资成本高，需中间人参与，如银行等。区块链技术产生后，互联网金融得到很大发展，在互联网初期，网上支付主要通过银行这个第三方进行，区块链能够实现新形式的点对点融资，人们可通过互联网，下载一个区块链网络的客户端，就能实现交易结算，投资理财、企业资金融通等服务，并且使交易结算、投资、融资的时间从几天、几周变为几分几秒，能及时反馈投资红利的记录与支付效率，使这些环节更加透明、安全。

2. 提高交易磋商的效率

传统商务磋商通过人员现场交流沟通，对商品交易价格、交易时间、交货方式等进行磋商，最后形成书面合同，而在互联网，由于区块链技术保证网上沟通的真实、安全有效，通过网上实时视频磋商，通过网络传送合同，通过区块链技术验证合同有效性，大大提高了财务业务的执行效率。

（三）财务的成本影响

1. 减少交易环节，节省交易成本

由于区块链技术使用，电子商务交易能实现点对点交易结算，交易数据能同 ERP 财务软件协同工作，能实现电子商务交易数据和财务数据及时更新，资金转移支付不需通过银行等中介，解决双向付费问题，尤其在跨境等业务中，少付许多佣金和手续费用。

2. 降低信息获取成本

互联出现后，人们运用网络从事商务活动，开创商业新模式，商家通过网络很容易获得商品信息，通过区块链技术，在大量网络数据中，运用区块链跟踪网络节点，可以监控一个个独立的微商业务活动，找到投资商，完成企业重组计划，也可通过区块链技术为企业资金找到出路，获得更多投资收益。可见，区块链降低财务信息获取成本。

3. 降低信用维护成本

无数企业间财务数据在网络中运行，需要大量维护成本，如何减少协调成本和建立信任的成本，区块链技术建立不基于中心的信用追踪机制，人们能通过区块链网络检查企业交易记录、声誉得分以及其他社会经济因素可信性，交易方能够通过在线数据库查看企业的财务数据，来验证任意对手的身份，从而降低信用维护成本。

4.降低财务工作的工序作业成本

企业财务核算与监督有许多工序，每一道工序都要花费一定成本。要做好企业财务工作，保证财务信息真实性，必须运用区块链技术，由于其无中心性，能减少财务作业的工序数量，节省每一道工序的时间，在安全、透明的环境下保证各项财务工作优质高效完成，从而总体上节约工序成本。

第四章 财务分析

第一节 财务分析概述

一、财务分析的含义及作用

（一）财务分析的含义

财务分析是以企业的财务会计报告以及相关资料为基础，采用一些专门的分析技术与方法，对企业的财务状况、经营成果和现金流量进行研究和评价，在此基础上分析企业内在的财务能力和财务潜力，预测企业未来的财务趋势和发展前景，评估企业的预期收益和风险，从而为特定信息使用者提供有用的财务信息的财务管理活动。因此，财务分析是财务管理的重要方法之一，是对企业一定时期内财务活动的总结，能够为改进财务管理工作和优化经济决策提供重要的财务信息。

（二）财务分析的作用

在实务中，财务分析可以发挥以下重要的作用：

（1）通过财务分析，可以全面地评价企业在一定时期内的各种财务能力，比如偿债能力、盈利能力、营运能力等，从而分析企业运营中存在的问题，总结财务管理工作的经验教训，提高企业的经营管理水平。

（2）通过财务分析，可以为企业信息使用者提供更加系统、完整的会计信息，方便他们更加深入地了解企业的财务状况、经营成果和现金流量情况，为其经济决策提供重要依据。

（3）通过财务分析，可以检查企业内部各职能部门和单位完成经营计划的情况，考核各部门和单位的经营业绩，有利于企业建立和完善业绩评价体系、协调各种财务关系，确保企业顺利完成财务目标。

二、财务分析的主要资料

财务报表是以货币为主要量度，根据日常核算资料加工、整理而形成的，反映企业财务状况、经营成果、现金流量和股东权益的指标体系。它是财务会计报告的主体和核心，包括资产负债表、利润表、现金流量表、所有者权益变动表及相关附表。

下面主要介绍财务分析涉及的几种财务报表。

（一）资产负债表

资产负债表可以提供企业某一特定日期的负债总额及其结构，以表明企业未来需要多少资产或劳务清偿债务以及清偿时间；可以反映投资者权益的变动情况；可以为财务分析提供基本资料。财务报表使用者可以通过资产负债表了解企业拥有的经济资源及其分部状况，分析企业的资本来源及构成比例，预测企业资本的变现能力、偿债能力和财务弹性，如企业某一特定日期的资产总额及其结构表明企业拥有或控制的经济资源及其分布情况。

我国资产负债表的主体部分采用账户式结构。报表主体分为左右两方：左方列示资产各项目，反映全部资产的分布及存在形态；右方列示负债和所有者权益各项目，反映全部负债和所有者权益的内容及构成情况。资产各项目按其流动性由大到小顺序排列；负债各项目按其到期日的远近顺序排列。资产负债表左右双方平衡，即资产总计等于负债及所有者权益（或股东权益）总计。每个项目又分"年初余额""期末余额"两个栏次。

（二）利润表

利润表可以反映企业在一定期间收入的实现情况、费用消耗情况和生产经营活动的成果（利润或亏损总额），为经济决策提供基本资料。财务报表使用者可以通过分析利润表了解企业一定期间的经营成果信息，分析并预测企业的盈利能力。

利润表正表的格式一般有单步式和多步式两种。单步式利润表是将当期所有收入列在一起，然后将所有的费用列在一起，两项相减得出当期损益。多步式利润表是按利润形成的几个环节分步骤地将有关收入与成本费用相减，从而得出净利润。

（三）现金流量表

财务报表使用者通过对现金流量表、资产负债表和利润表的分析，可以了解企业现金流转的效果，评价企业的支付能力、偿债能力；能够合理预测企业未来现金流量，从而为编制现金流量计划、合理使用现金创造条件；可以从现金流量的角度了解企业净利润的质量，从而为分析和判断企业的财务前景提供依据。

现金流量表中的现金是指企业的库存现金以及可以随时用于支付的存款。它不仅包括"库存现金"账户核算的库存现金,也包括"银行存款"账户核算的存入金融企业、随时可以用于支付的存款,还包括"其他货币资金"账户核算的外埠存款、银行汇票存款、银行本票存款和在途货币资金等其他货币资金。

现金等价物是指企业持有的期限短、流动性强、易于转化为已知金额现金、价值变动风险小的投资。现金等价物虽然不是现金,但其支付能力与现金差别不大,可视为现金。一项资产要被确认为现金等价物,必须同时具备四个条件:期限短、流动性强、易于转化为已知金额现金、价值变动风险小。其中,期限短一般指从购买日起3个月内到期。例如,可在证券市场上流通的3个月内到期的短期债券投资属于现金等价物。

现金流量可以分为三类,即经营活动产生的现金流量、投资活动产生的现金流量和筹资活动产生的现金流量。

1.经营活动产生的现金流量

经营活动产生的现金流入项目主要有销售商品、提供劳务收到的现金,收到税费返还,收到其他与经营活动有关的现金。经营活动产生的现金流出项目主要有购买商品、接受劳务支付的现金,支付给职工以及为职工支付的现金,各项税费,支付其他与经营活动有关的现金。

2.投资活动产生的现金流量

投资活动产生的现金流入项目主要有收回投资收到的现金,取得投资收益收到的现金,处置固定资产、无形资产和其他长期资产收回的现金净额,处置子公司及其他营业单位收到的现金净额,收到其他与投资活动有关的现金。投资活动产生的现金流出项目主要有购建固定资产、无形资产和其他长期资产所支付的现金,投资支付的现金,子公司及其他营业单位支付的现金净额,支付其他与投资活动有关的现金。

3.筹资活动产生的现金流量

筹资活动是指导致企业资本及债务规模和构成发生变化的活动。此处的资本既包括实收资本(股本),也包括资本溢价(股本溢价);此处的债务包括向银行借款、发行债券以及偿还债务等。筹资活动产生的现金流入项目主要有吸收投资收到的现金、取得借款收到的现金、收到其他与筹资活动有关的现金。筹资活动产生的现金流出项目主要有偿还债务所支付的现金,分配股利、利润或偿付利息支付的现金,支付其他与筹资活动有关的现金。

(四)所有者权益变动表

在所有者权益变动表中,当期损益、直接计入所有者权益的利得和损失以及与所有者的资本交易有关的所有者权益的变动要分别列示。

三、财务分析的目的

财务分析的目的取决于人们使用会计信息的目的。尽管财务分析所依据的资料是客观的，但由于不同的人关心的问题不同，因此他们进行财务分析的目的也各不相同。会计信息的使用者主要包括投资者、债权人、管理层和政府部门等。企业投资者更关心企业的盈利能力；债权人则侧重于分析企业的偿债能力；企业经营管理层为改善企业的经营必须全面了解企业的生产经营情况和财务状况；政府部门关心的是企业是否遵纪守法、按期纳税等。

四、财务分析的方法

进行财务分析，首先应采取恰当的方法，选择与分析目的有关的信息，找出这些信息之间的重要联系，研究和揭示企业的经济状况及财务变动趋势，获取高质量的有效财务信息。选用恰当的方法，可获得事半功倍的效果。财务分析的方法主要有比较分析法、比率分析法和因素分析法。

（一）比较分析法

比较分析法是将同一企业不同时期的财务状况或不同企业之间的财务状况进行比较，将两个或几个有关的可比数据进行对比，从而揭示企业财务状况存在差异和矛盾的分析方法。

1. 按比较对象分类

（1）与本企业历史相比，即与同一企业不同时期的指标比较。

（2）与同类企业相比，即与行业平均数或竞争对手比较。

（3）与本企业预算相比，即将实际执行结果与计划指标进行比较。

2. 按比较内容分类

（1）比较会计要素的总量。总量是指财务报表项目的总金额，如资产总额、净利润等。总量比较主要用于趋势分析，以分析发展趋势。有时，总量比较也用于横向比较分析，以分析企业的相对规模和竞争地位。

（2）比较结构百分比。该方法是将资产负债表、利润表和现金流量表转换成百分比报表，以发现有显著问题的项目。

（3）比较财务比率。财务比率表现为相对数，排除了规模的影响，使不同对象间的比较变得可行。

（二）比率分析法

比率分析法是通过计算各种比率指标来确定财务活动变动程度的方法。比率指标主要包括构成比率、效率比率和相关比率三类。

1. 构成比率

构成比率又称结构比率，是某项财务指标各组成部分数值占总体数值的百分比，反映部分与总体的关系。例如，企业资产中流动资产、固定资产和无形资产占资产总额的百分比（资产构成比率），企业负债中流动负债和长期负债占负债总额的百分比（负债构成比率）。利用构成比率，可以考察总体中某个部分的形成和安排是否合理，便于协调各项财务活动。

2. 效率比率

效率比率是某项财务活动中所费与所得的比率，反映了投入和产出之间的关系，如成本利润率、销售利润率和资产报酬率等。利用效率比率指标，可以进行得失比较，考察经营成果，评价经济效益。

3. 相关比率

相关比率是用某个经济项目和与其有关但又不同的项目加以对比所得的比率，反映有关经济活动的相互关系，如流动比率、速动比率等。利用相关比率指标，可以考察企业相互关联的业务安排得是否合理，以保障经营活动顺利进行。

（三）因素分析法

因素分析法是依据分析指标与其影响因素的关系，按照一定的程序和方法，从数量上确定各因素对分析指标的影响方向和影响程度的一种方法。因素分析法主要包括两种：连环替代法、差额分析法。

1. 连环替代法

连环替代法是将分析指标分解为各个可以计量的因素，并根据各个因素之间的依存关系，顺次用各因素的比较值（通常为实际值）替代基准值（通常为标准值或计划值），据此测定各因素对分析指标的影响的方法。

连环替代法的分析步骤如下：

（1）确定分析对象，并确定需要分析的财务指标，比较其实际数额和标准数额（如上年实际数额），并计算两者的差额。

（2）确定该财务指标的驱动因素，即根据该财务指标的形成过程，建立财务指标与各驱动因素之间的函数关系模型。

（3）确定驱动因素的替代顺序。

（4）按顺序计算各驱动因素脱离标准的差异对财务指标的影响。

2. 差额分析法

差额分析法是连环替代法的一种简化形式，是利用各个因素的比较值与基准值之间的差额来计算各因素对分析指标的影响的方法。

人们在运用因素分析法时要注意以下几个问题：

（1）构成财务指标的各个因素与财务指标之间在客观上存在因果关系。

（2）确定正确的替代顺序。在实际工作中，一般是先替换数量指标，后替换质量指标；先替换实物指标，后替换价值指标；先替换主要指标，后替换次要指标。

（3）因素替换要按顺序依次进行，不能间隔地替换，已替换的指标要用实际指标，尚未替换的指标要用计划指标或基期指标。

五、财务分析的局限性

财务分析仅仅是发现问题，而没有提供解决问题的答案，具体该如何解决问题取决于财务人员解读财务分析的结果，即取决于财务人员的经验或主观判断。此外，人们运用财务比较分析法时必须注意比较的环境或限定条件，因为只有在限定意义上的比较才具有意义。

第二节　财务能力分析

企业的财务能力主要包括偿债能力、盈利能力和营运能力。对企业财务状况进行分析，离不开对这三个方面的分析。

一、偿债能力分析

偿债能力是指企业偿还自身到期债务的能力。偿债能力高低是衡量企业财务状况好坏的重要标志。分析偿债能力，有利于债权人做出正确的借贷决策，有利于企业经营管理者做出正确的经营决策，有利于投资者做出正确的投资决策。债务一般按到期时间分为短期债务和长期债务，偿债能力分析也因此分为短期偿债能力分析和长期偿债能力分析。

（一）短期偿债能力分析

短期偿债能力是指企业偿还流动负债的能力。一般来说，流动负债需要以流动资产来偿付，因而可以反映企业流动资产的变现能力。评价企业短期偿债能力的财务指标主要有营运资金、流动比率、速动比率和现金比率等。

1. 营运资金

营运资金是指流动资产超过流动负债的部分。其计算公式为

营运资金 ＝ 流动资产 － 流动负债

【例】某公司 2019 年年末流动资产为 10 000 万元，流动负债为 5 000 万元，试计算该公司 2019 年年末营运资金。

解：

2019 年年末营运资金 =10 000 ⎸5 000=5 000（万元）

计算营运资金使用的"流动资产"和"流动负债"，通常可以直接取自资产负债表。资产负债表项目区分为流动项目和非流动项目，并且按照流动性强弱排序，方便了计算营运资金和分析流动性。营运资金越多则偿债越有保障。当流动资产大于流动负债时，营运资金为正，说明企业财务状况稳定，不能偿债的风险较小。反之，当流动资产小于流动负债时，营运资金为负，此时，企业部分非流动资产以流动负债为资金来源，企业不能偿债的风险很大。因此，企业必须保持正的营运资金，以避免流动负债的偿付风险。

营运资金是绝对数，不便于不同企业之间的比较。

因此，在实务中直接使用营运资金来作为偿债能力的衡量指标受到局限，偿债能力更多地通过债务的存量比率来评价。

2. 流动比率

流动比率是企业流动资产与流动负债的比率。企业能否偿还流动负债，要看其有多少流动资产，以及有多少可以变现的流动资产。流动资产越多，流动负债越少，则企业的短期偿债能力越强。也就是说，流动比率是指每 1 元的流动负债有多少流动资产作为偿还的保证。其计算公式为

流动比率 = 流动资产 ÷ 流动负债

式中，流动资产一般是指资产负债表中的期末流动资产总额；流动负债一般是指资产负债表中的期末流动负债总额。

一般情况下，流动比率越高，说明企业的短期偿债能力越强。当前国际上通常认为，流动比率的警戒线为 1，而流动比率等于 2 时较为适当，过高或过低的流动比率均不好。流动比率过高，表明企业流动资产未能有效加以利用，会影响资金的使用效率和筹集资金的成本，进而可能会影响企业的获利能力；流动比率过低，表明企业短期偿债能力弱，对企业经营不利。

3. 速动比率

速动比率是指企业的速动资产与流动负债的比率。它是用来衡量企业速动资产可以立即变现偿付流动负债的能力。速动资产是指从流动资产中扣除变现能力较差且不稳定的存货、预付账款、一年内到期的非流动资产等之后的余额。速动比率与速动资产的计算公式为

速动比率 = 速动资产 ÷ 流动负债

速动资产＝货币资金＋交易性金融资产＋应收账款＋应收票据

＝流动资产－存货－预付账款－一年内到期的非流动资产

一般情况下，由于剔除了变现能力较差的存货、预付账款及不稳定的一年内到期的非流动资产等项目，故速动比率反映的短期偿债能力更加令人可信，比流动比率更加准确。一般情况下，速动比率越高，表明企业偿还流动负债的能力越强。当前国际上通常认为，速动比率等于1较为适当。

4. 现金比率

现金资产包括货币资金和交易性金融资产等。现金资产与流动负债的比值称为现金比率。其计算公式为现金比率剔除了应收账款对偿债能力的影响，最能反映企业直接偿付流动负债的能力，表明每1元流动负债有多少现金资产作为偿债保障。由于流动负债是在一年内（或一个营业周期内）陆续到期清偿，因此并不需要企业时时保留相当于流动负债金额的现金资产。当前国际上认为，0.2的现金比率就可以接受。而这一比率过高，就意味着企业有过多资源占用在盈利能力较低的现金资产上，从而影响了企业盈利能力。

现金比率＝现金资产 ÷ 流动负债

现金资产＝货币资金＋交易性金融资产

在现实中，企业对流动比率、速动比率和现金比率的分析应结合不同行业的特点综合考虑，切不可采用统一的标准。

（二）长期偿债能力分析

长期偿债能力是指企业偿还长期负债的能力。企业要结合长期负债的特点，在明确长期偿债能力的影响因素的基础上，从企业的盈利能力和资产规模两方面对企业偿还长期负债的能力进行计算与分析，说明企业长期偿债能力的基本状况及其变动原因，为进行正确的负债经营指明方向。评价企业长期偿债能力的财务指标主要有资产负债率、产权比率、权益乘数和已获利息倍数。

1. 资产负债率

资产负债率是负债总额除以资产总额的百分比。它反映企业资产总额中有多大比例是通过借债来筹集的，以及企业保护债权人利益的程度。其计算公式为

资产负债率＝负债总额 ÷ 资产总额 ×100%

一般情况下，资产负债率越低，表明企业长期偿债能力越强。国内的观点认为资产负债率不应高于50%，而国际上通常认为资产负债率等于60%较为适当。在现实中，企业的资产负债率往往高于该比例。

资产负债率越高，表明企业偿还债务的能力越弱，风险较大；反之，表明企业偿还债务的能力越强。对于债权人来说，总是希望资产负债率越低越好，企业偿债有保障，

贷款不会有太大风险。对于股东来说，其关心的主要是投资收益的高低，在资本利润率高于借款利息率时，负债比率越大越好；否则，负债比率越小越好。

由于企业的长期偿债能力受盈利能力的影响很大，因此实践中通常把长期偿债能力分析与盈利能力分析结合起来。

2. 产权比率

产权比率又称负债股权比率，是负债总额与所有者总额的比率。它表明债权人提供的资金与所有者提供的资金之间的比例，以及单位投资者承担风险的程度。其计算公式为

产权比率 = 负债总额 ÷ 所有者权益总额 × 100%

产权比率与资产负债率对评价偿债能力的作用基本相同。两者的主要区别是资产负债率侧重于分析债务偿付安全性的物质保障程度，产权比率则侧重于揭示财务结构的稳健程度以及自有资金对偿债风险的承受能力。高产权比率意味着高风险的财务结构。

3. 权益乘数

权益乘数是资产总额与所有者权益总额的比值。权益乘数的大小可以反映出企业财务杠杆作用的大小。权益乘数越大，表明股东投入的资本在资产中所占的比重越小，财务杠杆作用越大。其计算公式为

权益乘数 = 资产总额 ÷ 所有者权益总额

4. 已获利息倍数

已获利息倍数又称利息保障倍数，是指企业息税前利润总额与利息费用的比率。它可用于衡量单位偿付借款利息的能力。

已获利息倍数不仅反映了企业的盈利能力，还反映了企业支付债务利息的能力。一般情况下，已获利息倍数越高，企业的长期偿债能力越强。国际上通常认为，该指标等于 3 较为适当，从长期来看，该指标至少应该大于 1。若已获利息倍数太低，则说明企业难以按时按量支付债务利息。

已获利息倍数反映支付利息的利润来源（息税前利润总额）与利息支出之间的关系，该比率越高，长期偿债能力越强。从长期看，已获利息倍数至少要大于 1（国际公认标准为 3），也就是说，息税前利润总额至少要大于利息费用，企业才具有偿还债务利息的可能性。如果已获利息倍数过低，企业将面临亏损、偿债的安全性与稳定性下降的风险。在短期内，已获利息倍数小于 1 也仍然具有利息支付能力，因为计算息税前利润总额时减去的一些折旧和摊销费用并不需要支付现金。但这种支付能力是暂时的，当企业需要重置资产时，势必发生支付困难。因此，在分析时需要比较企业连续多个会计年度（如 5 年）的已获利息倍数，以说明企业付息能力的稳定性。

二、盈利能力分析

企业盈利不仅关系到所有者的利益，还关系到债权人及其他利益相关者的利益。盈利能力是指企业在一定时期内获取利润的能力。反映企业盈利能力的指标很多，通常使用的指标主要有销售毛利率、销售净利率、成本费用利润率、总资产收益率和净资产收益率等。

（一）销售毛利率

销售毛利率又称毛利率，是企业毛利额与销售收入的比率。其中，毛利额是销售收入与销售成本之差。相关计算公式为

销售毛利率 = 毛利额 ÷ 销售收入 ×100%

毛利额 = 销售收入－销售成本

【例】某公司 2019 年的销售收入为 15 000 万元，销售成本为 7 000 万元，试计算销售毛利率计算。

解：

毛利额 =15 000－7 000=8 000（万元）

销售毛利率 =8 000÷15 000×100%≈53%

销售毛利率表示每 1 元销售收入扣除销售成本后，有多少资金可用于各项期间费用和形成盈利。毛利额是基础，如果没有足够大的毛利额，企业就不可能盈利。

（二）销售净利率

销售净利率是企业净利润与销售收入净额的比率。其计算公式为

销售净利率 = 净利润 ÷ 销售收入净额 ×100%

【例】某公司 2019 年的净利润为 5 000 万元，销售收入净额为 15 000 万元，试计算该公司的销售净利率。

解：

销售净利率 =5 000÷15 000×100%≈33%

该指标反映的是每 1 元销售收入净额带来的净利润。销售净利率越高，企业主营业务的市场竞争力越强、发展潜力越大、盈利能力越强。

（三）成本费用利润率

成本费用利润率是企业一定期间利润总额与成本费用总额的比率。相关计算公式为

成本费用利润率 = 利润总额 ÷ 成本费用总额 ×100%

成本费用总额 = 销售成本＋营业费用＋管理费用＋财务费用

【例】某公司 2019 年的利润总额为 6 000 万元，销售成本为 12 000 万元，营业费

用为 5 000 万元，管理费用为 3 000 万元，财务费用为 2 000 万元，试计算该公司的成本费用利润率。

解：

成本费用利润率 =6 000÷（12 000 + 5 000 + 3 000 + 2 000）×100%≈27%

该指标值越高，反映企业为取得利润而付出的代价越小、成本费用控制得越好、盈利能力越强。

（四）总资产净利率

总资产净利率又称总资产收益率，是企业一定时期的净利润和资产平均总额的比值，可以用来衡量企业运用全部资产获利的能力，反映企业投入与产出的关系。其计算公式为

总资产净利率 = 净利润 ÷ 资产平均总额 ×100%

资产平均总额 =（年末资产总额＋年初资产总额）÷2

【例】某公司 2019 年净利润为 5 000 万元，年初资产总额为 20 000 万元，年末资产总额为 25 000 万元，试计算该公司的总资产净利率。

解：

总资产净利率 =5 000÷[（25 000 + 20 000）÷2]×100%≈22%

（五）净资产收益率

净资产收益率又称所有者权益报酬率，是企业一定时期的净利润与平均净资产总额的比率。净资产收益率可以反映资本经营的盈利能力。净资产收益率越高，企业的盈利能力越强。其计算公式为

净资产收益率 = 净利润 ÷ 平均净资产总额 ×100%

平均净资产总额 =（年末净资产总额＋年初净资产总额）÷2

【例】某公司 2019 年净利润为 960 万元，年初净资产总额为 12 000 万元，年末净资产总额为 15 000 万元，试计算该公司的净资产收益率。

解：

净资产收益率 =960÷[（15 000 + 12 000）÷2]×100%≈7%

净资产收益率反映股东权益的收益水平，用以衡量企业运用自有资本的效率。该指标越高，说明投资带来的收益越高。由于该指标的综合性最强，因此是最常用的评价企业盈利能力的指标，在我国上市公司业绩综合排序中，该指标居于首位。

三、营运能力分析

营运能力是指企业经营管理中利用资金运营的能力，主要表现为资产管理，即资

产利用的效率。营运能力反映了企业的劳动效率和资金周转情况。人们通过对企业营运能力的分析，可以了解企业的营运状况和经营管理水平。劳动效率高、资金周转状况好，说明企业的经营管理水平高、资金利用效率高。

资产营运能力取决于资产的周转速度，通常用周转率和周转期来表示。周转率是企业在一定时期内资产的周转额与平均余额的比率，它反映企业资产在一定时期内的周转次数。周转期是周转次数的倒数与计算期天数的乘积，它反映资产周转一次所需要的天数。

评价企业营运能力的常用财务比率有应收账款周转率、存货周转率、流动资产周转率、固定资产周转率和总资产周转率等。

（一）应收账款周转率

应收账款在流动资产中有着举足轻重的作用。及时收回应收账款不仅可以提高企业的短期偿债能力，还可以反映企业较高的应收账款管理水平。当今，应收账款周转率是评价应收账款流动性的重要财务比率。其计算公式为

应收账款周转率 = 销售净额 ÷ 平均应收账款余额

平均应收账款余额 =（年初应收账款余额＋年末应收账款余额）÷2

式中，销售净额可以从利润表中取数。

需要指出的是，上述公式中的应收账款包括会计核算中的应收账款和应收票据等全部赊销款项。如果应收账款余额的波动较大，就应当尽可能详细地计算资料，如按每月的应收账款余额来计算其平均占用额。

【例】某公司 2019 年年末的应收账款为 1 500 万元，年初的应收账款为 500 万元，销售净额为 3 000 万元，试计算该公司的应收账款周转率。

解：

应收账款周转率 =3 000 ÷ [（1 500 ＋ 500）÷ 2]=3

一般情况下，应收账款周转率越高越好。应收账款周转率高，表明企业收账迅速、账龄较短、资产流动性强、短期偿债能力强，可以减少收账费用和坏账损失。影响该指标正确计算的因素有季节性经营、大量使用分期付款结算方式、大量使用现金结算、年末大量销售或年末销售大幅度下降，这些因素都会对该指标的计算结果产生较大影响。此外，应收账款周转率过高，可能是奉行了比较严格的信用政策、信用标准和付款条件过于苛刻的结果，这会限制销售量的扩大，从而影响企业的盈利水平。这种情况往往表现为存货周转率同时偏低。如果企业的应收账款周转率过低，就说明企业催收应收账款的效率太低，或者信用政策过于宽松，这样会影响企业资金的利用效率和资金的正常周转。因此，人们在使用该指标进行分析时，应结合该企业前期指标、行业平均水平及其他类似企业的指标来判断该指标的高低，并对该企业做出评价。

应收账款周转天数反映企业从取得应收账款的权利到收回款项，并将其转换为现金所需的时间。应收账款周转天数越短，说明企业的应收账款周转速度越快。其计算公式为

应收账款周转天数 =360÷ 应收账款周转率

（二）存货周转率

在流动资产中，存货所占比重一般较大，存货的流动性对流动资产的流动性影响很大。存货周转分析的目的是找出存货管理中的问题，使存货管理在保证生产经营正常进行的同时尽量节约营运资金，以提高资金的使用效率、增强企业的短期偿债能力，进而促进企业管理水平的提高。存货周转率是评价存货流动性的重要财务比率，反映了存货的周转速度。相关计算公式为

存货周转率 = 销售成本 ÷ 平均存货余额

平均存货余额 =（ 期初存货余额 + 期末存货余额 ）÷ 2

式中，销售成本可以从利润表中取数。

【例】某公司 2019 年年末的存货为 1 000 万元，年初的存货为 500 万元，销售成本为 1 500 万元，试计算该公司的存货周转率。

解：

存货周转率 =1 500÷[（ 1 000 ＋ 500 ）÷2]=2

存货周转率反映存货的周转速度，可以用来衡量企业的销售能力及其存货水平。一般情况下，存货周转率过高，表明存货变现速度快，周转额较大，资金占用水平较低；存货周转率低，常常表明企业经营管理不善，销售状况不好，造成存货积压。存货周转率并非越高越好。若存货周转率过高，也可能反映企业在存货管理方面存在一些问题，如存货水平太低，或采购次数过于频繁、批量太小等。

财务人员在对存货周转率进行分析时，除应分析批量因素、季节性因素外，还应对存货的结构和影响存货的重要项目进行深入调查和分析，并结合实际情况做出判断。

存货周转天数表示存货周转一次所经历的时间。存货周转天数越短，说明存货周转的速度越快。其计算公式为

存货周转天数 =360÷ 存货周转率

（三）流动资产周转率

流动资产在企业资产中占有重要地位，因而管理好流动资产对提高企业经济效益、实现财务管理目标有重要的作用。

流动资产周转率是销售净额与全部流动资产的平均余额的比值，是反映全部流动资产的利用效率指标。相关计算公式为

流动资产周转率 = 销售净额 ÷ 全部流动资产的平均余额

全部流动资产的平均余额 =（流动资产期初余额＋流动资产期末余额）÷2

【例】某公司 2019 年年末流动资产为 10 000 万元，年初流动资产为 6 000 万元，销售净额为 16 000 万元，试计算该公司的流动资产周转率。

解：

流动资产周转率 =16 000 ÷ [（10 000 ＋ 6 000）÷ 2]=2

一般情况下，流动资产周转率越高越好，流动资产周转率越高表明以相同的流动资产完成的周转额越多，流动资产的利用效果越好。流动资产周转速度快，意味着企业相对节约流动资产或相对扩大资产投入，从而可增强企业的盈利能力；流动资产周转速度缓慢，意味着企业需要补充流动资产，从而降低了企业的盈利能力。流动资产周转天数的计算公式为

流动资产周转天数 =360 ÷ 流动资产周转率

（四）固定资产周转率

固定资产周转率是销售净额与固定资产平均净值的比率，用于反映企业全部固定资产的周转情况。其是衡量固定资产利用效率的一项指标。相关计算公式为

固定资产周转率 = 销售净额 ÷ 固定资产平均净值

固定资产平均净值 =（期初固定资产净值 ＋ 期末固定资产净值）÷2

【例】某公司 2019 年年末固定资产净值为 10 000 万元，年初固定资产净值为 8 000 万元，销售收入净额为 15 000 万元，试计算该公司的固定资产周转率。

解：

固定资产周转率 =15 000 ÷ [（10 000 ＋ 8 000）÷ 2]≈1.67

固定资产周转率主要用于分析企业大型固定资产的利用效率。在通常情况下，固定资产周转率高，表明企业固定资产利用充分、固定资产投资得当、固定资产结构合理，能够充分发挥效率。固定资产周转天数的计算公式为

固定资产周转天数 =360 ÷ 固定资产周转率

（五）总资产周转率

总资产周转率是企业销售净额与企业平均资产总额的比率，用于反映企业全部资产的利用效率。相关计算公式为

总资产周转率 = 销售净额 ÷ 平均资产总额

平均资产总额 =（期初资产总额 ＋ 期末资产总额）÷2

【例】某公司 2019 年年末资产总额为 25 000 万元，年初资产总额为 25 000 万元，销售净额为 15 000 万元，试计算该公司的总资产周转率。

解：

总资产周转率 =15 000 ÷ [（ 25 000 ＋ 25 000 ）÷ 2]=0.6

通常情况下，总资产周转率越高，表明企业全部资产的使用效率越高、企业的销售能力越强。总资产周转天数的计算公式为

总资产周转天数 =360 ÷ 总资产周转率

第三节　财务综合分析

利用财务比率进行深入分析，虽然可以了解企业各个方面的财务状况，但无法了解企业各个方面财务状况之间的关系。为了弥补这一不足，分析人员可以将所有指标按其内在联系结合起来，以全面反映企业的整体财务状况以及经营成果，进而对企业进行总体评价。所谓财务综合分析，就是将各项财务指标作为一个整体，应用一个简洁和明了的分析体系系统地、全面地、综合地对企业财务状况和经营情况进行剖析、解释和评价，以对企业一定时期的复杂财务状况和经营成果做出最综合和最概括的总体评价。财务综合分析方法有多种，最常用的是杜邦分析法。

杜邦分析法又称杜邦财务分析体系，简称杜邦体系，是利用各主要财务比率指标间的内在联系，对企业财务状况及经济效益进行综合、系统的分析评价的方法。该体系以净资产收益率为起点，以总资产净利率和权益乘数为基础，重点揭示企业盈利能力及权益乘数对净资产收益率的影响，以及各相关指标间的相互影响和作用关系。因其最初由美国杜邦企业成功应用而得名。

杜邦分析法将净资产收益率进行了分解。其分析关系式为

净资产收益率 = 销售净利率 × 总资产周转率 × 权益乘数

式中，销售净利率是利润表的概括，反映企业经营成果；权益乘数是资产负债表的概括，反映企业最基本的财务状况；总资产周转率把利润表和资产负债表联系起来，使权益净利率可以综合分析评价整个企业的经营成果和财务状况。

杜邦系统图主要包括净资产收益率、总资产净利率和权益乘数。杜邦系统图在揭示上述几种比率之间的关系之后，再将净利润、总资产层层分解，这样就可以全面、系统地揭示企业的财务状况以及这一系统内部各个因素之间的相互关系。

人们从杜邦系统图中可以了解以下情况：

（1）净资产收益率是一个综合性极强的财务比率。它是杜邦系统图的核心，反映了企业筹资、投资以及资产运用等活动的效率。因此，企业所有者与经营者都非常关心这一财务比率。

（2）销售净利率反映了企业净利润与销售收入净额之间的关系。要提高销售净利率主要有两个途径：一是扩大销售收入净额；二是努力降低成本费用。

（3）总资产周转率是反映企业运用资产以实现销售收入能力的综合指标。人们可以从资产的构成比例是否恰当、资产的使用效率是否正常、资产的运用效果是否理想等方面对总资产周转率进行详细分析。

（4）权益乘数反映所有者权益与总资产的关系。权益乘数越大，企业的负债程度越高，这不仅会给企业带来较大的杠杆利益，还会给企业带来较大的风险。企业只有合理确定负债比例，不断优化资本结构，才能最终有效地提高净资产收益率。

净资产收益率与企业的销售规模、成本水平、资本运营和资本结构等有着密切的联系。这些相关因素构成一个相互依存的系统。只有将这个系统内的各相关因素协调好，才能使净资产收益率最大。

第五章　财务决策管理

第一节　财务决策

一、财务决策的概念

财务决策是选择和决定财务计划和政策的过程。财务决策的目的是确定最令人满意的财务计划。只有确定有效可行的方案，财务活动才能实现良好效益，实现财务管理目标，实现企业价值最大化。因此，财务决策是整个财务管理的核心。财务预测是财务决策的基础和前提，财务决策是财务预测结果的分析和选择。财务决策是一种多标准的综合决策，决定了该方案的选择，它具有货币化和可衡量的经济标准以及非货币化的非经济标准。因此，决策方案一般是很多因素相平衡而得出来的结果。

二、财务决策的类型

（一）按照能否程序化分类

它可以分为程序性财务决策和非程序性财务决策。

程序性财务决策是指经常性日常财务活动的决策。非程序性财务决策是指经常性和独特的非常规财务活动的决策。

（二）按照决策所涉及的时间长短分类

它分为长期财务决策和短期财务决策。前者是指涉及一年以上的财务决策，后者是指涉及不到一年的财务决策。

（三）按照决策所处的条件分类

它分为确定性财务决策、风险性财务决策和非确定性财务决策。

确定性财务决策是指对未来情况有充分把握的事件的决策，每个方案只有一个结果；风险性财务决策是指对未来情况不完全掌握的事件的决策以及每个方案的若干结果，但可以通过概率确定；非确定性财务决策是指完全无视未来情况的决策，每个方案都会有几种结果，其结果无法决定事件的决策。

（四）按照决策所涉及的内容分类

它分为投资决策、融资决策和股利分配决策。投资决策是指资本对外投资和内部分配的决策，融资决策是指资金筹集的决策，股利分配决策是指利润分配的决策。

（五）其他分类

财务决策还可以分为生产决策、营销决策等。生产决策是指在生产领域生产什么，生产多少以及如何生产的决策。它包括如何利用剩余产能，如何处理亏损产品，是否进一步加工产品和确定生产批次等。市场营销决策往往涉及两个方面的问题：一是销售价格的确定，即定价决策；二是如何在销售价格和销售量之间取得平衡，以谋求利润最大。

三、财务决策的目的

所有决策的目的都是使企业目标最优化。例如，营利性企业财务决策的目的是实现利润最大化，而非营利性慈善组织财务决策的目的是最大化一些非量化目标。对于财务决策而言，其影响是短期的，对战略因素的考虑较少。主要关注的是最大化收入，或在不变收入的条件下寻求最低成本。

四、财务决策方法

财务决策的方法可以分为两类：定性决策方法和定量决策方法。定性财务决策是一种通过判断事物特有的各种因素和属性来做出决策的方法。它基于经验判断、逻辑思维和逻辑推理。其主要特征是依靠个人经验和综合分析与比较做出决策。定性决策方法包括专家会议方法、德尔菲法等。定量决策是一种通过分析因素和属性之间的定量关系的决策方法，其主要特征是建立变量和决策目标之间的数学模型。根据决策条件，运用比较计算决策结果。定量财务决策方法主要包括量本利分析法、线性规划法、差量分析决策法、效用曲线法、培欣决策法、马尔可夫法等，这些方法一般用于确定性决策；还包括小中取大法、大中取大法、大中取小法、后悔值法等，这些方法一般用于非确定性决策。

五、财务决策依据

在做出决策之前，管理者必须权衡和比较备选方案，列出每种备选方案的正面和负面影响（包括定量和定性因素），确定每种备选方案的净收益，然后比较每种备选方案的净收益，选择净收益最好的方案实施，这就是决策。在财务决策过程中，成本效益分析贯穿始终，成本效益分析的结果就成为选择决策方案的依据。效益最大或成本最低的备选方案就是管理人员应采取的方案。

六、财务决策的步骤

进行财务决策需经如下步骤：

（1）确定决策目标。指确定决策所要解决的问题和达到的目的。

（2）进行财务预测。即通过财务预测，取得财务决策所需的业经科学处理的预测结果。

（3）方案评价与选优。它是指根据预测结果建立几种备选方案，利用决策方法并根据决策标准对各种方案进行分析和论证，做出综合评价，选择最满意的方案。

（4）判断决策正误，修正方案。在决策过程结束时，有必要制订具体的计划，组织实施，控制执行过程，收集执行结果的信息反馈，以判断决策的正确性，在第一时间纠正计划，并确保实现决策目标。

第二节　财务管理法制化

企业财务管理法制建设包括加强企业财务管理法律队伍建设、完善企业财务管理法律法规、完善企业财务管理法律监督体系、确保财务管理规范运行，以求精益求精和科学化发展。企业财务管理合法化有利于提高企业应对各种安全威胁，完成多样化任务的能力。完善企业财务管理法制化是提高资金使用效益的实际需要，完善企业财务管理合法化应着眼于提高资金使用效率。为提高企业财务管理的质量和效率，要依法行政，依法监督，依法管理财务，依法治理财务。

一、企业财务管理法制化的重要意义

根据现行财务管理制度，企业财务法制监督的职责主要由审计部门、纪检部门承担，但受组织体制等因素的影响，这些部门对本级财务部门所展开的法制监督力度远远不够。一方面，广大群众有积极参与单位财政经济管理和知情权的愿望。另一方面，他们不愿意监督财务法律制度；一些财务执法人员对职业道德和原则不够重视，经常发生非法现象。在企业财务管理实践中，一些部门的领导和财务人员往往重视命令，忽视原则，追随个人感情，依靠个人关系。

因此，要加强财务管理法制化，将企业财务安全纳入经济社会发展体系，建立决策机制、协调机制、动员机制和监督机制，依靠国民经济体制进行财务动员、财务规划、财力筹集、资金管理和财政资源分配。充分发挥经济资源的整合效应，提高规模经济资源的整体利用效率，形成依法决策、依法指导、依法运作的良好局面，促进社会和谐发展。

二、企业财务管理法制化建设的建议

（一）完善企业财务法规体系

企业立法机关和权力机关应当审查情况，修改现行财务规定，废除过时的法律法规，建立明确、结构合理、系统有序的企业财务规章制度，确保各种金融法规的权威性和稳定性，以使它们全部有效，以使财务管理工作在企业财务监管体系中找到相应的依据，为企业财务活动合法性创造有利条件。加强企业货币资金管理，科学规范财务管理流程，逐步实施财务规定。无论是预付资金申请，审计和报销费用，还是汇编报表和文件，都应该根据财务规定一一落实。制定严格的现金使用规则，严格管理企业账户和严格管理账单使用。

（二）健全企业财务法制监督体系

为了实现企业财务管理全过程监管的目标，我们应该把过去强调事后监管的方法改为对事前、事中和事后监督给予同等重视。制定具有广泛覆盖、指挥和综合性的企业财务法律监督法规，行使监督权的部门或者个人必须在法律规定的职权范围内，依照法定程序监督法律对象。只有坚持依法监督，才能使监督具有权威和法律效力，才能有效地进行财务法律监督。

（三）改革企业财务执法体制

改革企业财务执法体制一是要加快企业财务执法程序体系建设，二是建立企业财务执法责任制，三是建立具体、明确、可行的企业财务执法激励机制。根据政治学家威尔逊和犯罪学家卡琳提出的"破窗理论"，如果一所房子有窗户破了，没有人会修理它们，很快，其他窗户将被莫名其妙地打破。"破窗理论"要求各级企业的管理者树立严格执行惩罚制度的思想。一个不公平的执法，第二次违规不能受到惩罚，看似微不足道，实际上是一个危险而破碎的"窗口"，如果没有及时修复，将会让更多人来破坏而形成"破窗"。

（四）突出财务人员绩效评价体系

"以人为本"的管理以高素质的财务人员为中心，将管理体制的强制执行转变为财务人员的自觉遵守和实施，将财务人员自身价值的实现与企业的发展目标相结合。全面提高队伍的政治素质和职业道德，应积极进行岗前培训，要求学员对财务法规和财务制度进行充分了解和掌握，以使财务管理人员的法律意识和财务管理能力在培训中得到有效提高。

第三节 财务运营管理

一、财务运营管理的概念

财务运营管理是一项组织企业活动和处理财务关系的经济管理工作。要做好财务运营管理，必须完成两项任务：一项是组织企业的财务活动，另一项是处理企业与其他相关方之间的财务关系。

二、财务运营管理的内容

依据财务运营管理实践，企业财务运营管理至少要做好以下三方面的决策。

（一）融资决策

在高度发达的西方商品经济社会中，如果企业要从事生产经营，就必须先筹集一定数量的资金。筹集资金是财务运营和管理最基本的功能之一。

如果企业的财务经理预测其现金流出大于其现金流入，并且银行存款无法完全弥补差额，则必须以某种方式筹集资金。在资本市场非常发达的西方社会，企业所需的资金可以从不同的来源采取不同的方式筹集。各种来源和不同筹集资金的方式都有不同的成本，其使用时间、抵押条款和其他附加条件也不同，从而给企业带来不同的风险。企业财务人员必须正确地判断风险和成本对股票价格的影响，采用最适合于本企业的融资方式来筹集资金。

（二）投资决策

企业筹集资金的目的是把资金用于生产经营，进而取得盈利。西方财务运营管理中的投资概念含义很广泛，一般来说，凡把资金投入将来能获利的生产经营中去，都叫投资。财务经理在把资金投入各种不同的资产上时，必须以企业的财务目标股东财富最大为标准。

企业的投资按使用时间的长短可分为短期投资和长期投资两种，现分述如下：

1. 短期投资

短期投资主要是指用于现金、短期有价证券、应收账款和存货等流动资产上的投资。短期投资具有流动性，对于提高公司的变现能力和偿债能力很有好处，所以能减少风险。

2. 长期投资

长期投资是指用于固定资产和长期有价证券等资产上的投资，其中主要指固定资产投资。

（三）股利分配决策

股利分配决策主要研究如何分配收益，支付股息多少以及保留收益多少。在分配过程中，我们不仅要考虑股东短期利益的要求，定期支付一定的红利，还要考虑企业的长远发展，留下一定的利润作为留存盈余，以便推动股价上涨，使股东获益更多。最理想的股利分配政策是使股东财富最大化的政策。

综上所述，构成财务运营管理基本内容的三种财务决策，是通过影响企业的报酬和风险来影响股票市场价格的，在报酬和风险之间做适当的平衡，可以使股票市场价格最大。这种平衡叫作风险报酬的平衡。任何财务决策都必须保证风险与报酬的平衡。

三、财务运营管理的目标

（一）企业财务运营管理目标的确立要求

市场经济是一种基于市场资源配置的竞争经济。建立企业的财务运作和管理目标必须考虑以下关系：

1. 财务运营管理目标应当按照企业管理的最高目标来制定

财务运营管理在企业管理系统中属于子系统，财务运营管理的目标应与企业管理的最高目标相一致，通过财务运营管理促进企业管理的最高目标的实现。在制定现代企业财务运营管理目标时，首先要把促进企业可持续发展作为首要考虑因素。

2. 财务运营管理目标应该将经济性目标与社会性目标相结合

经济目标强调企业的经济责任，寻求经济效益的最大化，这取决于经济管理的性质。社会目标强调企业的社会责任，追求社会利益的优化，这是由市场主体所处的社会环境决定的。财务运营管理目标不仅要突出经济，还要不局限于经济，必须帮助企业积极履行社会责任，使社会效益和经济效益同时进行优化。

3. 财务运营管理目标要将战略性目标与战术性目标进行统一

战略目标着眼于企业的长远利益，寻求行业的长期稳定发展；战术目标强调企业的短期利益和既得利益的增长。长期利益与短期利益之间的对立统一决定了在许多情况下，企业必须放弃一些直接利益才能获得长期利益。为了实现企业的战略目标，他们必须进行战术调整甚至让步。在战略发展思想指导下制定不同时期的经营战术，在确保长远利益的基础上最大限度地获取短期利益，实现战略性目标与战术性目标的有机结合，应是确立财务运营管理目标的正确思路。

4.财务运营管理目标要能很好地兼顾所有者利益与其他主体利益

在市场经济中，除了所有者外，还有债权人、雇员、供应商、消费者和政府。各利益相关者之间的关系是"伙伴关系"，强调"双赢"。无论采取何种财务政策，我们都必须合理考虑企业所有者和其他主体的利益，我们绝不能区别对待，更不用说忽略任何一方。只有这样，才能妥善处理好各种经济关系，保持财政分配政策的动态平衡，赢得各利益相关方的信任和支持，确保企业正常运转，实现可持续稳定发展。

总之，现代企业财务运营管理的目标是最大化企业价值，以满足各方利益，促进现代企业制度的建立，帮助企业实现可持续发展的目标。

（二）"企业价值最大化"的体现

从财务运营管理的角度出发，"企业价值最大化"目标具体体现在以下几个方面。

1.市场竞争能力

人们普遍认为，由营业额、市场份额、技术水平和客户需求实现程度等构成的综合竞争力是企业成败的重要因素。如果决策行为追求竞争力，即使现在略微盈利或亏损，也有利于企业的长远发展，随着竞争力的增强，发展潜力将越来越大。

因此，我们认为企业价值最大化目标的主要内容是市场竞争力。

2.获利能力和增值能力

投资回报率、经营利润率和成本利润率反映的盈利能力是衡量和评估企业可持续发展能力的另一个重要因素。由于利润是市场经济条件下企业生存和发展的基础，也是开展财务运营管理工作的基本目的，任何企业都必须坚定不移地追求利润，实现合法利润最大化。但我们不能将利润最大化等同于企业价值最大化，否则我们将回归利润最大化的旧方式。

3.偿债能力与信用水平

偿债能力与企业的可持续发展能力是分不开的，具有较强偿债能力的企业普遍具有良好的发展势头或潜力，但由于资产负债率、流动性比率、快速流动比率等指标反映了偿债能力，企业如果不能将这种能力主动转化为行为，及时全额偿还债务，将失去债权人的支持与合作，也将影响其可持续发展能力。因此，当我们将偿付能力作为企业价值最大化的支撑因素时，我们也必须关注有关企业的信用水平和财务形象。只有将强大的偿付能力和良好的财务形象有机结合才能最大化企业的可持续发展能力。

4.资本营运能力

应收账款周转率、存货周转率等指标用于衡量企业财务资源的使用效率。一般来说，这两个周转率都很快，表明企业处于良好的经营状态，供应强劲，产销转换能力强，处于正常发展状态。相反，则表明企业的销售渠道不畅通，资金回收缓慢，供给、生产和营销转换周期长。在这种情况下，企业很难实现持续稳定的发展。

5. 抵御风险能力

市场经济复杂多变，奖励和风险并存。一般来说，奖励越大，风险越大；奖励越高，风险越高；奖励越高，企业的可持续发展能力越强；风险越高，可持续发展能力越弱，甚至丧失。因此，要衡量可持续发展能力是否达到最大，我们不仅要分析回报率（盈利能力），还要考察企业抵御风险的能力。只有当奖励和风险处于最佳组合点时，企业的可持续发展能力才能最大化。

（三）"企业价值最大化"的实现

1. 选择合适的企业财务运营管理体制

如果企业规模不大，则选择企业财务运营管理系统没有问题。为了实现规模效应，许多企业需要考虑此时应采用何种企业财务运营管理系统。人们普遍认为，核心企业应采用集中财务制度，对紧密层企业采用分散财务制度，即集团总部做出的重大财务决策，紧密层企业做出的小额财务决策，以及紧密层实施的总部决策。半紧密层企业及一般企业应采用企业控制和分散的金融体系。各部门通过内部系统间接影响或控制其下属企业的财务决策，而松散和协作的企业则采用完全分散的财务体系。

2. 充分利用现代技术收集决策所需信息

财务决策需要收集大量数据，如历史数据、市场动态以及政策和法规的前瞻性信息。手动收集、整理和分析这些信息显然是耗时且费力的，并且很容易出错。因此，必须使用计算机技术来建立相应的数学模型，以提高准确性和效率。

3. 有效利用企业各种资源

在财务运营管理中不能就资金论资金，不能只注重质量和成本的管理，而应从更大范围上着手，如目前应做好人力资源的管理、企业品牌的管理等。

企业需建立吸引、培养、留住人才的报酬机制，在注重有形资产管理的同时，注重无形资产的创建和管理。以品牌为导向，在优秀人才的努力下，通过优质的服务，发展具有企业特色的目标市场和消费群体，可以从根本上解决企业长期生存和发展的问题。

4. 将财务监管应用于企业经营全过程

企业应配备高素质人才，建立相应的内部控制制度，对企业经营的全过程进行财务监督，如资本结构、长期外资增加或减少、资金投入、对外担保、关键设备抵押、年度财务预算、工资和利润分配方案及运作、绩效考核与奖励、成本计划与控制、价格确定与调整、贷款回收政策、货物购买计划等均为全方位的财务监督，确保企业资产的价值保值与增值。

第四节 从卓越运营到卓越管理

一、打造与众不同的企业

许多企业不仅拥有完善的业务流程，如"订单到现金""购买到付款""投资到淘汰"或"开发到发布"，还投入了大量资源。重组业务流程或实施企业资源计划（ERP）、客户关系管理、供应链管理和其他业务管理系统，以便企业中的每位成员都可以清楚地了解业务流程并确保业务流程可靠，统一且可预测。

但是管理流程怎么样？当我们向世界各地的客户和读者询问这一点时，我们要么保持沉默，要么认为它只是预算编制，财务报表准备，资源管理和差异分析。人们在描述管理流程时最接近的是 PDCA 循环（计划—执行—检查—调整）。

管理流程不像业务流程定义得那么清楚，这令人担忧，因为企业越来越依赖于管理流程而非业务流程来获得竞争优势。大多数企业在降低流程成本的同时，也都在优化它们所提供的产品和服务的质量，并且做得很出色。但问题是，很多企业在这方面都做得很好，这就导致卓越运营不再是某家企业的独特优势（或差异化因素），而是成为一个必备条件。在新的环境中，要想做到与众不同，企业必须是智能、敏捷和协调一致的。

（一）智能

企业不缺乏市场或内部运营数据。问题是如何让每个人都可以访问相同的数据以及如何解释和使用数据。

（二）敏捷

许多文章或报告都以"现在业务变得越来越复杂"或"现在业务正以惊人的速度加速"开头。虽然是老生常谈，但确实如此。在这样的环境中，最有可能成功的企业是敏捷和灵活的企业。

（三）协调一致

斯隆管理学院托马斯·马龙教授在《未来的工作》一书中指出，尽管并购活动频繁，由于外包和专注于核心能力的原因，企业的平均规模却缩小了。为了取得成功，价值链中的所有企业都需要密切协作。此外，今天的大部分创新都来自合作。例如，苹果和耐克公司之间的合作，共同向 iPod 推出慢跑统计数据；在航空业，竞争航空公司组成了寰宇一家、天合联盟或星空联盟等。在这里，战略优势来自关系管理而非流程管理。

智能、敏捷和协调一致不是卓越运营的范畴，而是阐明了我们所说的卓越管理。管理造就不同，而企业绩效管理（EPM）则是造就不同的驱动因素。遗憾的是，传统的 EPM 侧重于管理或 PDCA 循环，这是一种由内部到外部的方法。

英国克兰菲尔德大学最近的一项研究表明，大多数公司过于关注内部，并没有使用足够的外部信息或基准测试。这与优秀的管理不同，后者是从外到内、从内到外协调的艺术。加州大学安德森商学院的鲁梅特尔教授指出，为了显著提高绩效，需要首先确定环境的变化，然后快速巧妙地管理它们。换句话说，需要了解利益相关者的贡献和需求（一致性）、市场动态（敏捷性）以及对数据（智能）的出色解释。战略指导来自外部，它告诉我们计划什么，实施什么，检查什么，以及调整什么。这需要更好地理解管理流程，如我们提倡的管理流程，从战略到成功（Strategy to Success，S2S）。

二、从战略到成功

从战略到成功管理流程是波特定义的跨业务流程的价值链概念的扩展。与所有业务流程一样，S2S 管理流程包含许多步骤：我们需要了解利益相关方环境，检查市场，制定业务模型战略，管理业务计划，开展业务运营，并通过评估业务成果提供各级反馈。

（一）利益相关者环境

绩效管理并不是一种自上而下的操作，即把战略目标转换为成功因素、关键绩效指标以及最后的改进计划。企业是在不同利益相关者的网络中运作的，每个利益相关者都为企业的绩效做出了贡献。员工工作，股东提供资金，供应商和合作伙伴提供设计、制造和销售产品所需的原材料和服务，客户提供需求，社会提供基础设施，监管机构确保公平竞争。只有确定利益相关者的需求，我们才能充分利用这些贡献。我们需要将这些贡献与需求相互对应，并以此作为绩效管理策略的基础。

未来几年企业绩效管理最重要的发展趋势之一将是编制可持续发展报告——收集、分析和共享企业在经济效益、社会责任和环境效应方面的影响的有关信息。当利益相关者管理成为绩效管理的起点时，企业透明度将不再是问题。

（二）市场模型

我们的外部利益相关者想要的不是我们的预算，而是我们的计划、预测和市场指导。如果企业没有看到影响它的外部趋势并且没有引导它，那将会产生严重的后果。利益相关者将对管理者的管理能力失去信心，股票价格可能会受到影响，最终这些机构将降低对管理者的评级，从而导致资本成本增加。这是一个相当真实的商业情况。了解市场动态是评估战略方案的第一个关键步骤，旨在定义正确的战略目标。新的产品和服务推出，新的竞争者进入市场，消费者行为将不断变化，并且业务将加速运转。

大多数企业都将用于预测这些趋势的所有外部数据存储在其竞争情报（CI）职能部门。同时，在广泛的商务智能（BI）系统中可以随时获得有关资源和活动的内部信息。但问题是，CI 和 BI 很少相结合。

（三）业务模型

绩效管理始于一个支持战略决策的原则。所涉及的系统称为决策支持系统（DSS），通常使用现在所谓的 OLAP 数据库来运行假设分析。企业有许多不同的战略选择可以影响它们的发展，并确定商业模式和商业模式中最好的利益相关者，可以帮助他们取得最大的成功。管理者想推出新产品以实现创新和发展，还是寻求合作伙伴？如果管理者需要缩减生产规模，是否要削减业务部门或降低整个企业的产能？我们应该外包和保留哪些活动？这些问题无法通过计算投资回报来解决，但可以通过协调市场需求来解决。场景分析在 20 世纪 70 年代和 80 年代很流行，这种战略绩效管理计划，在历史舞台上再次出现了。

（四）业务计划

在业务计划阶段，我们探讨更为传统的绩效管理，即使用 PDCA 循环。企业设定目标并制订计划来实现那些目标。企业要严密监控计划的执行并分析异常，要报告结果并根据反馈设定新目标。不过，计划不应是以后转变成经营活动的年度财务任务。从本质上讲，它应该更具操作性，市场和利益相关者的需求应与内部资源和活动的能力相平衡，这应该转化为业务模型阶段的（财务）目标。

这是滚动预测如此重要的原因。市场或内部产能的每一个变化都应进行新的运营预测和财务预测。差异分析并不基于预算，而是对企业和其余市场所做的相对比较。

（五）业务运营

在业务运营阶段，每个策略都需要实践来检验。洞察力、策略和计划都必须是可操作的并且要付诸实施，应严密监控执行。但绩效管理所需的并不只是监控单个流程。绩效管理需要涵盖不同的业务领域，并根据因果关系创建见解。例如，如果销售回收周期（DSO）增加并且呼叫中心显示投诉急剧增加，这可能是由于客户服务不良导致客户不满意，也可能是由于为了节约成本而推迟供应商付款造成的。

经济学家情报研究所（EIU）最近的一项研究发现，企业需要更多企业级别的数据，孤岛式信息被认为是绩效管理成功的主要障碍之一。为了进行这种跨域分析，绩效管理的主要趋势之一就是实施主数据管理，确保所有域都使用相同的产品表、客户表、企业表和其他参考表。许多运营评估都可以实现标准化；自己定义的缺勤或 DSO 无法显示竞争差异，使用标准便于进行卓越运营的基准测试。

（六）业务成果

如果没有反馈，S2S 过程是不完整的，应使用绩效指标来向从战略到成功过程的每一阶段提供反馈。运营管理需要实时信息，业务规划人员需要绩效差异分析，战略专家需要对总体目标进度的反馈以及与整个市场进行比较，并了解如何识别贡献以及如何满足需求，使所有利益相关者受益。信息显示板和计分卡并非只适用于高层管理人员，对所有人都是必需的。

EPM 被定位成具有战略意义的管理原则。EPM 应与业务模式联系在一起，它不仅应该是战术管理的实施，还应该支持战略决策。它不仅应提供内部管理信息，还应支持利益相关者管理。它不仅应以财务为导向，还应成为企业运营的一部分。所有这些都需要协调一致进行。我们能够提出的 EPM 的最短定义是"EPM 与 S2S 协调一致"。

第六章 投融资管理

第一节 资本思维

对于企业家来说，为了实现更大的资本梦想，特殊的思维能力是必不可少的。培养良好的财富发现视野，从杠杆思维、市值思维和协同思维三个方面构建资本思维，注重理财之道，处理好企业财务，通过集体努力等运作资本，这是从挣钱思维到赚钱思维，最后到资本增值思维的必经之路。

一、杠杆思维

所谓的杠杆思维是用小资本来撬动大量资本以获得更多收入，即负债经营。

有些企业想借但无法达成，使得企业枯萎死亡，而有些企业因债务过重，无法偿还导致现金流破裂。如何平衡负债的运作？当他们的经营利润率高于债务成本时，他们可以增加债务操作的比例。

例如，某项目净利润率可达 20%，以自有资本投入 1000 万元，则能获得 200 万元的净利润。而假设举债的利息率为 10%，借入 4000 万元，需要支付的利息为 400 万元，而这 4000 万元能够产生的收益为 800 万元，除去利息依然还有 400 万元收益。因此，如果不依靠债务杠杆，相同的 1000 万元资金的投入只能实现 200 万元的净利润（20%的利润率），如果运营，则可以用 4000 万元的债务，实现 600 万元的净利润（利润率60%）。

这是资本杠杆的影响，因此其增长率将远远高于依靠自有资本的滚动发展。例如，某个很典型的案例，它不仅设法借钱，还试图降低借贷成本，从而获得更多的资本收益。

二、市值思维

所谓市值思维，就是依靠企业的资本价值去促进扩张，这比杠杆思维要进一步。企业的资本价值是多少，这常常是企业家很迷惑的问题。

很多实业企业家认为，自己企业的价值，就是自己企业总资产减去负债以后的资产净值的价值。曾听一位资本顾问向一位实业企业家做普及讲解："你的企业虽然只有5000万元的净资产，但你的企业绝不是只值5000万元，因为你每年的净利润有1500万元，即使按照10倍的市盈率来算，你的企业卖1.5亿元一点问题没有。"当然，一些企业主会认为，企业的资本价值是虚的，自己又不可能将企业卖掉。我们来看看做得好的企业家是怎么理解这个问题的。

有一次，某位企业家宴请公司要客，结账之时，这位企业家自掏2万元人民币付款。众人不理解他为什么要自掏腰包，他解释道："这顿饭钱如果由公司来出，公司就多了2万元费用，相应的净利润就少了2万元，按照股市平均30倍的市盈率来算，我的企业的市值就少了60万元。所以，如果是公司掏钱，一顿饭不是吃掉2万元，而是吃掉60万元。"

公司的市值在进行对外收购时会发挥重大作用。如果一家价值8000万元的企业并购价值2000万元的企业，则无须支付2000万元现金购买；如果它发行20%的股票，就能够实现对另一方的并购。

三、协同思维

所谓的协同思维不是为了分享和交叉销售业务资源，而是为了财务资源分配和内部融资。协同思维比市值思维更加进步，这在多业务和多元化企业中很常见。

从理论上讲，只要业务完全不相关，将业务分散到几个不相关的领域就可以消除总现金流量的波动。凭借充足稳定的现金流，我们可以利用部分业务产生的盈余现金流来支持其他业务的发展。

在这种多元化的经营方式中，对顺畅现金流的需求已经成为连接各个业务部门的纽带。成功多元化公司的一个共同特点是，总部可以控制财务资源的内部分配，通过不同的业务组合重新分配现金流和投资，并实现比开放资本市场更高的效率。

例如，美国通用电气公司（以下简称CE）的运营模式可以概括为"财务高度集中，运营高度分散"，体现在以下几个方面。

（1）控股公司控制所有财务资源，统一分配所有业务，以提高集团的整体资本效率。

（2）通过金融资源的合理配置，平衡不同业务的现金流，以提升集团整体的资信评级。

（3）所有对外融资皆通过控股公司进行，以充分利用外部资本市场对企业整体进行高评级。

（4）除了战略制定和结果评估外，控股公司还为每个经营实体提供高度自主权，以确保每个实体的专业化运作。

由此可以看出，CE 不会干扰其实体的业务合作，而由各实体独立决定。CE 重点控制的是金融上的"互补"与"协同"。在这一点上，相较于经营实体，CE 更接近于一个共同投资基金或内部银行。

第二节　资本运作

一、资本运作的概念

经济学中，资本是能够带来利益的一切资源，它可以是有形的，也可以是无形的。在公司中，能够为公司带来经济利益的资源有很多，如投资者投入的资本、厂房、机器设备、专利、技术秘密、知识、金融工具等。公司如何高效地运用这些资本，实现公司价值的保值和增值，是公司资本运作需要解决的问题。在整个公司的资本管理模式中，它主要包括以下几个方面：第一，充分利用闲置资产产生经济效益；第二，在从事产品生产经营的同时，公司投入一定资金从事证券市场交易、产权转让、公司并购等资产增值活动；第三，公司参与资产增值活动，合并和收购可以通过股权转让或资本借贷来进行；第四，通过资本产权的运作，可以实现业务规模的扩大，主要包括兼并、持股、股权参与等发展为大集团的方式。

公司的资本运作不仅仅包括资本增值。事实上，它通常要对公司的资本结构进行调整，目的就在于通过调整公司的生产关系使其更加适应当前的生产力水平，从而促进公司生产潜能的发挥，实现公司价值的提高。公司的资本运作更侧重于公司资本账户下的活动。公司利用现有资金通过资本市场重组公司和资产，开展各种活动，改善公司资本结构，实现资本的最大附加值。计划和优化公司可以处置的各种资源和生产要素的配置，改善投资组合结构，增加可控资源，提高资产运营效率，通过资产重组实现资产价值保值和升值、企业兼并和收购、风险投资和融资。

二、公司进行资本运作的原因

从微观角度看，对公司而言，任何成功的公司都是从产品生产、产品经营逐步走向资产经营和资本营运的。资本运作是公司的一个强大的助推器。它可以创造一种混合资本，扩大经营规模，通过上市、并购、战略投资等一系列资本运作手段，帮助公司加强产品运作或干预新兴产业甚至开拓新市场。因此，资本运作可以在促进公司发展方面发挥巨大作用，这是一种手段，可以帮助公司实现"做大做强"的战略目标。

许多公司未来做大做强，总会持续投入大量人力、物力、财力，但是由于规模经济的限制，这些投入总是难以获得预期的回报，而资本运作却可以帮助公司在短时间内获得大量的资金，为公司规模的迅速扩张提供可能。

从宏观角度看，资本运作是实现资源整合的必然途径。在市场经济下，要实现生产要素在各个经济主体间的合理配置，可以通过公司资本运作来实现。公司通过并购、控股等方式，实现上下游产业的优势互补和强强联合，达到社会资源的有效流动。

总之，资本运作能够通过市场化的途径，帮助中小公司合理优化资产结构，创建组织构架，扩大公司规模，提高市场占有份额，提升公司在国际中的竞争力；帮助市场优化产业结构，整合现实资源，从而有助于国家实现经济增值的宏观经济目标。所以，国家应鼓励公司进行资本运作，为其创造良好的法律环境，提供便捷的政策支持。

三、公司资本运作方式

公司资本运作的方式多种多样，根据不同的标准可以有不同的分类。公司要结合内外部环境的变化，综合考量各种变量，选择适合本公司的资本运作方式。

（一）与公司整合有关的资本运作方式

与公司整合有关的资本运作方式主要包括公司兼并与公司收购。公司兼并与公司收购是公司金融决策的重要内容，对于现代企业来说，它们直接体现了公司的资本运营程度。从微观层面看，公司可以通过兼并与收购消除公司亏损，提高公司要素的使用效率；从宏观层面看，公司的并购重组还可调节市场产业经济结构。

（二）与资产整合有关的资本运作方式

与资产整合有关的资本运作方式主要包括公司重组、资产置换、资产剥离、资产租赁等。

此外，资产证券化、资产转让也是公司常用的资本运作方式。

（三）与股权有关的资本运作方式

与股权相关的资本运作模式主要体现在上市公司，包括发行股票、债权、配股、增发、转股、增股、回购等。

从某种程度上来讲，资本运作的成功会影响企业的命运，在经济和世界一体化的环境下，资本运作尤为重要。作为企业，要加强资本运作，注重企业资本运作，促进内部资源的合理配置，形成适当的内部运作体系。为了影响和促进其他企业和社会其他领域的发展，我们应该将一般资本转化为优质高效的资本，并将其投资于其他领域。

第三节　融资管理

融资是指企业根据生产经营、外商投资和资本结构调整等需要，通过适当的融资渠道和金融市场获取所需资金的行为。为了开展生产经营活动，任何企业都必须先筹集一定的资金才能开始运营。即使在生产经营过程中，由于季节性和临时性等原因，以及扩大再生产的需要，也同样需要融资。融资是企业资本流动的起点，企业能否筹集资金，稳定资金使用，直接影响企业的生存和发展。融资活动是企业的基本金融活动，企业财务管理的重点之一就是融资管理。

一、融资管理的主要内容

（一）明确具体的财务目标

为了实现企业价值最大化的最终目标，企业必须在具体的经营管理过程中确定具体的财务目标，从而对财务融资管理职能的有效实施起到直接的指导作用。融资及其管理过程要服从财务管理的总目标，即提高企业的市场价值。融资过程中体现的财务目标是获得更多资金，融资成本更低，融资风险更小。

（二）科学预测企业的资金需求量

企业再生产过程的实现是以资金的正常周转为前提的。如果资金不足，则会影响生产经营活动正常、有序地进行；如果资金过剩，则会影响资金的使用效果，造成资金的浪费。为此，筹集资金必须保证企业正常周转的资金需要。

在企业进行资金预测的过程中，必须掌握正确的预测数据，采用正确的预测方法，如果预测失误，则可能加大财务风险，进而导致企业经营和投资失败。

（三）选择合适的融资渠道和方式

企业融资渠道众多，获取资金的方式有很多种。但是，无论以什么渠道和方式筹集资金，他们都要付出一定的代价，我们称之为资金成本。企业从不同渠道、采取不同方式获取的资金，其成本是不同的，如果资金成本太高，不仅会影响融资和投资效益，甚至还会使企业出现亏损。因此，为了降低资金成本，有必要通过比较各种渠道和筹集资金的方式来选择最佳的资金来源结构。

（四）保持资金结构合理

融资结构是指各种资金来源对各种资金来源的比例以及各种资金来源之间的比例

关系，如债务资本和权益资本的比例，在资金来源方面，长期资金占短期资金的比例等。融资风险是指融资中各种不确定因素给企业带来损失的可能性，表现为利率波动和债务破产的风险。但是，在市场经济条件下，企业从不同来源、不同方式筹集资金，用于不同的使用时间、融资条件和融资成本。行业带来的风险是不同的，企业结合不同的融资渠道和模式，必须充分考虑企业的实际运作和市场竞争力，适度负债，寻求最佳的资本结构。

二、资金的筹集原则、融资渠道与融资方式

（一）资金的筹集原则

融资的宗旨是满足企业对资金的需求，最终保证企业价值最大化目标的实现。因此，企业融资时应遵循以下基本原则。

1. 确定资金的实际需用量，控制资金投放时间

合理确定资金的需求量是企业融资活动的依据和前提。资金不足会影响企业的正常生产经营和发展，但资金过剩也会影响资金的使用效益。在审核资金需求时，不仅要关注产品的生产规模，还要关注产品的市场需求，以防止盲目生产和资金积压。同时，要掌握全年投入的资金总额，确定不同月份投入的资金数额，合理安排资金的投入和回收，将融资和使用联系起来。尽可能及时拨款，减少资金占用，加快资金周转。

2. 谨慎选择资金来源和融资方式，降低资金成本

企业融资的渠道和方式均有不同的形式。在资金所有权和使用权分离的情况下，无论采用何种渠道或融资方式，都要付出一定的代价，即资金成本。资金成本因资金来源和融资方式的不同而不同，获取资金的难度也各不相同。在其他条件基本相同的前提下，资金成本水平是选择融资方式和各种融资组合方案的主要标准。企业必须全面考察影响资金成本的各种因素，全面研究各种资金的构成，寻求资金的最优组合，降低资金成本。

3. 合理安排资金结构，努力控制财务风险

企业应当适度负债经营，负债经营必须注意以下问题。

（1）要保证投资利润率高于资金成本。

（2）负债规模要与企业偿债能力相适应。负债过多会发生较大的财务风险，甚至丧失偿债能力而面临破产。

（3）要尽量保持资金结构的稳定合理，保持对企业的控制权。企业不但要利用负债经营提高收益水平，还要维护企业的信誉，减少财务风险。

上述基本原则相互联系又相互制约，在企业进行融资时要综合考虑各原则，并予以平衡，力求找出适合企业的最佳融资方案。

（二）融资渠道与融资方式

融资渠道是指筹集资金的来源和渠道，反映了募集资金的来源和性质。融资方式是指企业获得资金的具体形式。两者既有联系又有区别。同一来源的资金往往可以采用不同的融资方式取得，而用同一融资方式又可以从不同的融资渠道获得资金。

因此，要合理确定资金来源的结构就必须分析两者的特点，并合理地加以应用。企业资金周转畅通，企业才能充满活力。资金是企业生产经营的必备条件，所以融资在企业财务管理中显得尤为重要。企业融资有多种渠道和方法，融资时应根据企业实际情况，结合企业实际需求来有效地筹措资金。

第四节　投资管理

一、对外投资

对外投资是指企业在符合国家有关政策法规的前提下，以现金、实物、无形资产或购买股票、债券等有价证券方式向其他单位投资。

（一）企业对外投资的主要原因

1. 企业在经营过程中存在闲置资金

为了提高资金的使用效益，企业须积极寻找对外投资的机会，如购买股票等短期投资，最终目的是获得高于银行存款利率的投资收益率。

2. 分散资金投向，降低投资风险

现代企业资本管理的一项重要原则是使资本分散化，以便降低风险、控制风险。

3. 稳定与客户的关系，保证正常的生产经营

企业为获得稳定的原材料来源，必须与原材料供应商保持良好的业务关系，可通过购买有关企业的股票，或向有关企业投入一定量的资金，控制或影响其经营活动。

（二）对外投资的分类

1. 按照对外投资的目的及期限划分

对外投资按其目的和期限的长短不同划分为短期投资和长期投资，这是对外投资最基本的分类。

2. 按照投资的性质及形式划分

对外投资按其性质和形式不同，可分为有价证券投资和其他投资。

3. 按照投资的经济内容划分

对外投资按其经济内容的不同可分为货币资金投资、实物投资、无形资产投资。

（三）对外投资政策

1. 确定投资目标

企业根据经营总目标，结合自身的实际情况，确定投资目标、选择投资客体即确定向谁投资、投资于何项目等。

2. 选择投资类型

企业根据投资目标，选择进行短期投资还是长期投资，是有价证券投资还是其他投资，是用现金、实物投资还是用无形资产投资等。

3. 进行可行性研究，选择最佳方案

企业应围绕投资目标，提出各种可行性方案，并对投资方案的收益、风险等进行全面分析、综合评价，从中选择最优方案。

4. 组织投资方案的实施

当投资项目完成或在投资项目执行中，要用科学的方法，对投资业绩进行评价。通过评价，总结经验教训，及时反馈各种信息，为以后的投资决策提供依据，并适当调整原有投资对象，以利于实现投资目标。

二、证券投资管理

证券是指票面记载有一定金额，代表资产所有权或债权，可以有偿转让的凭证。证券投资也是有价证券投资，是指把资金用于购买股票、债券等金融资产的投资。证券投资通过购买金融资产，将资金转移到筹资企业中并投入生产活动，这种投资又叫间接投资。

（一）证券的分类

1. 按性质分类

证券按其性质可分为债权性证券、权益性证券和混合性证券。

2. 按持有时间分类

证券按其持有时间可分为短期证券和长期证券。

（二）企业证券投资的目的

1. 短期证券投资的目的

短期证券投资的目的是为了替代非营利的现金，以便获得一定的收益。

2. 长期证券投资的目的

（1）为了获取投资报酬。

（2）为了获取控制权。

（三）证券投资的风险与报酬

1. 证券投资的风险

进行证券投资，必须承担一定的风险。

证券投资风险可划分为以下四类。

（1）违约风险。

违约风险指证券发行人无法按期还本付息的风险。

（2）利率风险。

股票和债券的价格随市场利率的变化而波动，市场利率上升，证券的价格就会下跌；反之，证券的价格就会上升。

（3）购买力风险。

若出现通货膨胀，货币购买力就会下降。

（4）变现力风险。

证券在短期内是无法按合理价格出售的。

2. 证券投资的报酬

企业证券投资的报酬主要包括两个方面。

（1）证券的利息和股息。

（2）证券买卖的价格收入。

三、债券投资管理

（一）债券投资的特点

债券投资的特点主要如下：

1. 本金的安全性高

债券的利率是固定的，债券本金的偿还和利息的支付有法律保障。债券的发行数量有限，只有高信誉的筹资人才能获准发行债券。

2. 收益稳定

债券可以获得固定的、高于银行存款利率的利息，债券发行人有按时支付利息的义务。

3. 流通性强

债券的流动性仅次于银行存款。当持有者需要资金时，既可以到证券市场上将其卖出，也可以将其作为抵押品而取得一笔抵押贷款。

（二）债券的认购

1. 债券的面值认购

债券的面值认购亦称平价认购，即企业购入债券实际支付的款项等于债券的面值。

2. 债券的溢价认购

债券的溢价认购亦称超价认购，即企业购入债券实际支付的款项高于债券的面值。

3. 债券的折价认购

债券的折价认购亦称低价认购，即企业购入债券实际支付的款项低于债券的面值。

（三）债券投资收益及管理

债券投资收益是指债券到期或卖出时收回的金额与债券购入时的投资额之差。债券投资收益一般由两部分组成：一部分是利息收入，即债券的发行者按债券票面金额的一定比例支付给债券持有者的那部分货币；另一部分是买卖差价，即债券中途买卖时价格往往不一致，当买价低于卖价，卖出者就会获利，相反，卖价低于买价，卖出者就会遭受损失。

债券投资收益率的大小，可以用投资收益率指标表示。债券投资收益率指每期（年）应收利息与投资额的比率。

四、股票投资管理

（一）股票的目的及其特点

企业股票投资的目的是获取股息收入和股票价格差异作为一般证券投资，并通过购买大量股票来控制企业。

股票的主要特点：

（1）持有股票的股东一般有参加股东大会和分配公司盈利的权利。股东权力的大小，取决于股东所掌握的股票数量。

（2）股票变现更容易，持有股票的投资者可以随时出售股票以换取现金。

（3）股票价格由证券收益率与平均利率之间的比较关系决定，也受经济、政治和社会因素的影响。所以，股票价格与票面价值有较大的背离，从而为投机者提供了便利的条件。

（4）购买股票基本上是股东的永久投资，购买后，本金不能退还。股票投资者的收益完全取决于公司的盈利能力，如果公司破产，股东就无法维持本金。

（二）股票投资的优缺点

1. 股票投资的优点

（1）能获得比较高的报酬。

（2）能适当降低购买力风险。

（3）拥有一定的经营控制权。

2. 股票投资的主要缺点

（1）普通股对企业资产和盈利的求偿，居于其他债权人之后。

（2）普通股的价格受众多因素影响，很不稳定。

（3）普通股收入不稳定。

（三）股票投资损益及其管理

股票投资收益是指投资者购买股票后获得的投资收益，主要包括股息收益和股票价格差异收益。股息收入是投资者从股份制企业的税后利润中获得的投资回报；股票买入价格与股票卖出价格之间的差异，也称为资本收益，是指股票价格买卖之间的差额。若买价高于卖价，为资本损失；若卖价高于买价，则为资本收益。股票投资收益率是反映股票投资收益水平的指标，它是股票投资收益（包括股利和资本收益）与股票投资的比率。

转让股票时，价格（不包括已申报但尚未收回和登记的股利）与其账面价值之间的差额，计入投资收益或投资损失。普通股票投资的潜在回报率高于其他投资，但普通股票投资也是风险最大的证券投资，在控制风险的方法中，最常见的方法是分散投资，即选择一些要匹配的证券，建立投资组合，抵消各种证券的回报和风险，使投资组合保持在特定的回报水平，以尽量减少风险，或将风险限制在愿意承担的特定水平，以尽可能最大化回报。

第五节　财报解读

一、财务报表分析的目的

财务报表所列报的信息是进行经济决策的主要依据。阅读和分析财务报表的根本目的是充分利用财务报表披露的信息及其分析结果作为决策依据。由于决策者（财务报表使用者）对财务信息的需求不同，因此其分析的具体目的和重点不同。

（一）企业投资者的分析目的

在市场经济中，企业资本来自借入资金和自有资金。其中，借入资金由债权人提供，自有资金由企业投资者投入。投资可以为投资者带来一定的经济利益，但也给投资者带来一定的风险。一般来说，投资回报水平和风险程度是他们最关心的问题。投资回报体现在两个方面：一是从税后净利润中分配的股利，二是从企业集中增值中获得的资本利得。为了保证投资决策的科学性和合理性，投资者主要关注企业的盈利能力、偿付能力、资产管理效率、现金流状况等信息。除上述信息外，还可以通过财务报表和财务报表的分析，进一步分析和评估实现企业预期收益的过程。为投资决策和绩效考核提供依据，包括企业预期收益的实现程度、经营业绩、财务环境、财务风险等。

（二）债权人的分析目的

债权人是提供资金给企业并得到企业在未来一定期限内按时还本付息的人。他们向企业借出资金的目的是在债务人能如期归还借款的前提下取得一定的利息收入，如果债务人到期不能还本付息，则债权人的利益就会受到损害。因此债权人最关心的是企业的偿债能力、企业资本结构、长短期负债比例以及借出资金的安全性。这些信息都可以通过阅读和分析财务报表来获取。

（三）企业经营管理者的分析目的

对于经营管理者等内部用户，财务报表分析涵盖了最广泛的内容。它不仅涵盖了投资者和债权人的所有分析目的，还评估和考核了企业生产经营计划和财务预算的完成情况，并为企业的可持续发展制定了决策和计划。通过阅读和分析财务报表，企业管理者可以发现经营管理活动中存在的问题，找出问题产生的原因，寻找解决问题的方法和途径，确保有关企业财务管理目标的顺利实现。

（四）政府监管部门的分析目的

具有企业监督职能的主要部门包括工商、税务、财务、审计等。他们进行财务分析，以便定期了解企业的财务状况，判断企业是否依法经营，依法纳税，依法融资，遵守市场秩序，从各个角度规范行为，履行监督职责。因此，在市场经济环境中，为了维持市场竞争的正常秩序，国家将利用财务分析、数据监督来检查企业整个生产过程和操作过程是否符合国家制定的各项经济政策、法规和制度。

（五）企业内部员工的分析目的

员工不仅关注企业目前的经营状况和盈利能力，还关注企业未来的发展前景。他们还需要通过财务分析结果获取信息。此外，员工通过财务分析可以了解企业各部门指标的完成情况、工资与福利变动的原因，以及企业的稳定性和职业保障程度等，从而进行自己的职业规划。

（六）中介机构的分析目的

与企业相关的重要中介机构包括会计师事务所、税务事务所、律师事务所、资产评估公司、各种投资咨询公司和信用评估公司。这些机构站在第三方的立场，为如股票和债券的发行、股份制改革、合资与企业的合并和清算等经济业务提供独立、客观和公平的服务。这些服务需要充分了解和掌握企业的财务状况，所获得的信息主要来自财务分析的结论。

（七）供应商的分析目的

供应商主要是为企业提供产品、原材料、辅助材料的企业和个人。在向企业提供商品或服务后，他们成为企业的债权人，因此他们必须判断企业是否能够支付其商品或服务的价格。从这个角度来看，供应商对企业的短期偿债能力感兴趣，而具有长期稳定合作关系的供应商对企业的长期偿债能力感兴趣。

（八）竞争对手的分析目的

在市场经济中，竞争对手无时无刻不在与企业争夺原材料、供应商、客户、市场份额等，他们会千方百计地获取企业的财务信息和商业秘密，借以判断企业的经营战略、投资方向、优劣势乃至于当前困扰企业的瓶颈问题。因此，竞争对手对企业的财务信息、财务状况的各方面都感兴趣。

二、财务报表分析的内容和原则

财务报表分析是企业财务管理的重要组成部分，它是财务预测、财务决策、财务计划和财务控制的基础。因此，在分析财务报表时，必须了解分析的内容，并遵循一定的依据和原则，使分析结论的质量得到保证。

（一）财务报表分析的内容

财务报表是企业财务状况、经营成果和现金流量的结构表达。企业的交易和事件最终通过财务报表呈报，并通过票据披露。一套完整的财务报表应包括至少四份报表和一份说明，即资产负债表、利润表、现金流量表、所有者权益变动表和附注。

财务报表分析的内容主要是揭示和反映企业的生产经营活动的过程和结果，包括企业融资活动、投资活动、经营活动或金融活动的效率。

因此，财务报表阅读和分析的内容如下：

1. 财务报表分析

财务报表提供了最重要的财务信息，但财务分析并未直接使用报表上的数据计算某些比率指标来得出结论，而是首先尝试阅读财务报表及其说明，阐明数据的含义和准备过程，分析每个项目，掌握报告数据的特征和结构。

从应用角度上讲，财务报表分析可分为以下三个部分。

（1）财务报表的结构分析。

（2）财务报表的趋势分析。

（3）财务报表的质量分析。

2. 财务比率分析

财务比率是基于财务报表的解释和熟悉企业财务报表中披露的基本信息。根据表格中或项目表之间的相互关系，它计算出一系列反映企业财务能力的指标。财务比率分析是财务报表阅读和分析的核心内容，即根据计算指标，结合科学合理的评价标准进行比较分析，以揭示企业的财务问题，客观评价企业的经济活动，预测企业的发展前景。

财务比率分析主要包括以下五个部分。

（1）偿债能力分析。

（2）盈利能力分析。

（3）营运能力分析。

（4）发展能力分析。

（5）财务综合分析。

（二）财务报表分析的原则和依据

进行财务报表分析时，财务报表使用者必须遵循一定的科学程序和原则，以确保财务分析结论的正确性。

1. 财务报表分析的原则

在财务报表分析中，要遵循以下原则。

（1）相关性原则。

（2）可理解性原则。

（3）定量分析和定性分析相结合的原则。

（4）客观性、全面性、联系性、发展性相结合的原则。

2. 财务报表分析的依据

财务报表分析要形成真实可靠的分析结果，就必须有科学依据。按照规定要求编制的财务报告和取得的其他相关资料是进行财务分析的主要依据。相关资料分别来自企业的内部和外部，以内部资料为主。

财务报表分析的依据主要包括以下几个方面。

（1）财务报告。

（2）其他相关资料。

（3）多渠道收集信息。

三、财务报表分析的程序

财务报表分析的质量决定了财务预测的准确性和财务控制的有效性。因此，在进行财务报表分析时，必须遵循一定的程序，确保财务分析的质量和结论的正确性。财务报表分析工作一般应当按照以下程序进行。

（1）确立分析目的，明确分析内容。

（2）收集资料，对资料进行筛选和甄别核实。

（3）确定分析评价标准。

（4）围绕分析目的，采用适当的分析方法，参考判断标准，分析相关数据，得出结论，并提出相关建议。

（5）编制并提交分析报告。

四、财务报表分析的方法

财务分析的基本方法是一种实用的方法，常用于财务分析的评估、预测、开发和协调。一般来说，有两种财务分析方法：一种是找出问题，另一种是找出原因。也就是比较分析法和因素分析法。

（一）比较分析法

比较分析法是将分析对象的数值与标准数值相比较，通过两者之间的差异，找出存在问题的一种方法。比较分析是财务分析中最基本的方法之一，也是财务分析过程的起点。比较分析的形式包括实际和计划指标的比较、实际和历史指标的比较，以及实际和工业指标的比较。

（二）因素分析法

因素分析方法基于比较分析方法，进一步探讨了比较过程中发现差异的原因。这是一种衡量每个相互关联的因素对财务报表中某个项目差异的影响的方法。通过这种方法，我们可以找出每个相关因素对项目的影响程度，有助于区分责任，更有说服力地评估企业经济管理的各个方面。同时，我们可以找出影响企业复杂经济活动的主要因素，从而集中精力解决主要矛盾，解决问题。

第六节 筹资、投资分析

一、筹资分析

（一）企业筹资分析的作用

企业筹资是指从不同筹资渠道筹集和集中资金的活动，以满足生产经营活动的筹资需求。企业筹资是企业经济活动的重要组成部分。在一定程度上，企业筹资的状况决定并影响资金使用的结果和情况。企业的筹资规模决定着企业的经营规模；企业的筹资结构决定着企业的资金运用结构；企业的筹资成本影响着企业的经营效益等。因此，做好企业筹资分析，确保企业生产经营顺利运行，降低筹资成本和筹资风险，提高企业经济效益，具有十分重要的意义。

（二）企业筹资渠道与方式

1. 企业筹资渠道

（1）国家资金。

国家资金是指国家通过财政拨款等方式向企业提供的资金，包括国家对一些新建大型、重点项目或企业的投资；财政贴息；国家及有关部门认购股份制企业股票等。

（2）专业银行信贷资金。

专业银行信贷资金指企业从各专业银行取得的各种信贷资金。它们是企业筹资的重要渠道之一。

（3）非银行金融机构资金。

非银行金融机构主要指信托投资公司、租赁公司、保险公司及信用社等。非金融机构资金是指从上述机构取得的信贷资金。

（4）其他企业单位资金。

其他企业单位资金指企业从国内其他企业单位（除银行及金融机构外）取得的资金。取得方式有入股联营、债券及商业信用等。随着现代企业制度的建立，这种筹资方式将会有较大发展。

（5）企业留存收益。

企业留存收益指企业从税后利润中提取的公积金和未分配利润等。

（6）民间资金。

民间资金指从城乡居民手中筹集的资金，如企业可通过发行股票、债券等方式吸收民间资金。

（7）境外资金。

境外资金指从国外及我国港、澳、台地区的银行等金融机构、企业等经济组织及个人手中筹集的资金。

2. 企业筹资方式

（1）股票。

股票是股份公司为筹集股本而发行的有价证券，是股东拥有公司股份的入股证明。股票按股东权利的不同，可分为普通股和优先股。

（2）债券。

债券是企业为获取长期债务而发行的有价证券，持有人拥有发行单位债权的证明。

（3）银行借款。

银行借款是指企业从银行和其他金融机构获得的各种短期和长期贷款，包括基本建设贷款、流动性贷款等。

（4）租赁。

租赁是指出租人在一定时间内向承租人提供某一项目以供使用，承租人根据合同分期向租赁人支付一定的租金。租赁根据其性质分为两类：经营租赁和融资租赁。

（5）补偿贸易。

补偿贸易是一种贸易方式，指外国企业首先向国内企业提供机械设备、技术专利等的贸易模式。项目投产后，国内企业按照项目生产的产品或双方约定的其他产品分阶段付清价款。

（6）合资经营。

合资经营包括国内联营和中外合资经营等。

（7）商业信用。

商业信用指在商品交易中，买卖双方采取延期付款或预收货款方式购销商品所形成的借贷关系。

（8）应计费用。

应计费用是指企业已经发生但未支付的各种费用和资金，如应付税款、应付利润、应付工资、预付费等。

（三）企业筹资分析要求

1. 筹资合理性

企业筹资合理性包括筹资数量合理性、筹资结构合理性、筹资时间合理性。

（1）筹资数量合理性。

筹资数量合理性是要求企业筹资数量应以满足企业最低生产经营为标准。筹资过多会造成浪费；筹资不足则会影响生产经营顺利进行。

（2）筹资结构合理性。

筹资结构合理性意味着筹集资金不仅适合数量上的生产发展，而且适合各种基金结构的生产需要，包括固定资金和流动资金结构、长期资金结构和短期资金结构等。

（3）筹资时间合理性。

筹资时间合理性是指筹资时间与需要时间相衔接，资金过早或过晚进入企业都会影响企业生产经营。

2. 筹资合法性

筹资合法性包括筹资方式合法性、筹资用途合法性和还本资金合法性等。

（1）筹资方式合法性。

筹资方式合法性是指企业各项筹资都必须符合党和国家的各项政策法规，如企业发行债券和股票必须经有关部门批准，临时吸收资金必须符合结算制度规定，不能长期拖欠等。

（2）筹资用途合法性。

筹资用途合法性是指不同的筹资项目有着不同的用途，企业不能随意改变筹资用途，如企业不能将筹集的经营资金用于建设住宅等。

（3）还本资金合法性。

还本资金合法性是指还本资金的来源必须符合国家制度规定，不能将应由税后留利还贷部分改为税前还贷，或列入成本。

3. 筹资效益性

筹资效益性是指企业应以尽可能低的资金成本，取得尽可能高的资金效益。

4. 筹资风险性

筹资风险性是指企业由于筹措资金给财务成果带来的不确定性。

（四）企业筹资分析内容

为充分发挥企业筹资分析的作用，满足筹资分析的要求，企业筹资分析应包括以下三项内容：

1. 企业筹资成本分析

企业筹资成本由于筹资方式不同而有所区别，进行筹资成本分析，就是要在明确各筹资成本计算方法的基础上，分析各筹资成本及综合资金成本升降的原因，研究企业如何能以较低的资金成本取得生产经营所需资金。

2. 企业筹资结构分析

企业筹资结构从不同角度划分为不同的结构。企业筹资结构分析主要基于资产负债表信息，研究债务结构和所有者权益结构，短期债务和长期债务结构，债务内部结构和所有者权益内部结构，分析债务内部结构和所有者权益的变化，判断企业融资的合理性和安全性。

3. 企业筹资风险分析

企业筹资风险是由操作风险和财务风险的共同作用引起的。在操作风险存在的情况下，当企业使用债务融资时，金融风险将不可避免地出现。企业筹资风险主要是通过分析财务杠杆，研究企业风险与收益的关系，促进财务杠杆的正确运用，提高企业的盈利能力。

二、投资分析

（一）企业投资分析的意义

从经济角度来看，投资是一种与批发和消费相对应的概念。它指的是将收入转化为资产以便在一定时期内在未来产生收入的过程。也可以说，投资是指放弃当前消费而为使未来得到更多产出或收益的过程。从个人的角度来看，投资可以分为生产资料投资和纯粹的金融投资，两者都为投资者提供了货币回报。但是，作为一个整体，纯粹的金融投资只是所有权的转移，并不构成产能的增加。

在现代企业制度下，作为独立的法人企业，投资问题成为企业经营发展中的重要问题。企业生产经营各环节对内对外等各方面都存在投资问题。

投资分析实际上是对各种投资项目可行性的分析。在一定的技术条件下，投资可行性分析的关键是经济可靠性。因此，投资分析通常被视为投资项目效益分析的总称。投资分析可分为三类：项目财务分析、项目经济分析和项目社会分析。项目财务分析是从企业的角度分析投资项目；项目经济分析是从国民经济的角度分析投资效益；项目社会分析是从社会公平的角度分析投资收益。事实上，企业投资分析是企业投资项目的财务分析。

由于企业的投资种类或投资项目不同，其所含的内容和特点不同、投资决策中要考虑的因素不同，以及各投资的效益不同等，因此，开展企业投资分析是非常必要的。这对于确定和选择合理的投资项目，获得更大的投资回报，保证企业的快速健康发展具有非常重要的意义和作用。

（二）企业投资分析的内容

企业投资分析的内容是十分丰富的，从投资的不同角度看可得出不同的投资分析内容。站在企业经营者的立场上，可以从对外投资和对内投资两方面进行分析。

1. 对外投资分析

对外投资分析主要包括有价证券投资分析和非有价证券投资分析两方面。有价证券投资分析主要包括债券投资分析和股票投资分析。非有价证券投资分析指对企业将货币资金、实物或无形资产投资于其他企业进行联营等所进行的分析。应当指出，随着现代企业制度的建立与完善，企业有价证券投资将成为对外投资的主要形式，因此，有价证券投资分析是企业对外投资分析的重点。

2. 对内投资分析

对内投资分析即对企业自身生产经营方面的投资进行分析，包含的内容比较广泛，如基本建设投资、更新改造投资、追加流动资产投资等，但最关键的是固定资产投资。因为固定资产投资规模大、时间长，另外它决定并影响着生产过程中的其他投资，如存货等资产的规模直接受固定资产投资规模的影响，所以，我们将着重对固定资产投资进行分析，包括确定性投资决策分析、风险性投资决策分析和投资方案的敏感性分析。

第七节 营运资本管理与商业模式

一、营运资本管理

（一）营运资本

营运资本（Working Capital）是企业进行日常运营的必要资金。一般而言，营运资本包括现金和所有流动资产，如现金和现金证券、应收账款和存货，也称为总营运资本。简而言之，营运资本是流动资产减去流动负债或净营运资本的余额。

通常，会计人员关注的是净营运资本，并用它来衡量公司避免发生流动性问题的程度。而公司管理层关注的则是总营运资本，因为在任何时候保持适当数量的流动资产始终都是至关重要的。因此，我们采用总营运资本的概念。营运资本的管理不仅包括流动资产的管理，还包括流动负债的管理，使营运资本可以维持在必要的水平，以满足企业运营的需要。

（二）营运资本管理的重要性

1. 流动资产在企业总资产中占有较大的比重

通常，大多数企业的流动资产占其总资产的一半左右，销售企业则更高。较高的流动资产水平容易使企业获得的投资回报率较低；而流动资产过少，又会因流动资产短缺导致企业经营困难。

2. 企业外部融资的基本方式是流动负债

流动负债是小企业主要的外部融资来源，这是因为这类企业资信水平较低，除了以不动产（如建筑物）获得抵押贷款之外，就很难在长期资本市场上进行融资。即使是大公司，也会由于增长过快而利用流动负债进行融资。因此，财务管理人员日常要花费大量的时间进行现金、有价证券、应收账款、应付账款、各类应计费用以及其他短期融资的管理。

3. 企业的风险与收益受到营运资本管理决策的影响

良好的营运资本管理决策不仅应保持对流动资产的最佳投资水平，还应将短期融资与长期融资相结合，以维持这一流动性水平。理想的营运资本管理决策追求较低水平的流动资产和较高水平的流动负债，以提高公司的盈利能力。短期负债直接成本较低，其在总负债中比例越大，公司的获利能力越强，然而，这种获利能力的提高是以增加公司风险为代价的。因此，公司金融管理必须权衡流动资产水平与融资风险及获利能力之间的相互关系。

（三）营运资本管理的要点

现金周转期不是一成不变的，在很大程度上取决于公司管理的控制。营运资本是需要进行管理的，对营运资本的各项管理措施会影响现金周转期的长短。例如，应收账款周转期的长短根据公司与客户之间签订的赊销信用条款决定，可以通过更改条款而改变绑缚在应收账款上的金额。同样，公司也可以减少在原材料库存上的投资，从而加速存货周转。

对营运资本投资的数量不能是随意的，要进行科学的管理。因为营运资本的投资既有成本又有利益，管理的核心是要权衡成本和利益，从而确定合理的营运资本数量。营运资金过多，偿债能力强，但资金的获利能力低；营运资金少，资金的获利能力上升，但偿债能力下降。所以，维持恰当的营运资金水平需要权衡营运资金的获利能力与到期时债务无力偿付的成本之间的关系。

二、商业模式

（一）概述

1. 价值主张是商业模式的核心

它阐述了公司为何种目标市场提供了什么样的利益，以及公司通过何种特定的能力来提供价值。因此，商业模式的本质是公司如何运作自身并产生收益。它是公司关于其与客户进行交易的商品和服务的陈述，以支付交换为结果。

2. 商业模式是当今战略管理中最被低估和未发展完全的部分

诸如戴尔、沃尔玛、谷歌和苹果这样的公司，显示了商业模式这个具有巨大的实际价值的概念。商业模式是相对新的现象，它和公司层面与业务层面的战略规划途径都相关，是一个关于过程的抽象概念。

3. 商业模式的实施需要把商业转化成有形的因素

商业模式演化并发展成通用的战略、可用的资源和所施加的策略之间的概念上的联结。一个完整的商业模式提供了价值主张，为动态能力和资源的结合建立了进入壁垒，并且联合内部的成本结构和外部的收入来源，从而产生可持续的收益。它由关于通用战略、资源和战术的因素的互动、发展和微调构成。

（二）公司战略、资源与策略

1. 公司战略

公司层面的战略为商业模式能否真正利用市场机会提供了背后的原因。公司战略方向使得商业模式保持不断向前，并从整体的角度为所需要的调整提出了反馈。

2.资源与策略

资源是一家公司可以获得的有形资产和无形资产的集合。每一家公司都会综合其资源和策略，创造独特的能力来发展自身的竞争力，从而支持公司的商业模式并实现公司的目标。对于一个经济上可行的商业模式，资源和策略将会根据其各自的贡献来进行不间断的评估。

（三）商业模式战略、策略与资源

策略使公司能够有效地配置或改装资源的使用，从而顺利地实施公司的战略，并能同时实现公司的竞争优势。一家公司的能力是由其策略形成的。策略合并和调整资源，创造出可以转化为独特过程的动态能力。策略是核心竞争力的源头，它能支持公司的商业模式并使其最终生效。

1.良性循环

战略、策略和资源之间的互动被定义为良性循环。良性循环是指一个复杂的行为链，它能通过自身的正反馈循环来加强自己。良性循环的结果是有利的，其本质是动态的。公司战略、策略和资源之间的良性循环将会为公司提供合适的商业模式。商业模式的核心组成模块是价值主张、收益模式、成本结构和目标市场。良性循环之间的互动通过对公司的战略、策略和资源的最有效配置，产生这些模块，从而最终实现公司目标。

2.价值主张

价值主张把效益、特征、产品体验、风险和客户的需求联系在一起。效益是公司产品或服务的价值主张的本质，公司通过产品特征来确认产品的效益，产品的效益也是源于产品或服务的特征。它们通过解决问题，达到预期效果，或通过购买实现用途，从而满足客户的需求。产品特征包括产品的用途、产品的工作原理、配送方式、开发途径、产品的价格，以及产品与其他产品和服务之间的比较。

3.风险

由于客户对风险的害怕，愿望和需求的动机就会被减轻。客户的害怕体现在犯错、遗漏、花费过多或过少、转换产品或服务。风险因素会影响到客户潜在的购买欲望，因此也应当被考虑为价值主张的一部分。

（四）商业模式创新

改变现有商业模式或开发新的商业模式的过程被称为商业模式创新。当公司目前的商业模式在产生收入流中失去效力，或无法满足当前市场的需求或愿望时，公司便认识到了商业模式的重要性。当公司将新的产品或服务投放市场，需要改善或扰乱现有市场，或寻求建立一个新的市场时，公司也需要改变现有的商业模式。公司在发展或调整商业模式时，由于战略计划和组织结构并没有为这一过程做好准备，公司将会面临不少挑战。这一过程是十分耗时的，公司必须做到小心谨慎，防止在缺少必要的目标市场调研和反馈的情况下就采取解决方案。公司应该探索和开发一系列的商业模式选项，从而根据战略目标确定最有效和最高效的商业模式。

公司运营的环境会影响商业模式的设计和表现。公司的外部环境可以被看作一个具有创造力的空间，其影响了商业模式的建立和接受。有许多影响加强或限制了这个过程，商业模式的改善受到新客户的需求、新技术和创新的影响。监管趋势、主垄断竞争和法律则限制了商业模式。公司的行为越来越多地受到了日益复杂和动态的市场的影响，理解这些变化并根据外部因素和事件采取商业模式是十分有必要的。对环境清晰的认识能使公司评估不同的机会，开发相应的商业模式，并对未来商业模式的设想提供灵感，对当前商业模式提出创新。

第八节 资本系族

中国资本系族数量较多，如"德隆系""银泰系""中广系""飞天系""农凯系""朝华系""青鸟系""鸿仪系""斯威特系""格林柯尔系""凯地系""成功系""托普系""明伦系""精工系""飞尚系""升汇系""金鹰系""明天系""新湖系"等。

中国资本系族的造系路线：产业与资本。虽然已经出现并且仍然存在的"资本系"数量比较多，但所涉及的产业和资本部门的内部结构也大不相同，从更高层次来看，资本系的"造系路线"实际上围绕"产业"和"资本"之间的关系，并且大概形成了三条主要路径。

第一条路径是以工业自然扩张为主，以工业经营为主，形成产业集群的"资本体系"，主要以"普天系""上实系"和"华润系"为代表。资本只是一个顶级联系，为行业服务。

第二条路径是与金融投资形成产业联系，以资本运营为主要产业，这是典型的"华源系"和"格林柯尔系"。

第三条路径基于第二条路径，随着二级市场的炒作，产业只为资本运作服务。这种资本系的荣誉与股票指数高度相关，其中"德隆系"是典型的代表。不难看出，在产业与资本的关系选择上，决定了一个"资本系"终将走向何方。

在当前新兴产业并购重组浪潮下，新型资本系族经营模式包括改造传统产业、拓展新产业、加快上游和下游产业链融合等积极因素，但仍有很大的风险。一些公司实施了大规模的跨境并购热点行业，并购目标存在一个巨大的估值泡沫。未来的盈利前景是不确定的，或者很难达到盈利预期。纯粹的概念投机很难支撑更高的股价。一旦股价暴跌，它可能对资本链产生影响。一些公司在实施并购后存在整合问题。企业文化、制度和经营的整合存在风险。企业核心人才流失、企业空洞化等问题时有发生。快速的并购也可能导致负面影响。资本系族太广泛、战线太长，一旦后续并购重组难以达到预期，容易造成资本链断裂的问题。

第七章 财务管理的实践

第一节 模具企业的财务管理

从模具企业发展的角度来看财务管理主要体现在哪些方面？该管理主要体现在对企业资金的有效利用、对企业资金未来的规划，还有对企业成本的有效控制等方面。同时该管理建立的意义在于可以提高模具企业的社会地位。

一、模具行业的现状

从国家各类行业的发展角度来看，模具行业发展的状况不是很明朗。因为随着社会科技的不断进步，传统的手工制造已经无法满足现在社会的需要，同时它也已经不符合国家的发展趋势了。

（一）模具行业的总体概况

从世界发展的进程来看，国外的模具行业发展效益比我国的发展效益好。其原因主要在于我国传统的模具行业没有跟上国家创新思想的发展脚步，还有一个原因在于他们本身没有意识到自己存在的问题。在这些原因的基础上，造成了我国模具行业没有取得发展先机的现象。因此在未来的发展过程中，我国模具行业需要做到以下几点才能得到发展：其一在于对自身实际情况的认识。只有充分了解自己的不足，才能准确地制定相应的解决措施，从而提高自身的生产效率。其二在于对传统制造思想的更新。因为社会是不断变化的，人们的思想不能是一成不变的，它需要根据国家的相关政策以及社会的变化而改变。综上所述，模具行业只有做到以上几点才能在激烈的竞争环境中取得一席之地。

随着我国经济的不断发展与进步，模具行业的发展重心已经转移到了我国南部沿海地区。在该地区模具行业的发展过程中，一定会存在激烈的竞争关系。企业要想在这样的竞争环境中脱颖而出，那么就需要具有改革创新的意识。同时该意识要实际落实到模具行业的发展过程中，不能光说不练。

（二）模具的定义及特点

定义：模具是工业生产上用以注塑（射）、吹塑、挤出、压铸或锻压成型、冶炼、冲压等方法得到所需产品的各种模子和工具，即模具是用来制造成形（型）物品的工具，这种工具由各种零件构成，不同的模具是由不同的零件构成的。它主要通过所成型材料物理状态的改变来实现物品外形的加工。模具素有"工业之母"的称号。

在外力作用下使坯料成为有特定形状和尺寸的制件工具。广泛用于冲裁、模锻、冷镦、挤压、粉末冶金件压制、压力铸造，以及工程塑料、橡胶、陶瓷等制品的压塑或注射成型加工中。模具具有特定的轮廓或内腔形状，应用具有刃口的轮廓形状可以使坯料按轮廓线形状发生分离（冲裁）。应用内腔形状可使坯料获得相应的立体形状。模具一般包括动模和定模（或凸模和凹模）两个部分，二者可分可合。分开时取出制件或塑件，合拢时使坯料注入模具型腔成型。模具是精密工具，形状复杂，承受坯料的胀力，对结构强度、刚度、表面硬度、表面粗糙度和加工精度都有较高要求，模具生产的发展水平是机械制造水平的重要标志之一。

特点：①单件生产，制造成本高。模具不能像其他机械那样可作为基本定型的商品随时都可以在机电市场上买到，因为每副模具都是针对特定的制件或塑件的规格而生产的，由于制件或塑件的形状、尺寸各异，差距甚大，其模具结构也大相径庭，所以模具制造不可能形成批量生产，重复加工的可能性很小。②单件制造加工时间长，工序多。但客户对时间的要求要快，因为模具是为产品中的制件或塑件而定制的，作为产品，除了质量、价格因素外，很重要的一点就是需要尽快投放市场。③技术性要强。模具的加工工程集中了机械制造中先进技术的部分精华与钳工技术的手工技巧，因此，要求模具工人具有较高的文化技术水平，以适应多工种的要求。

（三）企业管理落后于技术的进步

企业如果想要在如今的环境中生存和发展，那么就必须具有最先进的管理意识。该管理意识的建立在于要善于利用科学技术的积极作用。科学技术对于企业的发展来说是一把双刃剑。因此，这就需要企业擦亮双眼根据自身的情况选择适合自己的发展资源，从而提高企业的现代化转型发展。综上所述，在如今的发展中转型发展已经是必然的趋势。

数字化信息化水平还较低。国内多数模具企业数字化信息化大都停留在 CAD/CAM 的应用上，CAE、CAPP 尚未普及，许多企业数据库尚未建立或正在建立；企业标准化生产水平和软件应用水平较低，软件应用的开发跟不上生产需要。

模具标准件生产供应滞后于模具生产的发展。模具行业现有的国家标准和行业标准中有不少已经落后于生产（有些模具种类至今无国标，不少标准多年未修订）；生产过程的标准化还刚起步不久；大多数企业缺少企业标准；标准件品种规格少，应用水平低，高品质标准件还主要依靠进口，为高端汽车冲压模具配套的铸件质量问题也不少，这些都影响和制约着模具企业的发展和质量的提高。

综上所述，提升模具企业的管理及财务管理是各模具企业提升竞争力的重要因素。

二、模具企业的财务管理目标

从模具企业发展的角度来看，模具企业如果想要得到未来的发展就需要建立完整的财务管理目标。无论在哪个行业财务管理目标都是进行日常经济活动的基础。如果一个企业没有完整的财务目标，那么它也不会具有完整的发展体系，更不会在如今的发展过程中取得崇高的发展地位。这也从侧面反映出了企业如果想要做好做强，那么就需要具有最先进、最完整的财务管理目标。综上所述，模具企业如果想要提高自身的社会地位就需要根据自身的实际发展情况建立符合国家创新要求的财务管理目标。那么该目标主要体现在哪些方面呢？

（一）企业利润目标最优化

（1）提高效能，降低成本。

（2）提高财务信息化程度，提高接单报价的准确性。

模具产品往往是单件产品报价制，通过单件产品的报价，在源头上把控收入的毛利。

（3）提高单个项目的管理，精确项目核算。

模具产品从接单到设计、加工、预验收、试制、终验收，周期长，跟进的难度大，如果中间再有改模等，项目的周期就更长，故项目管理得好可直接提高公司的利润。

（二）公司股东回报最优化

（1）股东回报最优化产生的核心条件是良好的财务发展环境。该环境可以为股东提供更多的收益。

（2）适当增加财务杠杆，灵活使用各项债务资金。

（三）公司价值最大化

增加社会责任，提高研发经费，制造出更多符合社会进步需要的产品，保障企业长远经营，公司实现价值最大化。前述两个目标最终需要服从公司价值最大化的目标。

模具企业目前状况是小而多的，大家都在较低层次的竞争，故需要配合业务的发展战略来制定具体的不同阶段的财务管理目标。首先是生存，接下来是发展，再通过资本市场的放大效应进行并购重组，完成产业的整合及发展，最后达到公司价值最大化。

三、模具企业的预算管理

全面预算管理是企业全面发展、增强企业综合实力的保障，也是企业发展和投资方向的总体引导，目前模具制造企业在全面预算上主要存在以下几个问题：首先，预算管理的意识不够全面，由于预算管理的片面性，导致参与预算的部门不能有效地进行预测结果的编制，容易出现部门指标与预算指标不统一的现象，企业管理者无法进行准确的财务分析，不利于实现企业资金的合理分配。其次，在预算编制的制定上，很多企业忽视了当前企业的发展状况，不能有效地分析自身的短板和长处，导致在实现预算目标的过程中不能有效地进行财务控制，使预算管理脱离实际。在制造企业财务管理中，还存在预算机制不明确的现象，不能有效地执行，预算机制的可行性差，过于追求财务指标，忽视了预算的可行性，在实际生产过程中不能根据企业的发展状况进行随时调节，以及偏差的修正。

模具企业预算需结合行业特点及企业自身的情况进行编制，具体有效的预算方法主要分为以下几个步骤：

（1）业务预算：财务部门统一制定相关的表格，可通过 IT 信息系统或表格化，交由业务部门填制，核心的要素是分月、分客户、分订单编制客户的预算，包括金额、订单的加工时间及完成交付的时间，并且做到跟上年度的结合，主要是订单实现销售等计划。

（2）生产预算：根据业务预算，财务部门统一制定相关的表格，交由生产制订部门根据业务订单计划，编制生产计划，生产计划表核心要素是分月、分订单、分工艺流程进行生产计划预算，模具是单件非标准化生产，故需要按订单分单个模，并把单个模作为项目进行归集。

（3）采购预算：财务部门统一制定相关的表格，交采购部门根据生产计划预算制度采购预算，主要分材料品种及供应商、采购数量及采购金额等内容。

（4）各项费用预算：财务部门统一制定相关的表格，分别交由各部门进行制造费用及管理费用和销售费用的预算，制造费用能直接计入订单或项目的尽量计入项目中进行归集。

（5）各项投资的预算：根据销售及生产计划，公司需要增加的各项资产投资或其他厂房等投资预算，分月投资计划及付款计划等内容。

（6）资金的预算：主要根据销售预算及销售政策，预算现金的收入，再根据生产预算及采购预算和采购政策，做出每次的现金收支情况，再加入需要融入及还款的金额，从而也完成财务费用预算。

（7）财务部门或各级独立子公司完成汇总编制，形成公司的年度预算，并向公司进行汇报，如不能达到公司目的，需由上到下进行二次调整，再由下到上进行再一次申报汇总，根据企业的实际情况可能需要进行多次来回。

预算的核心是指导公司业务的开展，提早做好资金规划，确保年度经营目标的完成。

预算的过程跟进，每月结算后需要按每个模具项目同原来的预算进行核对，确保公司经营在预算范围内，并及时修订预算中不合理或预算条件已变化的情况。

预算的考核，通过预算考核可以落实到具体的负责人。

四、模具企业的资金管理

模具行业是单件、非标准化的生产，其生产周期相对于其他产品，加工周期长，最终验收时间也长，加工设备价值高，属于资金密集型及技术密集型，这也就决定了其在生产经营过程中需要更多的现金来作为强有力的保障，故多数模具企业需要通过更多的融资渠道来获取资金。然而，就目前金融市场的发展情形来看，制造业企业可融资的渠道越来越少。因此，许多制造业企业目前依靠债务筹资或者银行贷款的方式进行生产经营活动。综合来看，资金的管理就显得尤为重要，管理好公司的收入及支出是管理资金的重点，可从以下四个方面进行管控。

（一）应收款项的管控，保障公司的资金流入及时可控

（1）建立相关的管理组织，确保每一单款项均能落实到人，从而承担组织保障。

（2）建立完整的客户档案，对客户进行信用评级并进行授信，客户信用等级及信用额度可以通过制定《客户信用管理制度》进行明确相关的规则。

（3）通过授信政策，对销售的过程进行管理，核心合同签订前参与到客户的信用政策中（简单来说是回款的政策）。

（4）对账：每月财务人员需要对所有的客户进行一次往来账核对，以确保数据准确，同时也起到了催收的作用。

（5）对于即将逾期的款项应提前跟催，以避免产生逾期；对于已逾期的应注明逾期原因及预计回款时间，若因客户原因产生的逾期款，应根据其逾期天数及逾期金额制订相应的催款计划，采取不同的催收政策进行催收，同时按逾期的严重性来制定相关的催收政策。

（6）对相关的人员建立相应的奖罚机制，确保员工回款的主动性。

（二）存货的管控

（1）制订完整的生产计划，合理安排用料。

（2）与供应商建立核心供应商关系，做好供货周期的管理，降低备货量。

（3）加强在制品的管控，确保在制品或制件能及时输出。

（4）定期盘点并及时清理不良或呆滞存货。

（5）对供应商的采购支付政策，通过同销售回款做到协同，确保收付相对平衡。

（三）现款（含银行存款）的管控

（1）与主要的开户银行签订现金管理协议，统一管控各银行及各地的账号，所有款项集中归集，使现金得到充分有效的使用。

（2）跟上社会科技的进步，所有的结算均采用网上银行或电票，减少或不用现金及纸票的进行收支，安全又提高资金的流通效率。

（3）建立银行及现金日报表制度，每天跟进库存资金的情况。

（4）争取做到零现金管理，主要是充分利用各金融机构的授信政策，争取做到法人透支的授信模式，平时账上余额为零，实际可以透支，类似信用卡，通过这个模式，可以将库存资金降到最低，再通过现金管理系统还可以做到各下属机构也能透支，财务部门需要建立相应的透支额度标准。

（四）融资的管理

企业发展到一定的规模的标志是企业融资。该融资的产生有利于加强企业之间的联系，有利于企业之间进行发展经验的交流。同时模具行业由于它自身特点的原因需要具备完整的融资体系。

（1）权益资本不能低于 35% 左右，也就是控制公司总体的负债率在 65% 以下，继而确保公司债务融资符合大多数商业银行对制造业的债务率的要求。

（2）两家以上的战略合作银行，3 ~ 4 家的普通合作银行提供日常债务融资，同时建立 1 ~ 2 家的融资租赁的合作，确保一些重大设备可采用一些中长期的融资。

（3）与投行或金融机构合作，不定期发行一些中长期的债券，从而确保一些中长期的固定债务融资。

（4）根据业务发展规划，做好各项融资计划，使长、中、短计划结合。

（5）与社会上各类金融机构保持良好的合作关系，及时获取金融市场的信息。

（五）模具企业的成本管理

模具企业的成本管理可以看成项目的成本管理，因为模具行业的特点是单个项目进行生产，每个产品都不一样，是非标准化的产品。

（1）首先做好模具接单的报价，通过 IT 系统，固化报标的各项工艺及材料标准，形成报价机制的及时性和准确性，并及时修订有关的标准。

（2）起用项目管理系统（IT 化），保障项目能够独立核算，精确计算每个项目的实际成本，并与报价预算进行对比跟进，确保生产过程中的各个流程在预算内，如有变化，及时进行分析，必要时返回修改预算标准。

（3）项目完成后，完成每个项目结算，独立计算项目的收益情况，确保每个项目在公司的可控范围内。

模具企业的财务管理，主要是根据行业的特点，重点做好资金的周转管控，提高融资能力，降低融资成本，管好项目成本，再结合资本的运作，做好产业的并购，完成公司的快速整合及业务的发展。

第二节　事业单位财务管理

财务管理属于事业单位内部管理的重要板块，有效的财务管理可以规避财务风险，给事业单位的顺利发展奠定基础。但是，当前事业单位在财务管理环节显露出一些不足，需要我们及时采取相应的措施将其解决。

一、事业单位财务管理的作用

（一）有效协调单位各部门之间的工作

事业单位的内部各个部门间紧密联系，而财务部门在每个部门中都有着决定性作用。因此，事业单位唯有强化内部财务管理，才能有效协调每个部门之间的工作，提高事业单位的工作效率。

（二）保障单位的资产安全

事业单位获得发展资金的途径是财政拨款，因此，内部财务管理工作做好了，可以使单位的管理行为更加规范，促进单位各个部门工作的顺利开展，保障单位资产的安全，及时规避财务风险，有效遏制贪腐行为，从而使资金发挥最大的作用。

（三）提高会计信息的准确性

制定完备规范的会计工作系统并将其高质量地施行，明确分工，发挥各个岗位之间的相互制约和监督功能，呈现准确可靠的会计信息，是事业单位内部会计控制的重要组成部分，事业单位一旦忽略了内部会计控制，缺乏科学合理的内部会计控制制度，会计信息在传播过程中就容易与实际不符，造成会计信息缺乏准确性。此外，如果单位欠缺对内部会计控制制度的实行力度，就会阻碍有关规章制度发挥整体效能，并且很难获取准确的会计资讯。因此，唯有强化内部财务管理，才能提供可靠准确的会计信息，为单位做出准确的决策做准备。

（四）促进事业单位的健康发展

事业单位不以获取大额利润为目的，在财产的预算、使用以及审核层面是通过财务部门的计划控制来完成的。科学完备的财务管理体系可以促进事业单位对资金的充分使用和配置，使资金被更为科学地分配，确保我国事业单位多项工作有序开展。

二、事业单位财务管理存在的问题

（一）领导对财务管理体制的重视度不高

如今，很多事业单位领导层的财务管理知识水平有限，对建立系统规范的财务管理体制的重视程度不高。还有些事业单位领导者强调财务管理就是财务的收支或者部门预算控制，认为已经设置部门预算就不用再建立会计内控系统，事业单位会计部门的首要工作就是做好有关的付款工作和账簿记录工作，单位资金是由财政统一划拨的，无须财务人员做其他工作。

（二）内部控制制度不完善

有些事业单位内部管理体制不完备，甚至没有设置专业的财务管理部门。与此同时，财务人员与会计人员职务分配欠缺合理性，出现一人负责很多岗位、岗位交错、岗位责任不清等问题，造成财务管理工作效率偏低，更有甚者会存在投机取巧、营私舞弊等违法违规行为。

（三）财务管理手段不够先进

如今，仍然有事业单位在实行财务管理环节遵循着以往落后的会计处理方法，这不但限制了内部会计控制效果，降低了控制效率，而且给会计信息的实时共享带来了阻碍，导致内部会计控制的整体效能无法正常发挥。另外，即便有些事业单位顺应时代发展，增加了会计信息软件，但在选择和开发软件功能时仍存在很多不足，加之财务人员业务能力不是很强，很难显现信息软件的功能优点，从而给财务管理的管控信息化造成影响。

（四）欠缺完备的监督评价机制

如今，仍然有些事业单位没有建立对于内部财务管控的监督考评机构，虽然有的事业单位设立了这个机构，但机构的整体效能有待加强。事业单位内部会计控制监督考评大体包含两方面的内容：一是以财政部门为首的外部监督。二是以内部审计机构为首的内部监督。在外部监督中，财政部门的职责是监督财政资金使用的合法性、单位经济行为的规范性等。但是，在现实中各个部门单独完成任务，忽略了相互之间的合作，没有整体核查被监督单位的内部会计控制制度是不是完备、是不是高效实行。

内部审计部门片面地注重会计资讯的准确性，缺乏对内部会计控制制度实效性的关注，给单位的会计事务与经济活动的监督效率造成了不良的影响。

三、对事业单位财务管理的建议

（一）领导层加强对财务管理的重视

事业单位的领导层要改变原来的思想，抛弃以往对单位财务管理的浅显认知，更深层次地领悟科学的财务管理体制对于提高事业单位工作效率、推动事业单位快速发展的重要意义，积极地落实财务管理体制的构建工作。

（二）构建岗位、职位分离制度

针对不能相容的事务，应当指定不同的人员去处理，以降低假账、坏账出现的概率。与此同时，这种做法还可以使员工在工作中互相制约，防止出现弄虚作假的情况。在财务工作中，要特别注意负责记录和审核的人员同付款人员岗位分离，这三者之间不能存在利益关系。

针对预算内财务工作的日常开支，必须经过各有关部门的签字确认后才可以进行实行，业务结束之后，要带着有关凭据，经部门负责人审核后才可向财务部门申请报账。原始凭证的审查要谨慎并妥善保存，会计人员在登记之前也要查验凭证，确认账目准确真实后才能记录明细账与总账。

（三）提高会计人员的专业素养

首先，对事业单位会计工作人员进行必需的思想政治教育，保证全体会计工作人员都具有较高的思想领悟和职业道德素养，严格依照规章制度办事；其次，只要存在与道德标准、规章制度相违背的行为，就要给予必要的惩罚，以此在会计工作人员中形成较强的震慑力，督促其提供真实准确的会计信息；最后，建立完备的激励体制，对于业绩优秀的会计工作人员，要给予其适当的物质奖励或精神奖励，调动其积极性，激发其工作热情，使其从头到尾能够依照会计规章制度及时完成领导分配的工作任务，为内部会计控制的无障碍实行奠定坚实的基础。

（四）优化事业单位的会计管理制度

从严实行会计制度，提高会计核算质量。强化对各种会计凭据的科学化、正规化管理，保障会计凭据填制清晰、准确、正式；强化对各种单据的管理，仔细审查各种外部单据的可靠性、规范性；改进单据流转程序，实现开票、复查、审核收付款每个岗位的适当分隔，增强会计处理程序的规范性，提高会计核算质量。

（五）构建并完善监督评价体系

事业单位唯有构建并完善内部财务管控监督评价体系，才有可能推动内部财务管控制度顺利实行。在外部监督中，财政部门以及政府审计部门要尽量展示自身的权威性，时常监督审查单位内部会计控制制度的实行情况，还要向专门的机构咨询有关内部会计控制制度的建立与实行的宝贵建议，避免内部财务管控制度太过形式化。在内部监督中，事业单位要秉持正确的理念，最大限度地发挥内部审计应有的作用，在内部财务管控体系中确认内部审计的重要作用。提高内部审计功能的地位，构建独立和科学的内部审计部门，以便实时发现问题并解决问题。全面监控评价内部会计控制的设立、实施整个程序，从严按照相应的规章制度来进行活动，推动内部会计控制制度的高质量实行。唯有把外部审计和内部审计充分联系在一起，形成强大的监督合力，才能促使外部审计与内部审计共同对单位内部会计控制进行系统的监督评价。

通过前文所述可知，财务管理是事业单位内部管理的关键构成部分，科学的财务管理手段对单位的健康顺利发展有着不可估量的作用。因此，事业单位若想提升自身的竞争实力，维持优势地位，必然要适应时代发展，与时俱进，转变领导层原有的思想观念，构建岗位、职位分离制度，不断提高会计人员的专业素养，完善账务管理制度及监督评价体系，为事业单位内部会计事务的顺利开展提供稳固的基础。

第三节　跨境电商的财务管理

随着互联网技术的飞速发展和经济发展的深度全球化，我国的跨境电商产业迅速崛起，截至 2016 年年底，中国跨境电商产业规模已经超过 6 万亿元，年均复合增长率超过 30%。跨境电商产业在传统外贸整体不景气的经济环境下依然强势增长，本节在此背景下，阐述了财务管理对于跨境电商运营的重要意义，并分析了跨境电商企业在财务管理方面面临的问题，如会计核算工作不规范、缺少成熟的跨境电商财务 ERP 系统，以及跨境电商税务问题等，针对跨境电商财务管理面临的问题提出相应的财务管理提升方案，从而促进跨境电商企业财务管理的不断完善。

一、财务管理对于跨境电商运营的重要意义

从世界发展的角度来看，跨境电子商务的产生是世界进步的必然要求。因此对于跨境电子商务来说，它内部的财务管理制度主要体现在哪里？首先，相关财务政策的实践性。众所周知，实践是检验真理的唯一标准，因此跨境电子商务财务管理的准确性需要该财务政策具有实践性。其次，财务相关人员的意识发展。财务人员要始终坚

信只有跨境电子商务得到发展，他们的收入水平才会提高。最后，建立完整的财务问题解决措施。该解决措施要从跨境电子商务的实际情况出发，要保障该措施的科学性。综上所述，如果跨境电子商务没有完整的财务管理政策，那么它在国际上也不会有发展地位。

二、跨境电商在财务管理上的问题

（一）会计核算工作缺乏规范性

从会计的发展角度来看，跨境电子商务存在许多的问题。这些问题大都来源于跨境电子商务对于会计核算内涵的不正确认知。那么跨境电子商务该如何正确地认识到会计核算的内涵呢？首先要知道会计核算是进行会计管理的基础性条件，同时会计核算的核心思想是通过真实有效的财务数据为企业的发展提供线索。其次也要了解会计核算是从哪几个方面进行，并且从这几个方面入手以确保跨境电子商务更准确地把握会计核算的内涵。同时跨境电子商务对会计核算内涵的准确掌握可以增强跨境电子商务的财务管理体系。财务管理体系的增强主要体现在以下几个方面：其一，跨境电子商务内部监管机制更完善。其二，跨境电子商务所需要的综合型人才得到培养。其三，跨境电子商务内部的财务记录体系得到发展。综上所述，完整的会计核算要求对于任何企业来说都是有极大意义的，该意义主要体现在企业内部的财务管理制度上。对于跨境电子商务来说主要体现在其内部财务记录的制度上，因为财务的记录可以反映出数据的真实性。

社会的发展是对于人的发展。同理，对于跨境电子商务来说如果想要提升自身的会计核算能力，那么就需要发展相关人员的思想道德与技术含量。从相关人员的思想道德角度出发，跨境电子商务该如何培养适合会计核算的人？培养的主要措施在于加强相关人员的会计道德素质，即遵守会计道德法律规范。从技术含量的角度出发，跨境电子商务该如何培养优秀的人才？其培养措施主要是指要鼓励相关人员积极考取证书，并且要唤起相关人员对于财务知识的学习意识。

（二）缺乏成熟的跨境电商财务 ERP 系统

跨境电商的产生，是社会经济发展的必然要求。但是相对于其他行业来说，跨境电商没有完整的发展体系，同时也不具有相应的软件设施。因此这就需要从不同的主体出发对跨境电商的服务软件进行开发与建立。从国家的角度出发，国家要为跨境电商财务软件的开发提供纸质文件。从各类行业的角度出发，不能排挤跨境电商这个新兴的产业，而是应当发挥自己前辈的作用帮助跨境电商建立财务软件。综上所述，没有完整的财务软件，就不会有成熟的业务产生。

（三）跨境电商税务问题

随着跨境电商的发展，其自身存在的问题也日渐显露出来。其中最主要的问题是国家对其税务的征收。跨境电商的发展模式不同于一般企业的发展模式，一般企业的发展模式都具有明确的财务支出与收入，以便于国家对其税务的征收，而跨境电商在这方面明显欠缺，这也就导致国家无法对其进行准确的税务征收。针对于这个问题国家必须做出相应的应对措施，不能因为其本身的性质而不对其征收税务。同时跨境电商也可能存在对税务的错误认知，他们可能认为国家对于税务的征收，会减少他们的收益，这个想法是不正确的。因为国家在对其征收税务的同时，也对其的发展具有相应的保护措施。因此跨境电商要改正自己的错误思想积极向国家纳税。综上所述，跨境电商税务的征收问题主要体现在两方面，一方面是电商本质内涵，另一方面是电商对于税务征收的错误想法。

三、跨境电商财务管理提升方案初探

（一）规范会计核算工作

如何在跨境电商行业中落实会计核算是值得我们思考的问题。在发展的前期并没有得出准确的答案，但是在现在的发展过程中已经存在具体的落实措施。一是跨境电商要严格遵守国家的会计制度。但是由于我国的会计管理制度是随着社会的发展而改变的，因此这就需要跨境电商具有更新的意识。要随时随地地跟上国家的发展步伐。并且跨境电商要积极地贯彻与落实国家的相关会计准则，从而提高其内部建设的发展速度。二是跨境电商要学习成功企业的内部财务管理制度。学习它们对于财务报表的编制经验，同时也要学习它们财务记录的方法。因为财务数据真实的来源是依靠实实在在的记录，如果跨境电商没有财务数据的记录，那么就无法判别其财务数据的准确性。三是提高跨境电商财务人员的综合素质，培养有扎实的财务管理知识及实践经验，既懂信息网络技术，又了解国际会计准则与各国税务，熟悉相关法律法规的复合型人才。跨境电商行业的发展间接对其内部的工作人员提出了更高的要求。因为对于跨境电商来说，它并没有许多成功的案例供人们探讨与研究，其所有的经营规律都需要重新摸索。所以为了减少错误的发生频率一方面就需要相关的工作人员提高自身内在的知识技能。另一方面企业也应加大财务人员继续教育的投入，如加强财务管理人员在电子商务运营模式、现代科学信息技术、国际财务、税务、法规等方面的培训学习，拓展财务人员的视野与专业高度，加强对财务人员及财务管理工作的重视。财务管理工作是跨境电商企业做大做强、实现战略发展目标的重要支持。

（二）选择合适的跨境电商 ERP 软件

对于跨境电商来说它的发展需要具有其自身特色的财务软件。并且该软件的核心处理系统必须是最先进的，因为该软件建立的主体是新兴的产业，即跨境电商。同时对于该软件的建立不能只局限于国家的看法，而是要综合不同的学者与企业家的意见和建议，从而将他们的看法相结合并根据跨境电商的实际运营情况设计该财务软件。该财务软件与传统财务软件的最大区别是它对于信息的收集与处理是最及时、最准确的。该软件的建立与实施是跨境电商发展的里程碑。同时建立该软件的意义主要体现在哪里？首先体现在跨境电商的发展地位上。该财务软件的建立，有利于提高跨境电商的国际地位。其次体现在技术手段的创新上。该软件的建立，预示着跨境电商的科技含量是高于其他企业的。最后体现在数据的收集上。该软件的建立，确保了跨境电商财务数据的科学性。综上所述，适合跨境电商发展的财务软件的建立是国家进步的体现，也是社会发展的必然要求。所以无论从哪个角度出发，无论为了何种目的，跨境电商个性的财务软件的建立都是目前最需要完成的大事。

（三）跨境电商税务问题的解决途径

跨境电商的发展给我国带来了极大的意义。该意义主要体现在两方面，一方面是提高了我国的国际影响力，另一方面是向世界展示了我国现如今企业发展的状况。因此针对该意义，国家对于跨境电商的税收问题应当在合理的范围内放宽政策。例如，对中大型的跨境电商企业增加税收优惠政策。同时从国家的角度出发，国家也建立了相应的法律法规对跨境电商企业税务的优惠问题。综上所述，对于跨境电商合理的税收政策可以间接地提高我国的国际发展地位，也可以将我国的财务管理文化供其他国家欣赏和借鉴。

从跨境电商表面的含义，我们可以知道，这个行业对于我们之前行业发展来说是新产生的。因此对于该行业发展的政策与体系很多都没有经过社会实践的检验，所以这就需要跨境电商在实际的经营活动中根据自身的情况，去适应国家制定的相关政策，从而提高自身的工作效率。

从以上的论述中我们可以看出跨境电商具有无法阻挡的发展趋势。跨境电商的发展已经成为世界更加紧密联系在一起的必然要求，所以各国对于跨境电商行业的发展也就展示了他们在国际中的地位与影响力。对于我国来说，该如何更加准确地促进跨境电商行业的发展？首先在环境上，国家要为跨境电商发展提供良好的经济环境与社会环境。其次在人才培养上，国家要将跨境电商行业的基础知识融入各大高校的学习体系中。最后在财务管理体系建设上。跨境电商行业要善于利用会计核算和预算的功能，从而提升自身的财务管理能力。综上所述，我国跨境电商行业的发展与其他行业的发展之间是相互作用的而不是单独的竞争关系。因此我国跨境电商行业的地位提升，也可以提升其他行业的国际地位。

第四节　高校基建财务管理

在人们生活水平不断提高的同时，社会对教育行业的要求也在不断地提高，需要学校为社会提供大量的人才，以及科研人员研发出更多科研技术。基于对人才与科技急需的大背景下，基建财务管理工作逐渐步入高等学校的财务管理任务中，但由于刚开始实施，各类制度还不是很完善，可能会出现许多问题，进而阻碍学校在建设过程中的发展，因此要想办法解决。

一、高校基建财务管理存在的问题

（一）重核算，轻监督

高等院校的具体工作中也存在着许多错误的管理问题。比如好多学校根本没有设立独立的财政管理部门，都是将这部分工作随意交给一个高层人员来代为办理，这就会使账务记录不标准、条例混乱，也没有与之相对应的审计部门来监督，这就会导致学校中可以接触到财物的人员造成贪污、私用等不良风气，因为没有专业的人员理财，也没有专门的监管人员来进行监督管理，就会使贪污的人员什么都不怕，肆意妄为，贪污的方式主要是对上面拨款修建教学设施的资金虚报，并且在施工时偷工减料，将多出来的钱放进自己的腰包，如果一直放任不管，他们就会越来越贪婪，最后对学校和学生都产生非常恶劣的影响。

（二）财务管理制度不健全、执行不到位

由于高等院校是学生从校园步入社会的一个重要的过渡时期，因此国家会对大学校园进行很多的项目投资及活动建设，这就使高等院校会涉及许多与政府相交接的财务工作，为了将复杂的财务捋顺，学校应该聘请专业的财管人员来对学校里复杂的财务任务进行管理，财务是整个院校发展的重要命脉，因此一定要严格对待这一项任务，也要设置相对应的稽查与审计部门，避免财务人员贪污受贿或者私自挪用国家分配的资金，哪一个部门负责哪一部分工作，一定要事先说明，等到出现问题的时候找相对应的部门来负责，明确部门负责的工作就可以使各部门的人员在进行工作时恪守本分、尽职尽责，不会出现部门交叉时，互相推卸责任找不到负责人这种混乱现象。学校在制定好各种规章制度之后，一定要实际落实，不能光在纸上提出而不真正地去实施，只有真正地将所制定的这些措施落实下去，才可以发现哪里有问题，然后针对相对应的问题，提出解决方案，这样才有利于学校长远的发展。

（三）财务管理软件支持效率低

我国当前的科研技术非常先进，教学设施更新换代、教学系统不断优化，就连财务管理都可以实现无人化，学校只需要安装相应的软件，然后将学校的各个项目支出和收入输入进去，就可以计算出具体的账目。但这种机器智能的记账方式存在太多的弊端，它只能完成简单的计算功能，没有办法对具体的细目进行分析和解决，而且将学校的全部财务信息都上传到网络上，也将产生较大的风险。如果想要进行更精准的计算，就需要在继续支付高额的软件费用，想要解决的问题也未必得到解决，所以雇佣专业的财政人员来管理账目，才是最安全保险的方式。

二、完善高校基建财务管理的对策

（一）财务人员要积极参与基建全过程，发挥监管作用

财政管理在整个学校的管理工作中是最重要的一个环节，经济是所有工作的基础，只有将基石打好，才可以在上面建起高楼大厦。在学校进行项目研究的过程中，需要主要的人员都参加会议，当然不能少了财政管理人员，因为在项目拨款和招生引资的过程中都需要记录进出账目，除了财务人员还需要有监督人员在场，两者之间是一种对立统一的关系，监管部门监督财务人员恪守本分，做好学校的资金进出，形成一个完成的财政体系。

（二）完善并严格执行高校基建财务管理制度

高校的基建财务管理制度的完善是保证基建财务管理工作的标准。所以要严格按照相关制度要求，并作为制度制定的依据，在掌握了财管技能之后，将知识与自身的真实状况相结合，做出精准的估计和预算，然后让监督人员进行核实，保证预算中不会出现重大错误，最后提交给公司的董事会审阅，再落实到具体的项目上。在具体工作开展以后，相关负责人要恪守本分，不可出现偷工减料、贪污受贿等行为，一旦发现必须按制度执行惩罚措施。有罚就有赏，如果在工作中，能力突出且积极上进，就要按照制度上的奖赏措施来对人员进行奖励，激励人员继续努力，也可以给其他人树立一个良好的榜样。

（三）升级改造基建财务管理软件，完善高校信息化建设

学校在财务上面的工作很多，没有办法面面俱到，也不可能聘请太多的财管人员，因此适当地使用理财监管软件也不是不可以的。但是要将购买软件的资金做一个预算，不能超出太多。理财监管软件可以代替财管人员进行一些简单的记账工作，只需要有人在旁边进行监管就可以了，这大大缩小了学校在财管这方面的支出，也减轻了相关人员的工作任务，同时也对学校的财务进行了审计与监督。总的来说，合理使用理财

监管软件和相关人员相结合的方式，可以很好地提高工作质量，对学校的全面发展起着积极作用。

总的来说，高校如果想要得到长远的发展，就一定要将基础建设财务管理的工作做好。只有将学校的财务体系捋顺，才可以在做什么事情的时候都有一定的数据理论做支撑，让各个部门都独立分开，出现问题的时候才能及时找到相关的部门及人员来把问题解决，将具体的任务分配在每个人的头上，大家就会保持认真谨慎的工作态度。

第五节　民营企业的财务管理

民营企业不是国家的企业，是社会上从事经商的人自己开立的公司，在公司起步之前，需要准备好充足的资金和人员储备，有的公司需要在社会上募集，因此民营经济财管的职能是非常重要的。近几年我国的中小微企业发展迅速，国家也鼓励人们自主创业，因此加大了对这类公司的鼓励政策，民营经济为我国的整体经济做出了巨大的贡献，给城市中的人们提供了许多就业岗位和住所，使人们的生活水平得到提高。伴随着公司不断壮大，越来越多的问题也就扑面而来，许多的公司因为财管工作不到位而导致破产和倒闭。

一、民营企业加强财务管理的重要性

民企的制度本身就不完善，更应该注重财政方面的管理工作。一个公司是否可以在这个竞争激烈的市场中生存下来，主要看的就是是否可以为社会创造财富，不断地适应这个瞬息万变的市场，因此财政的管理工作是非常重要的，做好财务监管的工作，会使公司的整体效率和质量都得到提高。财政管理在公司中可以创造很多价值，比如可以令流动资金更好的运转，将资金发挥到最大、最优的状态，为公司带来财富；专业的财管人员是具有设计公司账目体系的能力的，不仅可以将公司进、出都记录好，还可以合理规划一笔资金从开始到结束应该如何分配、使用；最重要的是财管人员可以精准地计算出一个公司一年的大概支出，这可以为公司提供很好的参考价值。

二、民营企业财务管理中存在的问题

（一）企业管理存在缺陷

这种企业是非国家性质的，没有经过专业的机构去组织，一般是熟悉的人合伙开的公司，没有聘请专业的管理人员。因此公司内部疏于管理，只追求收益最大化，就会忽视很多实质性的问题。比如没有企业文化来熏陶员工，公司内部的结构不合理，部门和部门之间没有明确的界限，缺少财管和审计部门，就会使公司账目混乱，员工之间利益纠葛严重，长此以往会使公司出现大贪小贪的不良风气，最后导致公司流动资金都被掏空，没办法继续运转。

（二）财务制度不健全

一般的民营企业，都是由认识且熟悉的伙伴聚集在一起合伙开设的，或者是家族企业演变而来，对于独立部门分开管理的观念还没有形成，经常一人在公司内部担任多个角色。会出现这样的现象，领导者也是管理者，执行者也扮演着监督者，每个负责人并没有做明显的区分，这就会导致权力的交叉，使下设部门的工作变得混乱无序。许多公司的最高决策人并不掌握专业的知识与技能，只是因为投入的资金较多，所以占有最多的股份，可以行使最多的表决权，这种方式非常不利于企业的发展。长此以往，会导致公司内部秩序混乱，资金使用不明，逐渐使公司内部变得腐烂不堪，如果这时管理者再想介入管理，也是非常困难的，最后就会导致企业的破产与消亡。

（三）缺乏科学性投资

很多企业只是一时心血来潮创建了公司，并没有提前制定完善的体制，这样就会使整个公司都处于一个零散的状态。投资人手里掌握较多的资金，却没有投资方向和专业知识，只是跟着大部分人，什么热门就做什么、大家都做什么什么就是赚钱行业，并没有考虑自己是否适合，是否掌握这方面的技能，只是单纯地去开公司，就会导致公司正式启动之后，内部外部的工作都没做好，造成还没开始就结束的境况。还有一些合伙人一同来进行经营，想做的产品种类小众、未经过市场调查，就会使公司开始之后出现亏损，最后走向倒闭。

（四）运营资金控制薄弱

一直以来，我们都知道风险是与收益成正比的，如果想要获得更多的收益，就需要公司承担一定风险的能力。民企的盈余资金一般都不敢去投资基金类产品和股票类产品，因为这种先进的投资理念，大部分的经营者并不掌握，他们会选择利息相对较少，但风险不大的投资方式来运转自己的资金，但是这样的话，会使公司的流动资金没办法流动起来，也就会使资金的利用率不高，所创造的收益较少。

（五）利润分配不合理

民企一般呈现出发展快、消亡快的特征，这主要是因为民营企业在开始之前没有做好足够的准备工作，没有经过专业人员的指导和相关知识技能的培训，所以公司领导者对自己要做的产业一知半解，如果公司里的最高领导人都不深入了解自己的产业，一个公司是不会走长远的。另外，公司没有聘请专业人员担任专业职位的意识，使部门之间相互交叉，利益分配不均。员工之间拉帮结伙，相互祖护，使员工工作没有动力，不想着怎样提高工作质量，只想着讨好上级、与关系员工搞好关系，进而会使整个公司内部腐败，阻碍企业进步。

三、解决民营企业财务管理问题的对策

（一）更新管理理念，提高素质

民企缺少先进的技术和人才，这需要公司的高管先形成专业的监管意识，然后通过会议和讲座的形式传达给下设的各个部门及每个员工。在一个团体中，要想得到长远的发展，就必须先更新管理层的思维，让管理层的人综合素质提上来，才能逐渐提高公司整体的素质，因为普通员工一般做的是服从上级布置的任务，一致的行事风格也是按照部门主管来行事的，因此提高管理层的素质是最重要的。

（二）扩大民营企业的融资规模

目前我国的民企大多都从一些小型的借贷公司借款，因为门槛低、要求少。民企一般都是规模较小的公司，资产较少、承担风险的能力较弱，因此没办法从公立银行借到资金，为了鼓励民营公司的发展，需要国家发挥自己的职能，对小型公司的借贷降低门槛，让他们也可以花费较少的利息借到自己需要的资金，不断壮大自己的公司，为我国整体的经济创造价值。

（三）加强财务控制体系，建立财务管理制度

每个公司都要制定自己公司的规章制度，古话说得好，"没有规矩，不成方圆。"无论是处于怎样的社会团体中，都要制定规矩来约束人的行为。公司制定规章制度不仅是为了公司的整体利益，每个员工的基本权益也可以得到保障，将公司涉及的每一部分内容都在纸上明确地写出来，在真正实施的过程中，不可以架空公司制度，就按照制度上标明的规定来约束员工。每个人都要遵守公司制度，如果发生违反规定或者重大错误的员工，不可以包庇，要按照规定追究其责任。

（四）增强管账人手的建设，提高管账人员的水平素养

公司如果想要提高全体员工的素质就需要先从高级管理人员抓起，先转变他们的管理观念，然后才对各部门的专业负责人进行培训学习，让他们的专业技能及综合素养得到提高，才可以在布置具体任务的时候对下设的基层人员进行指导与帮助。例如财务部门在招聘财务部门人员的时候，应该进行严格的筛选，让具备从业资格的人员出示他们的从业证书以及获得过的奖项或者工作经验的证明，保证这些证件的真实性，

然后对招聘人员进行面试，确保人员可以担任此项工作再录用，这样就可以提升公司在财务部门的专业管理能力。

（五）加快企业会计电算化建设，提高会计工作效率和质量

会计电算化的发展，提高了工作效率，同时也减轻了会计人员的工作量。它可以使会计工作标准化，从而提高会计工作的质量。企业应结合自身的特点，选择合适的财务软件，同时应制定出电算化控制制度，保证计算机系统能够正常稳定运行。每个职位的工作职员必须有合理的分工和彼此约束。

在快速发展的现代市场中，大大小小的公司层出不穷，但大多呈现出发展较快、消亡较快的现象。如果想要避免自己的公司朝着这个方向发展，就必须要重视企业财务管理这一部分，及时找出公司现在所存在的问题，并想出补救方案。

第八章 会计电算化概述

第一节 会计电算化的概念

一、会计电算化的定义

（一）会计

会计是以货币为主要计量单位，采用专门的方法和程序，对企事业单位的经济活动进行全面、连续、系统、综合的反映和监督，向利益相关者提供有用的财务信息，参与经营管理、旨在提高经济效益的一项管理活动，是经济管理的重要组成部分。

（二）计算机

计算机俗称电脑，是一种用于高速计算的现代电子计算机器；既可以进行数值计算，又可以进行逻辑计算，还具有存储记忆功能，是能够按照程序运行，自动、高速处理海量数据的现代化智能电子设备。

（三）会计电算化

会计电算化的概念有广义和狭义之分。广义的会计电算化是指与实现会计工作电算化有关的所有工作，包括会计电算化软件的开发和应用、会计电算化人才的培训、会计电算化的宏观规划、会计电算化的制度建设、会计电算化软件市场的培育与发展等。狭义的会计电算化是将以计算机为主的当代电子和信息技术应用到会计工作中的简称。会计电算化主要是应用计算机代替人工记账、算账、报账，以及代替部分由人完成的对会计信息的处理、分析和判断的过程。

会计电算化是会计发展史上的一次革命，对会计工作的各个方面都将产生深远的影响。发展会计电算化，有利于促进会计工作规范化，提高会计工作质量，减轻会计人员劳动强度，提高会计工作效率，更好地发挥会计职能，为实现会计工作现代化奠定良好的基础。

二、会计电算化的发展历程

"会计电算化"一词是 1981 年 8 月在长春召开的"财务、会计、成本应用电子计算机专题讨论会"上提出的。会上把计算机在会计中的应用简称为"会计电算化",并解释为"由计算机代替人工记账、算账、报账,并能部分替代人脑完成会计信息的分析和判断的过程"。从此,会计电算化这个简单、通俗且颇富中国特色的概念在会计界广为传播,并深入人心。会计电算化是我国特有的专业称谓,它反映了在会计工作中以电子计算机取代手工处理会计数据的变化和特征。

从我国会计电算化工作的开展程度、范围、组织、规范、管理及会计软件的开发等诸多方面进行分析,我国会计电算化大致经历了以下三个阶段:

(一)初始实验期(20 世纪 70 年代末—80 年代中期)

从 20 世纪 70 年代末到 80 年代中期,我国的会计电算化处于实验期。当时我国处于改革开放初期,工作重点是恢复、健全会计核算制度,对计算机应用还很陌生,设备和人才都很缺乏,宏观上也缺乏统一的规划与指导。开展会计电算化的单位大多是"盲目上马",由于大多属于自行组织设计、开发会计软件,所以投资大、开发周期长、水平低。

(二)有序快速发展期(20 世纪 80 年代后期—90 年代中期)

随着会计电算化的逐步开展,对加强组织、规划、管理的要求越来越高。从 20 世纪 80 年代后期到 90 年代中期,我国会计电算化事业进入快速发展期。这一时期最有影响的事件之一是 1989 年 12 月财政部颁布了第一个会计电算化的法规文件《会计核算软件管理的几项规定(试行)》,为商品化会计软件的发展创造了稳定有序的环境,使基层单位的会计电算化工作有了明确的方向,促进了我国会计电算化事业大规模快速发展。

这一时期,开发系统的主要目的是替代手工记账、算账,减轻会计人员抄写、计算等烦琐的手工劳动;系统完成的主要功能是会计核算,一般由账务核算、工资核算、固定资产核算等子系统组成。因此,也称这一时期的会计软件为"核算型会计软件"。在这一时期,我国基层单位开始大量应用微机,会计软件的开发平台大多以微机上的 DOS、UNIX 操作系统为主,开发工具主要是 dBase、FoxBASE、Oracle 等,开发方法主要是应用工程化的方法。

1994 年,财政部颁发了一系列文件,明确制定了 2000 年要实现的会计电算化目标,以及会计电算化管理办法、商品化会计核算软件评审规则、会计核算软件基本功能规范、会计电算化知识培训管理办法等。宏观上的指导和政府的支持是会计电算化发展的保障，这一时期的会计电算化培训及学历教育广泛普及，会计电算化的教材也迅速推出。到 20 世纪 90 年代中期，我国已有几百万家大中型企事业单位在会计核算工作中使用了计算机。

（三）会计核算软件转型期（1996 年以后）

随着我国市场经济体制的不断健全和完善，"核算型"会计软件不能满足企事业单位管理上的需求。中国会计学会"九五"科研规划将"适应企业会计转轨变型的要求，会计软件将由记账报账型转向经营管理型研究"列为主要内容之一。1996 年 4 月，在北京召开的"会计电算化发展研讨会"上正式提出了发展"管理型"会计软件。1998 年 6 月，我国 20 多家著名的财务软件公司在北京联合发出了"向企业管理软件全面进军"的宣言。"管理型"会计软件的研究和企业管理软件的研究在我国拉开帷幕。

这一时期，会计核算软件的版本在升级，主要是从 DOS 平台升到 Windows 平台，会计核算软件的功能不断增强，增加了面向中层管理、提供辅助决策的功能。开发工具主要使用 FoxPro、Sybase、Oracle 等可视化编程工具。开发方法除了工程化方法外，还采用了面向对象的方法等。

由于信息技术和管理需求的不断发展，会计管理已经融入整个企业管理当中，会计电算化的内容也在不断扩充，管理功能在不断增强，而且已经紧密地融入整个企业的信息化进程中。会计电算化也不断地采用最新的信息技术，系统结构全面网络化，系统功能不断增强，我国会计电算化已由单项会计核算向全面会计核算、多维化、智能化发展。

会计电算化的发展离不开其依存的环境。由于我国经济体制、经济基础、文化教育水平、使用者的素质等各方面因素的关系，我国会计电算化的发展呈现出以下特点：第一，政府的宏观引导是我国会计电算化发展的重要推动力之一；第二，财务软件厂商的市场推广对我国会计电算化的发展起到了很好的拉动效用；第三，使用者的专业素质不高，专业化人才不足，管理信息系统作用未充分发挥。

三、电算化会计与手工会计的异同点

（一）两者的相同点

1. 目标相同

电算化会计与手工会计的最终目标都是通过会计信息处理实现加强经营管理、参与经营决策、提高经济效益的目标。

2. 遵守相同的会计规范及各项政策制度

电算化会计必须严格遵守手工会计所遵守的会计规范和政策制度，会计信息处理手段和工具的变化不能动摇会计处理的合法性和合规性。

3. 遵守相同的会计理论和会计方法

会计理论是会计学科的结晶，会计方法是会计工作的总结。电算化会计的实现虽然会引起会计理论与方法上的变革，但是这种变革是渐进的，而不是突变的，目前建立的电算化会计应当遵循手工会计的基本理论和方法。

4. 基本功能相同

无论手工会计还是电算化会计都有以下五方面的基本功能：①信息的收集与记录；②信息的存储；③信息的加工处理；④信息的传输；⑤信息的输出。

（二）两者的不同点

1. 运算工具不同

手工会计使用的运算工具是算盘、计算器等，计算速度慢、出错率高；电算化会计的运算工具是不断更新换代的计算机，数据处理过程由程序控制计算机自动完成，运算速度快、准确率高，并且可存储大量的运算结果。

2. 信息载体不同

在手工会计中，会计信息的载体是凭证、账簿和报表等纸质介质，这些会计信息不经任何转换即可查阅；而在电算化会计中，会计信息大多记录在 U 盘、硬盘等电子载体中，这些磁性电子介质中的会计信息是以肉眼不可见的形式存在的，如要查阅需在会计电算化信息系统中转换为可视文件。以电子载体记录和存储的会计信息具有体积小、查找方便、易于保管和复制迅速等优点；其缺点是很容易被删除或被篡改而不留痕迹，且电子介质容易损坏而导致信息丢失。因此，建立电算化会计必须解决好如何保证会计信息安全可靠等问题。

3. 会计信息的表示方法不同

在手工会计中，会计信息主要用文字和数字表示。而在电算化会计中，为了使会计信息更便于计算机处理，为了提高系统处理的速度和节省存储空间，也为了简化汉字输入，大量的会计信息要代码化。例如，常见的会计科目、部门、职工、产成品、材料、固定资产、主要客户或供应商等都需要用适当的代码来表示。会计信息代码化便于计算机进行数据处理，但不便于人们对会计信息进行阅读、理解和使用，因此，科学合理地进行代码设计是电算化会计设计的基本要求。

4. 信息处理方式不同

电算化会计改变了手工会计由许多人分工协作共同完成记账、算账、报账的工作方式。各种凭证一经输入，便由计算机自动完成记账、算账、报账及分析工作，许多人分工完成的工作，均由计算机集中完成，账、证、表间的核对勾稽关系在计算过程中由程序自动给予保证。各类人员的工作内容也随之发生改变，工作变得简便，这使会计人员有更多的精力从事分析和控制等财务活动。同时，由于计算机的信息处理速度比手工有很大提高，会计工作也由原来的核算型向管理型发展。

5. 内部控制制度和控制方法不同

在手工会计中，为了提高会计信息的准确性和可靠性，也为了查错防弊，加强财务管理，需要采用一系列内部控制方法，建立起一整套内部控制制度；其主要措施是通过会计人员之间的职责分离来实现相互牵制，并由人工完成各种检查、核对和审核等工作。在电算化会计中，由于会计信息由计算机集中化、程序化处理，手工会计中的某些职责分离，相互牵制的控制措施失去效用，同时，计算机电磁存储介质也不同于纸质载体，其数据容易被不留痕迹地修改和删除。因此，为了系统的安全可靠，为了系统处理和存储的会计信息的准确与完整，必须结合电算化会计的特点，建立起一整套更为严格的内部控制制度。这些内部控制措施除了包括有关电算化数据处理的制度、规定和人工执行的一些审核、检查外，还包括很多建立在应用系统中，由计算机自动执行的一些控制措施。

6. 信息输出的内容和方式不同

电算化会计所能提供的会计信息无论在数量上还是在质量上都远远优于手工会计。具体表现在：第一，利用计算机对会计数据进行批量处理和实时处理，大大地提高了会计信息处理的及时性，缩短了会计结算周期，可以做到日结算或周结算，从而及时地提高日报、月报、季报和年报的编制效率；第二，会计数据的集中管理可实现一数多用、充分共享、联机快速查询、远程信息交换和网上查询等；第三，通过建立数学模型辅助进行财务管理，全面开展财务分析、控制和预测及决策工作，突破手工处理的局限性，扩大了会计信息的运用领域，为会计信息的深加工和再利用提供更加广阔的前景。

7. 会计档案的保管形式不同

手工会计的会计信息是以纸质载体进行保存的；在电算化会计中，会计档案的保存方式变为以电磁介质为主、纸质介质为辅。因此，实施会计电算化不仅要建立纸质介质会计档案的管理制度，而且还要建立健全严格的数据备份、数据恢复等与计算机电磁存储介质相关的数据保管制度，并使会计资料保存的环境在温度、湿度等方面符合电磁介质的要求。

8. 系统运行环境要求不同

电算化会计所使用的计算机、打印机等精密设备，要求防震、防磁、防尘、防潮，所以系统运行环境必须保证计算机硬件的正常运行。

上述种种区别，就是由于电算化会计数据处理方式的改变，引起了手工会计各方面的变化，这一变化使得会计系统功能更为强大，结果处理更为合理，管理更为完善。

第二节　基础会计电算化实务概述

一、基础会计电算化实务的概念

基础会计电算化实务是在信息技术的基础上，集信息技术、会计专门核算方法与系统管理思想于一身，以系统化的财务管理思想，依据会计核算要求建立会计电算化账套、设置会计电算化基础档案，通过日常会计核算来确认、计量、记录和报告企事业单位等经济组织的财务状况、经营成果或现金流量，为其利益相关者提供决策需要的会计信息。会计电算化实务要求会计人员严格按照会计制度，定期对外提供一套通用的会计报告，该报告的会计信息应该真实、完整，以便外部信息使用者做出合理的投资、信贷等经济决策。

基础会计电算化实务为企业的管理活动提供基础数据；而管理会计电算化实务就是按照管理会计的理论与方法，利用会计电算化实务提供的会计数据，对企业经营活动进行决策、规划、控制和业绩考核。

二、基础会计电算化实务的特征

基础会计电算化实务是依据会计的专门核算方法，按照会计制度的要求在会计信息系统中处理会计业务。基础会计电算化实务是传统会计实务的电算化结果，因此基础会计电算化实务和传统会计实务相比较，既有共性，又有特性。基础会计电算化实务的特征主要体现在以下三方面：

（一）基础档案共享

会计电算化系统中的基础档案，如部门档案、职员档案、客户档案、供应商档案、存货档案等，可供所有的财务和业务系统共享。

（二）由确认、计量和报告等程序构成

会计电算化系统在对企业日常经济业务进行确认和计量后，再向企业利益相关者报告财务状况、经营成果和现金流量等。会计电算化系统可在用户需求不断变化的基础上对其报告的内容和形式进行调整，从而更加满足信息使用者的需要。

（三）遵循企业会计规范要求

会计电算化在进行相关实务处理时，应当遵循企业会计规范要求。会计规范是国

家机构或民间团体所制定的会计法规、准则和制度的总称。因此，基础会计电算化实务在进行确认、计量和报告时，必须遵循会计实务处理的基本制度和具体准则。

三、基础会计电算化实务的内容

基础会计电算化实务的内容主要包括通过建立账套、参数设置、基础档案设置搭建会计电算化核算系统的基础平台，在总账系统对企业日常经济业务进行填制凭证、审核凭证和记账等处理，期末对自动转账业务进行处理并编制会计报表。

（一）通用财务软件与专用财务软件

通用财务软件是不含或含有较少的会计核算规则与管理方法的财务软件，其特点是通用性强，成本相对较低，维护量小且维护有保障，软件开发水平较高，开发者决定系统的扩充与修改，专业性差。

专用财务软件一般是指由使用单位根据自身会计核算与管理的需要自行开发或委托其他单位开发，专供本单位使用的会计核算软件。专用财务软件的特点是把使用单位的会计核算要求，如会计科目、报表格式、工资项目、固定资产项目等编入会计软件，非常适合本单位的会计核算，使用起来简便易行，但费用高，后期维护没有保障。

比较通用财务软件与专用财务软件的特点，考虑到各企业的实际情况，各企业大多是购买通用财务软件，通过参数设置将其转为适合本企业的专用财务软件。

（二）设置基础档案

会计电算化系统通过设置部门、职员、客户、供应商、存货等公共基础档案，搭建可供所有的财务和业务系统共享的基础平台，这样有利于实现企业内部信息资源共享。

（三）处理日常业务

基础会计电算化实务主要是在总账系统中，通过填制记账凭证将企业日常的资金筹集、物资采购、产品生产、产品销售等经济业务引起的财务情况变化录入系统中进行核算和管理。

（四）处理期末业务

通过日常记录反映在分类账户中的一些交易与事项，有时会影响几个会计期间的经营绩效。而企业会计确认基础是权责发生制，它要求以权利和责任的发生来决定收入和费用的归属期；在会计实务中，通常需要将某一报告期内的全部收入与同期有关的全部费用进行配比，这就需要每个会计期末进行相关账项调整，即期末转账业务处理。

期末转账业务的处理，主要有借款利息的提取、费用的摊销与预提、制造费用的分摊、销售成本结转、汇兑损益和期间损益的结转等。这些期末转账业务可以通过在系统中设置账务公式提取各分类账相应的数据，并自动生成转账凭证来完成。

（五）编制会计报告

会计报告是指以会计报表或其他会计报告的形式汇总确认企业的财务状况、经营成果和现金流量信息的过程。在会计电算化信息系统中，主要是通过编制会计报表取数公式来汇总各分类账的信息，从而向会计信息使用者提供有用的会计信息。

四、基础会计电算化实务的目标

基础会计电算化实务的目标是通过搭建会计电算化核算的基础平台，使企业业务、财务基础档案共享，实现由电子计算机代替人工记账、算账和编制会计报表，提供符合国家宏观经济管理要求的会计信息，满足企业内部经营管理的基本需要，满足有关各方了解企业财务状况及经营成果的需要；促进会计工作规范化，提高会计工作质量，提高会计工作效率，更好地发挥会计职能，为实现会计工作现代化奠定良好基础。

第三节　会计电算化账务处理程序

一、传统会计账务处理程序

传统会计账务处理程序是指在会计循环中，会计主体采用的会计凭证、会计账簿、会计报表的种类和格式与记账程序有机结合的方法和步骤。由于账簿种类、记账程序和记账方法不同，传统会计账务处理程序分为记账凭证账务处理程序、科目汇总表账务处理程序、汇总记账凭证账务处理程序和日记总账账务处理程序。

（1）记账凭证账务处理程序是指会计主体发生的每项经济业务，根据原始凭证或原始凭证汇总表编制记账凭证，再直接根据记账凭证逐笔登记总分类账，并定期编制会计报表的一种会计核算程序。其特点是直接根据每一张记账凭证逐笔登记总分类账，是一种最基本的账务处理程序，其他账务处理程序都是在此基础上发展演变而成的。

（2）科目汇总表账务处理程序是指根据原始凭证或原始凭证汇总表填制记账凭证，然后再根据记账凭证定期（或月末一次）汇总编制科目汇总表，最后根据科目汇总表登记总账，并定期编制会计报表的账务处理程序。

（3）汇总记账凭证账务处理程序是指定期把收款凭证、付款凭证和转账凭证按照账户的对应关系进行汇总，分别编制成汇总收款凭证、汇总付款凭证和汇总转账凭证，然后根据各种汇总记账凭证登记总分类账的一种账务处理程序。

（4）日记总账账务处理程序是指设置日记总账，根据经济业务发生以后所填制的各种记账凭证直接逐笔登记日记总账，并定期编制会计报表的账务处理程序。

二、会计电算化账务处理程序

随着社会的发展，企业的管理从原来的纵向一体化转为横向一体化，企业逐渐开始进行流程重组。会计业务流程重组是企业流程重组的重要组成部分，在会计业务重组中需要以财务业务一体化为导向，充分利用信息技术处理会计业务，即实施会计电算化。

会计电算化改变了原来的记账规则和组织结构。由于记录载体的改变，原来人工登记的账簿现在变为计算机登账，记账中如果出现了错误，原来的改正方法也不再适用。原来是以事物特征来划分组织结构和岗位分工，现在则是通过判断数据处理的形态来划分；改变了原来的人员组成和记账程序。

企业财务业务一体化发展是社会信息技术发展变化的重要体现。由于信息技术和经济的发展，会计信息处理系统随之改进，对信息的统筹程度越来越高，不断简化会计人员的工作内容，提高其工作效率。因此，企业会计业务流程的重新组合是适应社会经济发展和企业运转的需要。因此，会计电算化账务处理程序一般涉及以下几步：

第一步：依据 ERP 业务系统相关信息，或 ERP 系统外能证明企业经济业务发生的原始凭证，按照企业财务会计准则或会计制度确认和计量财务信息，完成记账凭证的填制和审核。

第二步：根据审核无误的记账凭证，指令计算机自动登记各种明细分类账、总分类账和日记账，自动汇总科目汇总表和汇总记账凭证。

第三步：根据总账和明细账编制会计报表。

对于非财务业务一体化的财务业务流程，会计进行业务处理的方式是根据会计规则加工并存储会计数据到数据库；财务业务一体化主要实现了业务流程和会计流程的结合，在出现业务活动的情况下，存在大量的业务事件数据，这些数据将会被实时采集存储到业务数据库中，信息系统最大限度地存储与业务相关的各类信息，在信息使用者发出请求后，依照相关的规则处理数据，并按要求发送给使用者。

第四节 会计电算化信息系统内部控制

一、加强会计电算化信息系统内部控制的必要性

计算机在会计领域的广泛应用不仅改变了传统会计核算手段，使数据处理更快、更准确；而且节约了人力、物力，提高了会计工作效率。但会计电算化信息系统同时也改变了会计核算程序、数据存取方式和存储介质，改变了某些与审计线索有关的关键因素，对企业管理提出了更高的要求。为了保证会计信息的真实、正确、完整与及时，保证会计处理程序与方法符合国家会计制度的有关规定，保护企业单位财产的完整性，企业必须建立健全会计电算化信息系统内部控制制度。

（一）操作和存储形式变化加大了会计信息系统的风险

在手工会计信息系统中，会计人员之间很自然地形成一种相互制约、相互监督关系；会计核算信息记录在纸上，直观性较强，不同的笔迹也可作为控制的手段；记录在凭证、账簿、报表等纸质介质上的会计记录其勾稽关系较为明确。而在电算化信息系统中，易于辨认的审计线索，如笔迹、印章等已无处可寻；会计信息被存储在U盘、硬盘等电磁介质上，容易被改动且不易被发觉；电磁介质易损坏，会计信息存在毁坏或丢失的危险。

（二）内部稽核作用被削弱

在手工会计信息系统中，每笔业务操作都必须严格遵循监督制约机制，如业务经办与授权批准控制、收付款项与会计记录分离控制等，形成严密的内部牵制制度。实现会计电算化后，许多业务处理程序由计算机完成，一些内部牵制措施无法执行，导致内部控制程度降低，内部稽核的作用被削弱。

（三）会计工作质量依赖于计算机系统的可靠性和会计人员的操作水平

手工会计信息系统下，会计工作质量取决于会计人员的专业水平和职业道德水平。传统会计信息系统建立在大量实践的基础上，手工会计因此积累了丰富的实践经验，并形成一整套完整的管理制度。在会计电算化信息系统下，操作环境的改变使传统内部控制方法难以发挥作用，会计工作质量与计算机系统的可靠性、会计人员的操作水平关系密切。一旦系统由于自身或操作人员的失误而崩溃，就可能使会计工作陷入瘫痪。

二、会计电算化信息系统的一般控制

一般控制又称普通控制，包括组织控制、授权控制、职责分工控制、业务处理程序控制、安全保密控制等。

（一）组织控制

组织控制即在会计电算化信息系统中，通过划分不同的职能部门实施内部控制，如将财务部门按照职能划分为系统开发部门和系统应用部门。

（二）授权控制

授权控制即通过限制会计电算化信息系统有关人员业务处理的权限，实施内部控制。如系统开发部门承担系统软件的开发和日常维护工作，不能运用软件进行日常业务操作；系统应用部门只能应用系统软件进行日常业务处理，不能对系统软件进行增、删、修改。有效的授权控制可以保证系统内不相容职责相互分离，保证会计信息处理部门与其他部门的相互独立，有效减少发生错误和舞弊的可能性。

（三）职责分工控制

职责分工控制即建立岗位责任制，明确各工作岗位的职责范围，切实做到事事有人管、人人有专责、办事有要求、工作有检查。应明确规定不相容职务相分离，如系统管理员、系统操作员、凭证审核员、会计档案保管员等职务不相容，必须明确分工、责任到人，不得兼任。

（四）业务处理程序控制

业务处理程序控制即通过明确有关业务处理标准化程序及相关制度，实施内部控制。如规定录入凭证必须有合法、合理、真实、有效的原始凭证，而且要手续齐全；记账凭证必须经审核后才能登账；录入人员不能进行反审核或反过账操作等。

（五）安全保密控制

安全保密控制即通过严格执行会计软件与数据的维护、保管、使用规程和制度，达到内部控制的目的。会计电算化信息系统中内部控制既要防止操作失误造成的数据破坏，也要防止人为有意的数据破坏。为保证会计软件与数据文件不丢失、不损毁、不泄露、不被非法侵入，可采取设置口令、密码、保存操作日志、对数据文件定时备份并加密等手段。同时，还要防止病毒对会计软件的破坏。

三、会计电算化信息系统的运行控制

运行控制是为了使会计电算化信息系统能适应电算化环境下会计处理的特殊要求

而建立的各种能防止、检测及更正错误和处置舞弊行为的控制制度和措施，是为保证会计系统运行安全、可靠的内部控制制度和措施，其目的是确保会计数据的安全、完整和有效。运行控制又称应用控制，包括输入控制、处理控制、输出控制等。

（一）输入控制

输入控制的主要目的是保证输入数据的合法性、完整性和准确性。输入控制有以下几种：

（1）授权审批控制。为保证作为输入依据的原始凭证的真实、完整，在输入计算机前必须经过适当的授权和审批。

（2）人员控制。应配备专人负责数据录入工作，同时采用口令加以控制，并对每个会计软件用户建立详细的上机日志。

（3）数据有效性检验。包括建立科目名称与代码对照文件，以防止会计科目输入错误；在系统软件中设置科目代码自动检验功能，以保证会计科目代码输入的正确性；设置对应关系参照文件，用来判断对应账户是否发生错误；设置试算平衡控制，对每笔分录进行借贷平衡校验，防止金额输入错误。

（二）处理控制

处理控制的主要目的是保证数据计算的准确性和数据传递的合法性、完整性、一致性。处理控制主要针对业务处理程序、处理方法进行控制。

（1）业务处理流程控制。会计业务处理具有一定的时序性，如凭证在审核之前不能做登账处理，记账后才可以出报表等。通过对业务处理流程的控制，保证业务处理的正确性。

（2）数据修改控制。通过对数据修改过程的控制，防止业务处理的随意性，降低舞弊发生的可能性。如对于尚未审核的记账凭证，允许任意修改；但对已经审核的记账凭证，则不允许在原记账凭证上直接修改，以体现"有痕迹修改"的原则。对已结账的凭证与账簿，系统不提供更改功能；而且，记账凭证录入人员不能被授予反复核、反过账、反结账等操作权限。

（三）输出控制

输出控制的主要目的是保证输出数据的准确性、输出内容的及时性和适用性。常用的输出控制方法如下：检查输出数据是否准确、合法、完整；输出是否及时，能否及时反映最新的会计信息；输出格式是否满足实际工作的需要；数据的表示方式等是否符合工作人员的习惯；只有具有相应权限，才能执行输出操作，并对输出操作进行登记，按会计档案要求保管等。通过这些输出控制方法，限制会计信息输出，保证会计信息的安全。

第五节　网络财务软件的发展对会计理论与实务的影响

会计系统是企业管理信息系统的子系统，互联网使会计系统的环境和内容都发生了深刻的变革，会计数据载体的变化使得会计系统可利用同一基础数据实现信息的多元化重组，从而为会计数据的分类、重组、再分类、再重组提供了无限的空间。

会计数据处理工具由算盘、草稿纸变为高速运算的计算机，并且可以进行远程计算。数据处理、加工速度成千上万倍地提高，不同人员、部门之间数据处理与加工的相互合作，信息共享不再受空间范围的限制。这种改变使会计人员从传统的日常业务中解脱出来，进行会计信息的深加工，注重信息的分析，为企业经营管理决策提供高效率和高质量的信息支持。网络财务软件的出现，不仅使会计信息的输入、输出模式由慢速、单向向高速、多向转变，而且还适应网上交易的需要，实现了实时数据的直接输入和输出。

一、对传统会计基本假设的影响

传统会计理论是建立在一系列假设基础之上的，它包括会计主体假设、持续经营假设、会计分期假设和货币计量假设。传统会计的基本假设适应传统社会环境，并为会计实践所检验，证明了其合理性，但是，随着网络财务软件的普及，以前会计假设所依据的环境发生了巨大变化。在新的环境下，会计假设势必面临挑战。

（一）对会计主体假设的影响

会计主体是指会计工作特定的空间范围，它为有关记录和报表所涉及的空间范围提供了基础，这个主体是有形的实体。网络公司存在于计算机中，它是一种临时性质的联合体，没有固定的形态，也没有确定的空间范围。网络公司是一个"虚拟公司"，它可以由各个相互独立的公司将其中密切联系的业务划分出来，经过整合、重组而形成，同时也可以根据市场或业务发展不断调整其成员公司。因此，企业在网络空间中非常灵活，会计主体变化频繁，传统会计主体在这种条件下就已经失去意义。所以，在互联网环境中对会计主体应该做出新的界定，或是对会计主体假设本身进行修改。

（二）对持续经营假设的影响

持续经营假设是指会计上假定企业将持续经营，在可以预见的未来，企业不会被清算或破产。在持续经营假设下，企业所持有的资产将在正常过程中被耗用、出售或转换，其所承担的债务也将在正常的经营过程中被清偿。在互联网环境下，会计主体十分灵活，存在的时间有很大的不确定性。"虚拟公司"可以随业务活动的需要随时成立，当该项业务活动结束或者需要调整该项业务时，"虚拟公司"可以随时终止，此时持续经营假设就不再适用。在传统财务会计中，非持续经营条件下应适用清算会计；在网络会计中，清算会计还是适用于非持续经营假设的，但是基于网络的复杂性，应该创建新的会计方法和体系。

（三）对会计分期假设的影响

会计分期假设是指为了在会计主体终止之前，能够向信息的需求者及时提供会计主体的财务状况和经营成果的信息，而人为地将会计主体持续不断的经营过程按照一定的时间间隔分割开来，形成一个个会计期间。计算机网络的采用，可以使一笔交易瞬间完成，网络公司可能在某项交易完成后立即解散。换言之，网络公司因某种业务或交易而成立，因某种业务或交易的完成而终止，其存在的时间长度伸缩性很强，在存在时间具有不确定性的情况下，尤其是在存在时间很短的情况下，要人为地将经营过程分开，不仅是一件很困难的事情，而且意义也不大。与此相对应，在会计分期假设下的成本、费用的分配和摊销，在网络会计中的必要性有多大，还值得进一步探讨。

（四）对货币计量假设的影响

货币计量假设是指会计核算以货币作为计量单位的假设。尽管会计数据不只限于货币单位，但传统会计报告主要包括以货币计量的财务信息。货币计量假设有三层含义：第一，货币是众多计量单位中最基本的计量单位；第二，货币价值稳定不变；第三，会计主体必须确定记账本位币。网络会计不会对货币计量假设造成大的冲击，互联网对这一假设主要表现为：由于互联网突破了时间和空间的限制，不同货币之间的交易变得非常容易，尤其在通过互联网进行跨国金融工具交易时，在传统会计中尚未得到很好解决的外币会计，在网络会计中应该可以得到较好的解决。

二、对传统会计实务的影响

网络财务软件应用下的网络会计对传统会计实务的影响十分广泛，如权责发生制、历史成本、财务报告、会计职能、会计模式、会计核算手段等方面都会受到一定的影响。

（一）对历史成本的影响

历史成本原则是传统会计的一个重要原则，会计人员在进行资产计价时并不考虑资产的现时成本或变现价值，而是根据它的原始购进成本计价。因此，在会计记录和会计报表上反映的是资产的历史成本。历史成本由于客观、可靠而得到普遍采用。但是，历史成本所提供的信息对信息需求者缺乏相关性，在通货膨胀条件下，它受到了来自各方面的尖锐批评。在互联网环境下，这一原则受到更多的冲击。

首先，网络公司的交易对象大多是存在活跃市场的商品或金融工具，其市场价格波动频繁，历史成本信息不能公允地反映其财务状况和经营成果，与会计信息使用者决策相关性弱。其次，网络公司的解散可能经常发生，并且从成立到解散可能只有较短甚至很短的时间，在这种情况下，尽管历史成本计价的时点与清算时的时点相距不远，但此时已属非持续经营阶段，历史成本不能反映公司的现金流量信息。最后，历史成本是一种静态的计量属性，它对网络公司经营的反映是滞后的，公司管理当局无法根据市场变化及时调整经营策略，会计为企业提供决策支持的职能无法发挥出来。因此，无论是在传统会计中还是在网络财务软件应用下的网络会计中，一方面要继承历史成本计量的客观、可靠的优点，另一方面，要创建出新的计量方法，使之更好地在网络会计计量中运用。

（二）对会计报告的影响

会计报告由会计报表、附注及财务情况说明书组成，它包括定期报告和重大事项报告。会计报表提供可以用货币计量的经营信息。在传统会计中，会计报表是会计报告的核心；互联网在会计中的运用，使得会计数据的收集、加工、处理都可以实时进行，不仅快速，而且可以双向交流，会计信息的及时性得到极大的提高。甚至报表阅读者可以根据自身的需要，以会计的原始数据为基础进行再加工，获得更深入的信息。互联网是高科技的产物，并将日益成为人类经济生活中不可缺少的一部分。在以知识尤其是高科技为基础的知识经济社会，会计报告中包含的人力资源、环境保护等信息的重要性迅速提高，以前并不重要的信息或受成本效益原则约束无法披露的信息，都必须进行充分、及时的披露。由此，传统会计报表的结构和内容都需要进行较大的变革。在遵循原有会计报告制度的基础上，要增加对人力资源、环境保护等重要的信息在报告中的披露。

第九章　多元化会计管理的核算模式

第一节　会计核算模式的基本框架

会计的基本前提是财务会计基本假设或会计假设，它是组织财务会计工作必要的前提条件，若离开这些条件，就不能有效地开展会计工作，也无法构建财务会计的理论体系。财务会计的基本前提是从具体的会计实践中抽象出来的，是为了确保会计核算资料的实用性、合理性和可靠性，一般包括会计主体、持续经营、会计期间与货币计量等内容。企业为实现会计目的，确保会计信息质量，要明确会计的一般原则，即会计核算的基本规则和要求，这是做好会计工作的基本要求。因此，企业会计核算人员必须掌握会计核算的基本前提和原则，以会计核算工作支持企业的运行和发展。

一、企业会计核算的基本前提

（一）会计主体

开展会计工作必须明确会计主体，明确会计人员的立足点，解决为谁记账、算账、报账等问题。会计主体独立于其本身的所有者以外，会计反映的是一个特定会计主体的经济业务，而不是企业所有者的财务活动。明确会计主体要求会计人员认识到，他们从事的会计工作是特定主体的会计工作，而不是其他会计主体或企业所有者的会计工作。会计主体的规模没有统一的标准，它可能是独立核算的经济实体、独立的法律个体；也可以是不进行独立核算的内部单位。从财务会计的角度看，会计主体是一个独立核算的经济实体，特别是需要单独反映经营成果与财务状况、编制独立的财务会计报告的实体。

（二）持续经营

持续经营是指会计主体的经营活动，按既定目标持续进行，财务会计的一系列方法是以会计主体持续经营为条件的。只有在持续经营的条件下，企业的资产才能按历史成本计价，固定资产才能按使用年限计提折旧。若企业不具备持续经营的条件，如已经或即将停业，进行清算，则需要处理全部资产，清理全部债权债务。会计处理要采用清算基础。

（三）会计期间

持续经营的企业不能等到结束其经营活动时才进行结算和编制财务会计报告。应定期反映企业的经营成果和财务状况，向相关各方提供信息，要划分会计期间，把持续不断的企业生产经营活动划分为较短的经营期间。会计期间一般为一年，即会计年度。

把会计年度的起止点定在企业经营活动的淡季一般比较适宜，这是因为在企业营业活动的淡季，各项会计要素的变化较小，对会计要素进行计量，尤其是对计算确定本会计年度的盈亏比较有利。还因淡季的经济业务较少，会计人员有较为充足的时间办理年度结算业务，有利于及时编制财务会计报告。但随着现代市场经济的发展，目前各个行业企业的所谓淡季并不明显，这样的划分也存在着弊端。因此，我国《企业会计准则》规定，以日历年度作为企业的会计年度，即每年1月1日至12月31日为一会计年度。企业为及时提供会计信息、满足各方对会计信息的需求，也可把会计年度划分为更短的期间，如季度和月份。

（四）货币计量

企业会计提供信息要以货币为主要计量尺度。企业的经营活动各不一样、非常复杂。企业会计要综合反映各种经营活动，这就要求统一计量尺度。在现代市场经济环境下，货币最适合充当这种统一的计量尺度。以货币为计量尺度，为会计计量提供了方便，同时也存在一些问题。为简化会计计量，方便会计信息利用，在币值变动较小的条件下，通常不考虑币值变动。但是，因普遍性较高的通货膨胀给企业发展及会计核算带来较大影响，因此出现了通货膨胀会计。这是按物价指数或现时成本数据，把传统成本会计进行调整，考虑消除物价上涨因素对财务报表的影响，或改变某些传统会计原则，真实科学地反映企业财务状况和经营成果的一种会计方法。

进行会计核算，还要确定记账本位币，在企业的经营业务涉及多种货币的环境下，需确定某种货币为记账本位币；涉及非记账本位币的业务，需要采用某种汇率折算为记账本位币登记入账。按照我国会计制度与会计准则的规定，境内企业要以人民币作为记账本位币。

二、会计核算的几项原则

（一）会计核算须客观实在的原则

这一原则要求企业的会计记录和财务会计报告要真实、可靠，不可失真，能客观反映企业经济活动。会计核算要以企业实际产生的经营业务为依据，反映实际财务状况和经营成果。真实性和可靠性是会计核算的基本要求。

（二）会计核算须互相比较的原则

为比较不同的投资机会，信息使用者必然要比较不同企业的财务会计报告，以评估各个企业不同的财务状况、经营成果和现金流量状况。所以，企业进行会计核算和编制财务会计报告要遵循互相比较的原则，对同种经营业务，要采用同一会计程序和方法。要遵循国家统一的会计制度，严格按照国家统一的会计制度选择会计政策。

（三）核算要坚持一贯性的原则

这一原则要求会计核算方法要遵循同一规律，前后保持一致，不能随意变更。企业会计信息的使用者不仅要通过阅读某一会计期间的财务会计报告，把握企业在一定会计期间的经营成果与财务状况，还要比较企业不同会计期间的财务会计报告，明确企业财务状况和经营成果的变化状况与趋势。企业进行会计核算和编制财务会计报告要遵循一贯性原则。企业所采用的会计程序和方法如果已经不符合客观性与相关性原则要求时，企业就不能继续采用，应采用新的会计政策。

（四）相关性原则

相关性原则是财务会计的基本原则之一，是指会计信息要同信息使用者的经济决策相关联，即人们可以利用会计信息做出有关的经济决策。对会计信息的相关性要求随着企业内外环境的变化而变化。随着社会主义市场经济体制的不断完善，国家对企业的管理主要是利用经济杠杆进行宏观调控。与之相适应，国家对企业会计信息的需求也出现了变化。随着企业筹资渠道的多元化，企业之间的经济联系也在增强，会计信息的外部使用者已不仅仅是国家，而扩大到其他投资者、各种债权人等与企业有利害关系的群体。随着企业自主权的扩大，会计信息在企业经营管理中发挥了更大的作用。因此，强调会计信息的相关性，要求企业会计信息在符合国家宏观调控要求的同时，还应满足其他方面的需求。

（五）及时性原则

此原则主要是及时记录与及时报告。①及时记录要求对企业的经济业务及时地进行会计处理，本期的经济业务要在本期内处理。②及时报告是将会计资料及时传送出去，把财务会计报告及时报出，财务会计报告要在会计期间结束后规定的日期内呈报给应报单位或个人。③及时记录与及时报告紧密联系，及时记录是及时报告的前提。而及时报告是会计信息时效性的重要保证。所以，企业会计要把及时记录与及时报告有机统一起来。

（六）权责发生制原则

这一原则要求，对会计主体在一定期间内发生的各项业务，凡符合收入确认标准的本期收入，不论款项有没有收到，都要作为本期收入处理；不符合收入确认标准的款项，就是在本期收到，也不能作为本期收入处理。权责发生制所反映的经营成果与现金的收付不一致，它主要应用在需要计算盈亏的会计主体中。采用权责发生制反映企业的财务状况也有局限性，若按照权责发生制反映，有时企业虽然有较高的销售利润率，但现金流动性差，也可能遇到资金周转困难。一般企业是以权责发生制为主，辅之以收付实现制。

（七）配比原则

这一原则要求企业的营业收入与营业费用要按它们之间的内在联系正确配比，以便正确计算各个会计期间的盈亏。按营业收入与营业费用之间的不同联系方式进行配比。一是按营业收入与营业费用之间的因果联系进行直接配比。企业的某些营业收入项目与营业费用项目之间在经济上存在必然的因果关系，这些营业收入是因一定的营业费用而出现的，这些营业费用是为了取得这些营业收入而发生的，凡是这种存在因果关系的营业收入与营业费用就要直接配比。二是按营业收入与营业费用之间存在时间上的一致关系。某些营业费用项目虽然不存在与营业收入项目之间的因果关系，但要与发生在同一期间的营业收入相配比。

1. 企业财务管理会计核算配比原则的基本含义

在企业进行会计核算的过程中，正确利用配比原则可以较为准确地反映出企业在一定时期内的生产运营情况，体现企业财务的管理效果；同时根据这些信息，可以为企业的管理者在制定企业的发展决策时奠定良好的基础。收入、成本、费用在会计核算中的分配比例可以在很大程度上影响会计结算的效果，只有进行均衡的配比，才可以实现预期的目的。

一般来说，配比原则的含义是在企业会计核算的某一个时间段内所取得的收入以及与收入相关的费用、成本之间的配比程度，或者选定的不是某一个时间段，而是针对某一个会计对象来进行的配比。无论是哪一种，最终的目的就是要科学计算出企业获得的净损益值。实施配比原则的时候，主要根据受益方的利益来确定，在核算中谁受益最多，所要承担的费用就由谁来负责。此根据的本质特点是承认在会计核算的过程中，损益之间有一定的因果关系。但需要说明的是，这种因果关系并不是在所有的情况下都有效。在实际的管理过程中，一定要根据相应的配比原则来科学分辨出存在因果关联的直接成本费用，同时还要分辨出不显示直接关联的间接成本费用。在进行某一时间段的会计核算中，一般要确定损益的情况是通过将直接费用和企业的收入进行有效的配比来实现的。如果是用间接费用来确定损益的情况，则是依据与实际相符合的标准，在企业所生产的每一个产品中或者是每一阶段内的收入之间实行分摊的方式，根据收入配比的原则获得具体的损益情况。在企业会计管理具体工作的应用中，配比原则的实施主要包括三方面的内容，这三者之间是相互联系、相互统一的关系：第一，企业生产的某一项产品的具体收入和产品在生产中的实际耗费存在着相匹配的关系；第二，在企业进行会计核算的时间段内的具体收入同这一时期的具体耗费应该存在着相互匹配的关系；第三，企业某一部门的具体收入要同此部门在生产运营过程中的耗费存在相互匹配的关系。这样才能保证企业财务管理的各个环节都在合理的会计核算的掌控范围之内。

企业财务管理中的会计核算匹配原则在使用过程中要选取适当的方式，才能取得预期的效果。具体的配比方法包括以下两种：

第一种是因果配比方式，通常也被称作对象配比方式。具体的含义是指企业在生产运营中获得的实际收入，要和产生这些收入的费用进行合理的配比，这是为了更加科学准确地计算出企业进行经济交易时最终所获得的经济利润值。通常情况下，企业为了获得一定的收入，要先行垫付一些生产交易资金，在这一过程中要耗费一些人力、物力、财力，如此就产生了费用、成本、收入三者之间的因果关系，三者是相互对立又相互统一的。一般来说，企业获得的最终收入是一种结果，生成运营过程中的费用和成本是形成收入这一结果的重要原因。为了得到企业经济状况的损益值，就要实行因果配比方式来评估某一项经济活动的利润价值，对其涉及的成本、费用、收入进行科学的核算。

第二种是时间配比方式，通常也被称作期间配比方式，是指企业在同一个时期内对其生产运营活动的生产成本、费用、收入进行的配合对比分析，将分析的焦点集中在会计核算的某一个时间段中，也就是在一个会计期间内，认真确认其各项收入与其成本的关系，确切掌握在该时间段中的经济损益情况，为企业制订下一个时期的发展规划奠定良好的基础。

2. 企业财务管理中会计核算的配比原则在实际中的应用

在企业财务管理的会计核算中要正确利用配比的原则，才能使其发挥出应有的作用。首先是要仔细核对企业收入的实际金额，根据直接配比原则确定与之相关的生产成本；其次根据间接配比的原则，核实企业的日常营业税额及其他一些与企业损益情况有关的金额。具体来看主要体现在以下几个方面：

（1）配比原则要合理应用在企业所销售的产品的业务处理中

通常情况下，进行产品的销售，要依据具体的销售来确认收入的金额。在此过程中，参照已经销售的产品所消耗的费用情况，对成本进行相应的结算，这样做是为了使产品的收入与成本的费用之间的配比关系均衡化。所以在具体的实施过程中，要依据企业具体交易的特征，对每一项交易的实质都进行认真的分析与评估，同时要根据收入确认的具体要求来执行。在一些企业中仍然存在着不合理的情况，包括对已经销售的产品的成本计算不够到位，或者是把获得的相关价款归属于收入的范畴之内。这样在会计进行核算的时候，就对成本的计量准确性造成了一定的误差，也会给企业收入与成本及费用的配比关系造成影响，不能真实地反映出企业的经营成果，也会影响企业制定有效的发展决策。因此在企业进行会计核算的过程中，对于收到的价款可以认为是一项债务，不适宜将其归入收入的范畴内，这样就避免了影响正常的利润核算，提高了成本估计的准确性。

（2）在与让渡资产使用权有关系的业务处理中合理运用配比原则，和让渡资产使用权有关系的业务通常与企业的利润有着密不可分的关系

比如在金融企业中，计算资产负债表每天获得的利息收入中，也会涉及企业生产成本、收入、费用之间的关系。在实施会计核算的过程中，金融企业通常会依据他人使用货币资金的时间及利率的大小来计算与核对利息的收入状况，同时，所发放的贷款在这一会计期间所确认得到的利息收入应该和这一时期在办理存款时所支出的利息是相配比的关系。通常情况下，企业在生产经营过程中如果涉及让渡资产的使用权，在确定使用费收入的时候，为了让结果更加准确，可以依据相关的合同条款及协约的规定，来确定收费的具体时间，同时选择最为有利的计算方法。和当期存在关联的未来费用，要在本期内实施预提，同所有的预付款项有关的成本费用，进行记录的前提条件是当所有相关的收入都获得之后，这样做的目的是为了进行成本、费用、收入的合理配比。例如，使用成本模式进行计量的具有投资性质的房地产企业在进行会计核算的时候，如果租金的收入是一次性获得的，就应该依据条款分摊到每一个收益期间内，算作其他业务的收入，在当期计提的折旧或者是摊销则算作是其他业务的成本，这样就与收入形成了一种对应的关系。此外，如果在经营的过程中出现减值现象的，要做好房地产的减值准备工作，同时将其算作资产减值损失，这样也就构成了一种配比的体系。

（3）要在与公允价值变动损益有关的业务处理中合理利用配比的原则

通常来讲，企业的公允价值变动损益核算在最初核对时，一般会分成两种形式：一种是以公允价值计算同时其变动被归入当期损益的金融资产或者是金融负债中；另一种是利用公允价值的计量方式实施后续的计量过程。那么在资产负债表中，企业通常会根据公允价值超出账面余额的差额来贷记公允价值的变动损益科目，同时也会依据公允价值低于账面余额的差额来借记公允价值变动损益科目，以达到预期的效果。当企业在会计核算的过程中，大部分的企业都会把该项科目与配比原则结合起来使用。这样处理存在很多的不当之处，主要体现在以下方面：一是如果企业拥有该项资产当年可以进行出售处理的，可以把该项账户的余额全部结转到投资收益账户中来，这时

候该账户反映的是企业在生产运营过程中的潜在收益；二是如果要对该项资产实施跨年处理，那么在处理资产负债表每天的财务管理时，就要将该项目的余额同时转结到本年度的利润账户中，然后通过本年度的利润再结转到资产负债表中，这样在一定程度上也体现了成本、收入的相互平衡。

（4）要在企业的投资收益中合理利用配比原则

一般情况下，企业的投资收益指的是企业在特定时期内通过投资的方式得到的经济收入，该收入要同获得此收入所付出的成本进行相应的配比，这样有利于对企业实际利润的科学计算。需要注意的是，在会计核算中使用成本核算方式的企业，所得到的现金股利在某种程度上是属于长期股权的投资持有时间段内所获得的，如果将此也作为投资收益，就应该使用配比的方式来具体核算企业当期的实际营业利润。如果获得的现金股利是在非持有的时间段内获得的，就不应该作为投资收益，在具体的核算过程中就不能参与到配比原则中来，这样才可以体现配比原则的实际效用。可见通过正确的方式才能将企业会计核算中的配比原则的功效发挥出来，从而对企业的生产运行成本、费用、收入进行科学的计算。还要注意每一环节的全面性，如成本就包括制造费用、销售税金及附加费用等，同时要将收入与成本放在同一个时期内来计算，增强核算结果的可靠性，并为企业的经营实践提供更多的参照依据。

（八）谨慎性原则

谨慎性原则即稳健性原则，存在不确定因素的条件下进行预计时，采取不造成高估资产或收入的做法，防范损害企业的财务信誉，避免信息使用者对企业的财务状况与经营成果持盲目乐观的态度。这一原则的基本内容是：不预计收入，但预计可能出现的损失；对企业期末资产的估价宁可估低，也不能估高。

1.谨慎性原则的基本要求

谨慎性原则亦称稳健性原则，通俗地说是指在处理企业不确定的经济业务时，应持谨慎的态度。凡是可以预见的损失和费用都应记录和确认，对没有十足把握的收入则不能予以确认和入账。随着会计环境的变化，会计目标从报告经管责任向信息使用者提供有用的会计信息转化，谨慎性原则也逐渐成为具有相关性和可靠性质量特征的会计信息。我国《会计准则》中规定，企业在会计核算时，应当遵循谨慎性原则的要求，不得多计资产或收益，少计负债和费用，也不能计提秘密准备。谨慎性原则的基本要求如下：第一，谨慎性原则存在的基础是不确定性的事项。第二，对各种可能发生的事项，特别是费用和损失，在会财务确认和计量的标准是"合理核算"，对可能发生的费用、负债既不视而不见，也不计提秘密准备。对"合理"的判断则事实上取决于会计人员的职业判断。第三，运用谨慎性原则的目的是在会计核算中充分估计风险损失，避免虚增利润、虚计资产，保证会计信息决策的有用性。

2. 谨慎性原则的适用范围

谨慎性原则并不能应用于所有会计业务的处理，只能应用于存在不确定性的业务。不能把谨慎性原则简单地理解为不多计资产或收益、少计负债或费用。对于处理真实可靠、能够准确计量的经济业务时，只能如实反映准确计量，不存在谨慎的问题。会计人员处理不确定性业务主要分为以下几种情况：

（1）会计业务的发生本身具有不确定性

会计处理经济业务时有些具有不确定性，其结果须通过未来不确定事项的发生或不发生予以证实，比较典型的是或有事项。谨慎性原则要求在充分披露或有事项的基础上，对发生具有不确定性的经济业务进行会计处理时，可适度预计或有事项可能引起的负债和损失，尽量不要预计或有事项可能发生的资产和收益。

（2）经济业务确认和会计政策选择时的不确定性

会计规范规定的会计确认和会计政策选择标准一般是抽象、原则化的，是会计实务基本特征的综合性体现，是对会计业务做出的普遍性规定。而会计人员面对的会计业务是具体而复杂的，会计人员在处理具体业务时自然面临着抽象、原则化的标准与具体、特殊的业务之间存在的或多或少、或大或小的差别。在对经济业务进行确认时，需按照会计标准对具体的会计事项进行职业判断。

（3）经济业务计量时的不确定

会计计量是指确定经济业务的发生额。会计人员在处理会计业务时，不仅要对经济业务进行分类确认，还要进行计量记录。在确定经济业务发生大小的时候，对企业发生的经济业务可以分成以下两类：一类是业务的大小可以按照实际发生的各种单据加以证实，只用单据写明的发生金额进行反映即可；另一类是业务发生额的大小无法按照实际发生的单据加以证实，业务发生的金额需由会计人员进行估计确定。在确认和计量过程中，当发生的交易或事项涉及的未来事项不确定时，必须对其予以估计入账。

（4）信息使用者信息需求的不确定性

会计处理的主要目的就是满足信息使用者对企业财务状况、经营成果和财务变动状况等会计信息的需求。但会计信息使用者是多方面的，既有内部管理者，又有外部信息使用者，各方面信息使用者出于自身利益的考虑，其信息关注的重点及对信息的要求也是不同的。另外，企业经营的过程是持续不断的，信息使用者的信息需求会随着时间的推移，以及社会状况、经济状况的不断变化呈现出新的特点。从谨慎性原则考虑，企业对外提供的会计信息，特别是会计报告应满足信息使用者各个方面、各个层次和不同时段的要求。企业不可能对各方面信息使用者分别提供报告以满足其个性化的信息需求，这就要求企业应尽量了解企业信息使用者各方面的信息需求，对外披露的会计报告应尽量全面地提供企业各个方面的会计信息，并随着时间的变化不断加以改进，以满足信息使用者的信息需求。

3. 实际运用谨慎性原则中存在的问题

（1）谨慎性原则可能使企业操纵利润具有更强的隐蔽性

谨慎性原则是会计对经营环境中不确定性因素的一种反映。比如存货，计提存货跌价准期不备使得当期利润计算偏低，期末存货价值减少，会导致以后期间销售成本偏低，从而使利润反弹。对于期末存货占资产比重较大的企业（如房地产开发公司），这不失为操纵利润的手段。因此，企业可能在某一会计年度注销巨额呆滞存货，计提巨额存货跌价准备，实现对存货成本的巨额冲销，然后次年就可以顺利实现数额可观的净利润。这种盈余管理只需对期末存货可变现净值做过低估计，而无须在次年大量冲回减值准备即可实现，因而具有更强的隐蔽性。

（2）谨慎性原则具有极大的主观臆断性

谨慎性原则的主观臆断性，受会计人员的业务素质、职业判断能力的影响较大，可能导致会计信息的不可验证性。成本与可变现净值中的"可变现净值"如何计量确定在会计制度中表述为："可变现净值，是指企业在正常经营过程中，以估计售价减去估计完工成本及销售所必需的估计费用后的价值。"这三个估计中任何一个估计脱离实际较大，可变现净值就难以计算正确。接受捐赠的固定资产（或无形资产）在无取得发票账单和不存在活跃市场的情况下，制度规定按该接受捐赠的固定资产（或无形资产）的预计未来现金流量计算多少，折现率选用多大，都需要看会计人员的职业判断能力高低。由于谨慎性原则具有主观臆断和不可验证性，致使该原则易被滥用以达到实现虚增企业利润和欺骗外部信息使用者的目的，为企业进行利润操纵和会计欺诈造假提供了"合理"空间，导致会计信息具有不可验证性，造成了会计信息的失真。

（3）会计人员职业水平较低，滥用谨慎性原则

谨慎性原则在运用中的"可选择性"，要求会计人员具有较高的业务素质和职业判断能力。目前，虽然我国会计业的发展较为迅速，但是所培养出的会计人员素质还存在较大的缺陷。一是部分会计人员业务水平较低，难以掌握新的核算要求，更谈不上在会计实务中正确应用新制度。因为新制度中"可选择性"的范围日益扩大，尤其是谨慎性原则应用的许多地方需要会计人员的职业判断，如坏账准备提取的比例、存货可变现净值大小等。二是部分会计人员职业道德素质低下。虽然这些会计人员知道如何准备应用谨慎性原则，但基于特定目的，往往会对这一会计政策进行滥用。

（4）会计政策的可选择性较强，企业资产和利润易被扭曲

会计政策是企业在会计核算过程中所采用的原则、基础和会计处理方法。会计政策选择是企业在公认的会计准则、其他法规等组成的会计规范体系所限定的范围内，

管理当局在确认、计量、记录及报告的整个过程中，对可供选用的特定会计原则、会计基础、具体会计处理方法进行分析、比较，通过主观判断，选择有利的会计原则、程序和方法的行为。如在实际成本计价下，发出存货的成本按什么价格计价，是采用先进先出法，还是采用后进先出法或加权平均法，企业做出的任何一种选择，都会使当期利润偏高或偏低；固定资产采用何种折旧法，也会影响到当期利润的高低。由于会计政策的可选择性较强，使资产和利润的目的不一定能够完全实现。

4.完善谨慎性原则的对策

（1）进一步完善会计法规

会计准则中存在大量的不确定措辞，比如"可能""极有可能""极小可能"等，如何界定这些情况便成为影响会计选择和会计处理方法的重要因素，所以在制度法规中应明确规定或说明。比如对企业的会计核算和信息披露进行严格规范，严格限定企业会计选择、会计估计变更、会计估计差错更正上的权力，尽量减少对同类或类似业务处理方法的多样性和选择性，对不同行业不同规模企业特有的业务做出分类的规定，某些企业只能适用其中的某一类情况等，从而缩小会计人员人为估计判断的范围，使其估计判断也有章可循。

（2）适当增加财务报表附注，对冲突情况予以充分披露

有必要在信息披露中充分说明谨慎性原则的应用时间、范围和程序，揭示因与其他会计原则的冲突而对企业财务和经营成果的影响程度及其变动情况。对于某些运用谨慎性原则处理的会计事项，应在会计报表报告中加以阐明，不但要反映影响金额，而且应揭示会计事项的真实情况和会计人员的处理方法，以使信息使用者明确事实，独立判断。充分的信息披露能有效地提高信息可比性，从而使与企业有利益的关系者能准确地把握企业的财务状况，防止冲突进一步恶化而误导企业会计信息使用者。

（3）提高企业会计人员的职业判断能力和职业道德

任何会计原则、方法在会计实务中的贯彻和运用都离不开会计行为的主体——会计人员。会计职业判断能力主要是指会计人员在履行职责的过程中，依据现有的法律法规和企业会计政策做出的判断性估计和决策。鉴于会计准则和制度中"可选择性"的范围日益扩大，尤其是如何保证会计人员在应用谨慎性原则时把握好"度"，要求会计人员必须提高职业判断能力，使其能够准确地把握谨慎性原则的实质，在对不确定事项进行估计和判断时，力求客观和公正，避免主观随意性。提高会计职业判断能力可以从以下三个方面入手：其一，应当加强会计职业道德教育，会计人员必须遵纪守法、遵守职业道德；其二，会计人员应系统掌握会计专业知识，练好扎实的基本功，还应具有强烈的责任心，对本职工作态度严谨，立足岗位，踏实苦干；其三，会计人员应不断更新专业知识，加强后续教育，还应主动与相关部门沟通，具有团结协作精神。

（4）加强审计监督，强化企业风险意识

谨慎性原则在实际操作过程中具有较强的倾向性和主观随意性，因此必须加强审计监督，防止滥用和曲解谨慎性原则，避免人为地加剧与其他会计原则的冲突。对企业的内部管理者而言，应认识到谨慎性原则的运用只是会计对风险加以防范和管理的一个环节，管理者不要过分信赖。要强化企业的内在约束机制，提高会计人员的职业道德意识，优化会计行为，从而使谨慎性原则得到合理的运用。并充分发挥独立审计的外部监督作用，为谨慎性原则的正确运用构造"防御"体系。为防止企业基于自身利益的考虑不用或滥用谨慎性原则，应加强以独立审计为核心的外部监督体系，确保会计信息的公允性和谨慎性原则的合理运用。

（九）重要性原则

这一原则是在保证全面完整反映企业的财务状况与经营成果的条件下，按一项会计核算内容是否对会计信息使用者的决策产生重大影响，决定对其进行核算的精确程度，以及是不是在会计报表上单独反映：凡是对会计信息使用者的决策有较大影响的业务和项目，要作为会计核算和报告的重点；对不重要的经济业务可以采用简化的核算程序和方法，可不在会计报表上详列。会计核算的重要性原则，在较大程度上是对会计信息的效用与加工会计信息的成本的考虑。若将企业复杂的经济活动，都详细记录与报告，不但会提高会计信息的加工成本，还可能让使用者无法有针对性地选择会计信息，反而对正确的经济决策不利。

1. 在设置会计账户中重要性原则的运用

企业的主营业务与其他业务的划分主要是根据其不同的经营业务主次进行。企业主要的生产经营业务就是我们常说的主营业务，会计重要事项就是主营业务在会计核算中的主要反映。因此，专门设置了可以反映出主营业务成本变动、主营业务税金及附加情况的"主营业务成本"和"主营业务税金及附加"。2016 年 22 号文将"营业税金及附加"改为"税金及附加"，去掉"营业"二字，具体规定为：全面试行营业税改征增值税后，"营业税金及附加"科目名称调整为"税金及附加"科目，该科目核算企业经营活动发生的消费税、城市维护建设税、资源税、教育费附加及房产税、土地使用税、车船使用税、印花税等相关税费；利润表中的"营业税金及附加"项目调整为"税金及附加"项目。由于其他业务相对次要，所以会计利用"其他业务支出"来记录和反映其他业务税金和成本，而不另行记录。

设置"预收或预付账款"账户。企业购买生长周期较长、投资较大且极为紧俏的商品时，必然要预付部分货款给对方，这就是常说的定金。在使用会计账户时，企业应当根据重要程度不同的预付货款进行不同的会计处理。企业预付账款在一定的时期内发生过多，企业预付账款在企业总的资产中所占的比重就会相对增加。因此，预付货款这一重要的企业经济业务，应当设置专门的"预付账款"账户来进行货款核算；相反，预付货款业务较少发生或偶尔发生时，"预付账款"就不存在专门设置的必要，企业可以将会计账户合并到同一账户中集中进行反映，以达到会计账户简化的目的。预收货款和预付货款可采用相同的会计处理方法，按照预收货款重要程度来决定其是进行单独的账户设置还是合并到"应收账户"中进行数据核算。

"投资收益"内容的核算。在企业的会计制度中规定，企业的对外投资收益及损失均由"投资收益"账户来反映，用贷方余额来反映出企业投资的净收益，而借方余额则反映企业的投资净损失，也不存在分项核算损失和收益账户必要。

设置银行存款及现金日记账的必要性。在企业银行存款和现金账户设置中，企业会计制度中明确规定其在相应总账的设置之外，并根据企业分类设置的相应的日记账进行核算。现金与银行存款是企业资产中流动性极强的两种，是企业的经济命脉，如不设置银行存款与现金日记账，则可能造成企业资金被盗窃或是挪用等重大的企业经济损失。因此，企业应当加强对银行存款和现金账户的管理。

2. 会计处理方法中重要性原则的应用

个别计价法按照实际进货单价计算已发出的存货成本，它属于存货计价法中的一种重要计价方法，使企业成本流与存货实物流转一致性得以实现。该方法具有较高的准确性、真实性及合理性，它必须认定结存和发出的存货的具体批次。该方法操作复杂、效率低。因此，对存货数量较多且单价较低的货品，个别计价法并不适用。相对来说，那些较易识别、存货数量少、单位成本高的飞机、船舶等贵重物品才会采用个别计价法，以确保成本的准确合理计算。

进行股票发行手续费与发行佣金等相关费用的具体处理。针对股份公司通过委托其他单位代理发行股票所产生的手续费及佣金等各项费用，其余额为减去股票发行的冻结期间利息收入。如股票的发行溢价不足以抵消的，或无溢价产生的，可直接计入企业的当期损益之中；而金额较大的，可作为长期待摊费用，在两年内摊销完毕，然后计入各期损益。为了保持各期损益的均衡，企业可采用分期平均摊销法，以便会计信息使用者制定正确的企业经营决策。重要性原则在会计处理中的运用较为广泛，且可以根据不同情况进行不同的选择。除上述介绍的几种方法外，还有对出借、出租低值易耗品与包装物进行成本摊销的方法、计提短期的投资跌价准备、处理债券投资中产生的手续费及税金等相关费用、确定企业融资租入的固定资产入账准备价值。

3. 在会计信息披露中重要性原则的应用。

财务报告主要由会计报表和会计报表附注、财务情况说明书三部分构成，企业会计信息的对外提供主要依靠财务报表来实现。会计报表附注又可分为补充和说明会计报表中的各个项目披露，并对那些会计报表中表现较为重要的企业财务信息进行说明，由于这些信息对会计信息使用者造成的巨大影响，根据会计重要性原则对这些信息加以披露。

第二节　会计核算模式发展分析

会计是社会发展到一定阶段，为适应管理生产过程的需要而产生的对劳动耗费及劳动成果所进行记录、计算、比较和分析的工具。它是一个信息系统，通过对大量原始数据的收集和处理，反映企业财务状况和经营成果，对企业的投资做出正确的决策。

一、手工会计核算模式

手工会计核算是指会计人员主要靠人工进行对原始数据的收集、分类、汇总、计算等形式，通过对原始凭证和记账凭证的两种分类，采用日记账、明细账、辅助账、总账以及会计法规定的会计核算形式，采用"平行登记、错账更正、对账、试算平衡、结账、转账"等记账规则的运用，进行账目处理的会计核算体系。它在传统的会计处理中一直占据主导地位。手工会计核算模式的特点主要有以下几点：

（一）复杂性

信息关系复杂，会计信息主要包括资产、负债、所有者权益、成本、损益等几大部分。这些信息有着相互依存、相互制约的紧密关系，如资产、负债与所有者权益之间的平衡关系、成本与损益之间的消长关系、总括信息与明细信息的核对与统辖关系。信息接口复杂，会计信息是以货币形式综合地反映企业的生产经营活动，其信息的源点和终点触及供、产、销每个环节以及人、财、物等每个部门或单位。信息计算复杂，会计信息的处理过程自始至终离不开各种计算方法，如固定资产折旧的直线法、双倍余额递减法、年数总和法，存货计价的移动加权平均法、先进先出法、个别认定法，产品成本计算的品种法、分批法、分步法等。

（二）有序性

会计系统对经济活动的反映与监督是根据经济业务发生的先后顺序连续不断地进行的，即根据主体每一经济交易或事项发生的时间先后顺序，填制和审核会计凭证，设置和登记会计账簿，试算和编制会计报表，进行财务分析。期间，涉及会计信息的判断、确认、分类、计算、组合、复核、记录、再分类、再重组等多个技术环节来生成对外会计报表和对内财务报告，然后再开始下一个会计期间的循环。这些环节环环相扣，循序渐进，不得随意打乱和跳跃。

（三）规范性

会计信息处理具有一整套系统、完整的程序和方法，必须遵循"企业会计准则""企业财务通则"及行业会计制度的规定，会计信息的收集、处理、交换均必须以有形的实物为载体，如出库单、发票等原始凭证，活页式、订本式的账簿，具有一定格式的会计报表等，对于每一环节的处理结果都具有可验证性，并可追溯其来龙去脉，提供清晰的审计线索。

（四）分散性

由于会计信息系统综合、系统地反映企业经济活动的全貌，使会计信息处理的工作量很大，在手工条件下需要由多名会计人员分工协作才能完成。为避免人工在任何环节与任何时候都可能出现的计算、记录等方面的差错，根据复式记账原理，环环检查、平行登记、账证核对、账账核对、账表核对、试算平衡等技术要贯穿于整个处理过程。

（五）单一性

具体表现为会计主体单一：会计信息系统仅收集、处理和交换与主体直接相关的经济事项的信息，而不包括所在行业的信息，以及与企业有关的国家宏观经济政策或市场信息，如产业结构调整政策、有关股票市价。会计期间单一：手工条件下，会计系统只能以"月"作为最小会计期间来提供会计信息，而不能提供更小单位期间的信息，如某产品的"周成本"或"日成本"。货币计量单一：会计系统只收集、处理和交换能够用货币描述的经济事项的信息，而不包括非货币计量的信息，如企业人力资源的投资与更新、企业环境绿化与"三废"治理的信息。核算方法单一：会计系统只确认主体认定的核算方法所生成的信息，而不包括其他备选方法或程序所可能生成的信息，如主体认定存货计价采用先进先出法，系统便不能存储和生成后进先出法、加权平均法、个别认定的存货信息。信息确认单一：会计信息系统仅收集、处理和交换已发生的经济事项的信息（历史成本），而不包括未发生的经济事项的信息，如未决诉讼、潜在的市场利润与风险等。

二、计算机会计核算模式

会计电算化是将计算机技术应用到会计领域，完成数据的自动化。会计电算化的概念有广义和狭义之分，狭义的电算化是以电子计算机为主体的当代电子信息技术在会计工作中的应用；广义的会计电算化是指与实现社会会计工作电算化有关的所有工作。会计电算化通过数据库存入或提取会计信息，打破了传统手工系统会计工作对会计事项分散处理的记账规则。

会计核算在财务工作中十分重要，但随着社会的发展，传统的会计核算模式已无法适应时代发展的需求，而网络技术的飞速发展给会计工作带来了新的契机，信息网络技术开始广泛应用于会计工作中，使财务工作变得十分便利。

（一）信息化环境下企业会计核算模式概述及应用现状

（1）与传统的会计核算模式相比，信息化环境下会计核算模式的基本框架并未改变，依旧遵循其基本原理，通过会计凭证账簿和报表来收集财务信息。同时，在传统模式上也缺乏创新。一些会计核算软件的应用，在一定程度上加大了会计核算的广度、深度和灵活度，增加了其时效性。大量的财务信息、纷繁的数据，通过软件来处理，充分利用网络信息技术，不仅能在短时间内得出精确的数据分析结果，也解放了人力资源。

（2）会计在长期积累经验和发展的过程中，逐渐形成了传统的核算模式。时至今日，虽然网络技术发展迅速，但传统的会计核算模式仍然是财务会计中重要的部分，具有非同寻常的意义。然而，传统的会计核算模式主要适用于手工核算方法，存在诸多缺陷，也不能适应信息时代会计核算的需求。随着科技的发展、信息时代的到来，企业会计核算也逐渐朝信息化方向发展，克服了许多传统会计核算中存在的问题，使财务工作变得极为便利。

（二）信息化条件下会计核算的优势

信息化的会计核算，即把新兴的计算机网络技术与传统的会计核算模式结合起来，对传统的会计模式进行改良，使会计核算与企业管理形成互动和共享。信息化背景下，一方面会计核算的思想观念和核算方式都有了很大的创新；另一方面又遵循会计核算的基本原则。

1.深化了会计核算的标准

信息化的会计核算仍以账簿和报表为核算信息的主要方式，保留了传统会计核算的基本内容，但同时又深化了传统的会计核算方式。由于传统的会计核算是采用人工核算的方式，效率很低，因此每次只能采取单一的一种核算方式。然而，运用计算机网络技术，却可以同时采用多种会计核算方式进行核算，满足不同层次的企业管理需要，具有高效性和便捷性。另外，在序时核算中，传统的会计核算方式只能采取三栏式日记账方法。在信息化的环境中，序时核算可以采取的方式不再只是一种，核算的科目也不只是货币资金科目，而是扩大到了其他科目。此外，信息化背景下的会计核算可以在电脑上完成，通过各种软件完成大量的各种各样的复杂型报表。甚至采用二维乃至三维的结构来更加全面和深入地反映一些问题，从而大大提升了会计核算的深度。

2.增加了会计核算的广度

会计核算广度一般是指会计核算的工作范围。信息化氛围中，会计核算不单单需要借助传统的价值尺度对其进行核算，且需要采用很多非货币的方式来进行核算，同时也可以根据不同的需要，设置多套账簿，从而解决传统核算模式单一的现状，增加会计核算的广度。

3. 使会计核算的效率提升

信息化的企业会计核算模式在运行过程中使用了各种先进的理论和设备，在核算效率上有了明显的提升。在新的会计核算模式下，企业的经营情况能被更为直观地展现出来，财务人员的工作压力也明显减小，同时核算质量也获得了极大的提升。应用新的成本核算方式使得信息收集和分析变得更为便捷，减少了核算工作所耗费的时间，从而起到控制核算成本的作用。

（三）信息化环境下企业会计核算模式的分析

信息化有效推动了会计核算的发展，深化了传统核算模式的改革，促进了会计核算的深度和广度，提高了会计核算灵活度，增强了会计核算时效，同时也扩增了会计核算模式。下面从五类新的核算模式入手，探讨信息化环境下企业会计核算模式的改革。

1. 综合的零级核算模式

为了更好地满足企业经营管理需求，需要对目前存在的一级科目进行分类，以便组建一个较高层次的会计科目，即所谓的零级科目，在该条件下进行的会计核算就属于零级核算模式。

（1）零级核算模式的主要特点

首先，零级核算模式一般是选择随机核算制，可以对各种零级核算随机抽取；其次，一级科目一般是零级核算模式得以进行的基础；最后，重新分类，并由此进行零级核算，这样就可以构建一个概括性的零级科目。

（2）零级核算模式的常规分类

零级核算模式的常规分类口径可以从会计对象、会计要素、会计科目、流动性等几个方面分类。零级核算模式的常规分类口径实现的是"全部分类"，即把所有的一级科目都按照要求划分到某零级科目中，从而实现单一的零级核算。除了从会计对象、会计要素、会计科目、流动性四个方面进行分类外，还可以把所有资产划分成一类，其余的科目不分类；所有者权益不分类，而其余的一级科目需要按照要求分类；将负债划分成一类，其余的科目不分类；按往来科目分类；按资产净值分类。小规模类等不能抵扣增值税的，购入材料按应支付的金额，借记本科目，贷记"银行存款""应付账款""应付票据"等科目。

2. 实时核算模式

实时核算是指在会计核算期内能及时响应的核算，实质是实时操作在会计核算中的主要应用。在实时核算过程中，通常会形成核心的中央数据，其已成为控制随机核算数据的主要指标之一。

（1）实时核算模式的主要特点

通常情况下，实时核算模式包括以下三个特点：第一，采用实时核算制，可以实时提供符合要求的会计信息；第二，根据已编好的核算单位和科目编码进行核算；第三，采用汇总核算方法，这样可以确保实时核算的准确性。

（2）实时核算模式的基本内容

在进行核算过程中，实时核算模式一般会形成核心的中央数据，并将这些数据存储于中央数据表中，根据各级编码汇总和核算单位进行登记和分类，主要包括各级明细分类账和总分类账。其无法对逐笔序时的发生额进行反应，而仅能反映科目编码和核算单位的汇总数据。凭证表一般属于核算的数据源表，它提供的原始数据要在实时核算模式下进行加工。例如，会计电算化就是采用实时核算的一种核算模式，在发生可以用货币计量或以实物计量的经济业务时，会计从业人员将经济业务原始会计信息输入会计软件中，会计软件就可以快速分析和计算。会计电算化和会计软件在运行时都要遵循会计恒等式、核算时要复式记账、平行登记和账账相符等原则，从而确保会计分录，会计凭证的正确度。根据经济业务的特点，经济业务可以是资产类业务、负债类业务、所有者权益类业务、成本类业务及损益类业务，每次输入新增的原始数据，会计软件就可以根据新增的会计信息实时分析和处理系统中已有的会计信息，并快速生成关于资产类、负债类、所有者权益类、成本类和损益类等科目的最新信息。管理者可以随时参考这种实时生成的会计资料，为公司或企业的发展做出决策。

3.分组核算模式

通常情况下，需要根据企业经营管理要求，对已有的各级明细科目进行随机概括和分组，这样可以形成一系列符合企业会计核算要求的会计科目，并且可以将这些会计科目定义为分组科目。然后依据分组科目进行分组核算，即所谓的分组核算模式。

（1）分组核算模式的主要特点

分组核算模式包括以下两个方面的特点：第一，采用随机核算制，该过程中需要实时提供新的明细核算指标；第二，在已有明细科目基础上对其重新分组，从而组成全新的明细分组科目，其一般需要进行现场指定。

（2）分组核算模式的主要内容

分组核算模式中所涉及的主要内容一般由现存的明细科目分组口径来进行现场随机指定。对于一些比较常用的分组口径，通常会将相关信息保存到分组信息表中，并在后期使用过程中做到随时调用，而不需要重复分组。计算机或会计软件对于新增的会计信息，可以打破传统的分组方式，将系统内的会计信息再次分组，这种分组是瞬间完成的，而且分组的精确度非常高，为后期的会计核算奠定坚实的基础。分组核算模式的常规分组口径有以下两种：按现金流量大类分组或是按投资种类分组。

4. 重组的混合核算模式

根据企业经营管理的需要，对所有科目实施重新分类组合，包含各级和一级明细科目，从而组建一个混合科目，然后根据要求对其实施会计核算，即所谓的混合核算模式。混合核算模式使用对企业会计核算具有重要意义，不仅打破了科目的级别特点，而且能提供新的混合核算指标。

（1）混合核算模式的主要特点

混合核算模式包括以下三个方面的特点：第一，采用随机核算制，一般按照新提供的混合核算指标进行会计核算；第二，不需要对编码级别进行分类就能实现现有科目编码的重组，从而形成新的混合科目，并对其开展混合核算，一般需要在现场指定；第三，一般不需要采用汇总的核算方法，仅选择逐笔序时的核算方法即可。

（2）混合核算模式的主要内容

混合核算模式中所包含的主要内容是由混合科目的口径来决定的。实际上，混合核算属于分组核算和零级核算的结合，使用起来比较灵活。混合核算模式可以对所有会计科目进行重组，不论是一级科目、二级科目或三级、四级科目，在形成新的混合科目之后，按照重新组合的混合科目进行核算。这种混合的科目组合可以满足企业特定情况下对会计工作的要求，如对企业会计信息进行抽查和试算平衡时，为保证审查工作的公平公正，将企业会计科目全部打乱，再审查企业会计工作是否合规；有时候在试算平衡时，如果花费了很长时间却不能找到哪里出现了错误，那么就可以采用混合模式，打破思维定式，寻找试算不平衡的原因。

5. 延伸的辅助核算模式

为了满足企业会计核算需要，可以对已有的底层明细科目进行适当延伸，从而形成若干会计科目，然后根据这些科目进行会计核算就是所谓的辅助核算模式。

（1）辅助核算模式的主要特点

辅助核算模式包括以下三个方面的特点：第一，选择随机核算制，其能为企业会计核算提供比较细致的核算指标；第二，在现有底层明细基础上进行适当延伸，从而构建全新的辅助科目，并根据标准进行辅助核算，一般需要在现场指定；第三，辅助核算模式不仅需要汇总的核算方法，同时也采用了逐笔序时的核算方法。

（2）辅助核算模式的主要内容

辅助核算模式所包含的内容是由编码内外的划分来决定的。辅助核算模式对于那些具有纷繁复杂经济业务的企业和公司具有重要作用。在企业或公司的经济业务特别复杂时，为了方便会计分录工作，会计审核需要给一些经济业务进行辅助编码，这些辅助编码在企业的会计信息中占有一席之地，有效简化了会计人员的工作。

企业会计核算在如今企业发展中起着举足轻重的作用，随着社会的进步和经济的发展，它变得越来越重要。随着我国经济的高速发展和计算信息技术的飞速进步，对企业会计核算也有了更高的要求。因此，我们要不断创新，使之更加适应现代化的需求。

第三节　代理制会计核算模式

财务代理公司能够按照规范要求进行会计核算，为企业经营决策提供所需要的财务信息，无须配备专职财务会计人员进行会计核算，减少了会计人员薪金及劳动保障等用工成本支出，简化了劳动用工管理手续，也不必担心人才流失，照样可以享受高品质、更专业的财务会计服务。

一、企业施行代理制会计核算的必要性

（一）我国小企业会计核算中存在的问题

1. 会计工作秩序混乱

我国大部分企业是合伙企业或合作制企业，根据相关法律规定，只有具备相应条件才能取得法人资格，多数企业并不具备企业法人地位，对外往往需要承担无限责任。一旦遭遇经济纠纷或者人员矛盾，就会造成会计工作秩序混乱，会计信息失真的情况比较严重，造假账、编假表、报假数等，缺乏有效的会计核算，不利于责任的明确划分，而且会因提供无用的会计信息给国家制定宏观经济政策造成失误，给市场经济秩序造成混乱。

2. 会计人员专业素质低

目前，我国企业会计机构设置得较为简陋，会计监督严重弱化，导致职责范围不明朗，总体上难以形成一套可行实用的会计制度和工作流程；同时，多数小企业没有专业化的会计人员，更谈不上专业化的会计队伍，往往由非专业人员来兼职，人员专业素质低，更有部分企业的会计工作由企业主一人揽下，缺失明确的分工，以谋取私利或小利益，工作上往往顾此失彼。

3. 会计制度形同虚设

完善的会计制度是推动小企业向前发展的强大动力。然而，我国很多小企业并没有综合考虑自身经营情况，往往直接搬用大企业的会计制度。同时，会计人员一味听从企业主的意见去工作办事，造成原有会计制度操作性不强，约束力不大，会计工作中有法不依、执法不严、违法不究的情况比较严重。

4. 会计内部规范弱化

一是银行账户多，货币资金管理混乱，公款私存私借、白条抵库现象严重。二是各类票据多，收支凭证乱，普遍存在使用自制收支票据的现象，大量的收支凭证要素不齐。三是违规账目多，会计核算及档案管理混乱，自行设置会计科目，会计报表在编制上较为粗糙，种类不齐全。四是收入不入账，"小金库""账外账"屡禁不止，扩大报销范围和标准。有的财务人员只管付款，不管审核凭证；只管记账，不管监督。且认为领导批的就有效，内部控制制度不严，致使应体现的会计信息不能真实、完整地体现，严重影响会计工作质量。

（二）我国小企业采用代理记账的必要性

《会计法》第无须 36 条第一款规定："各单位应当根据会计业的需要设置会计机构，或者在有关机构中设置会计人员并设定会计主管人员；不具备设置条件的，应当委托经批准设立计代理记账业务的中介机构代理记账。"为了具体规范代理记账业务，《代理记账管理法》第 11 条规定："依法应当设置会计账簿但不具备设置会计机构或会计人员条件的单位，应当委托代理记账机构办理会计业务。"由此可见，不具备设置会计机构的小企业，可以采用代理记账的方式。

现代企业在发展过程中，对会计的要求不再是简单地记账就万事大吉了，需要会计出谋划策、运筹帷幄，这就对企业会计提出了更高的要求。由此，具有一定专业水平、专门为小企业提供会计咨询服务、为企业的发展和经营提供可靠财务保障的代理记账公司应运而生。记账公司的出现从很大程度上弥补了小企业在会计核算中存在的不足，之所以能被接受和推广，主要是具备以下两方面的因素。

1. 节省成本开支

不具备设置会计机构或会计人员条件的小企业，如果聘请能力较高的会计，虽然账务处理能力较强，但是会计的费用相对较高，对小型企业来说难以承受。再加上许多有一定能力的会计不愿到这种类型的企业任职，这就给企业想拥有业务能力强的会计带来一定的难度。

而代理记账公司能为小型企业提供做账、报税、企业咨询、财务顾问等专业性的服务。小企业委托代理记账机构来进行会计核算，不仅可以减少对会计人员工资及社会保险等费用开支，无须花费较大的成本培养专业人才，也不必担心人才的流失造成企业不必要的经济损失，这样就能以较小的付出，得到专业化、高质量的管理服务。由此可以看出代理记账可以为小企业带来诸多方便！

2. 提高企业效益

代理记账公司是经过工商机关审核、注册登记的企业，有固定的办公场所，公司员工一般具备合法代理记账、代理申报纳税、会计业务咨询服务、会计人员培训等资格，对会计电算化和电子申报等现代化手段运用熟练，能满足各类中小型企业对会计工作的要求。小企业在委托代理记账时，还可享受代理记账公司根据企业需要提供的税收筹划，从而合理利用税收优惠政策，为企业节省许多不必要的开支。通过代理记账公司的关系网络，很好地提供财务信息，为企业的运营提供便利的条件，有利于企业的经营管理和经济效益的提高。如果代理公司的差错造成企业损失，将由代理公司赔偿。这种责权关系也可解除企业的后顾之忧。

随着社会的发展和进步，经济也在快速发展和提高。许多企业的财务控制目标是"价值最大化"，而代理记账业务既可以为小企业节省成本，同时又能够为企业提供专业化的会计服务。虽然小企业实施代理记账也存在着的一定的问题，比如代理记账行业自身发展弊端，委托代理记账双方缺乏必要的沟通，代理记账会计人员素质有待提高等，但从总体情况来看，还是利大于弊。如果把代理记账弊端逐步克服，在现有代理记账的基础上逐步完善其自身功能，相关部门做好监管工作，相信代理记账行业对于小企业是一个很好的服务机构。而对于不具备设置会计机构或会计人员条件的小企业来说，利用代理记账来规范会计核算工作也是大势所趋。

因此，企业对自己的定位应该是用较少的成本提供会计信息使用者所需的会计信息。这就是说，企业应该牢牢抓住会计处理方法简单、会计信息简化、会计报表的种类和内容简明且要求不高的特点来选择获取会计信息渠道的方式，以减少小企业经营成本和管理费用。同时，还促使小企业能及时足额地给国家上缴税金，能给银行提供有效的信息，能满足政府管理当局利用会计信息做出有效的管理决策。

二、企业会计委托代理制的治理结构效应

（一）有利于扭转会计信息失真的被动局面

众所周知，我国目前会计信息失真严重，小企业同样避免不了这种尴尬局面，其原因是多方面的。相对于大中型企业来说，小企业的会计机构本来就残缺不齐，会计人员业务素质和职业道德素养普遍比较低，会计基础工作规范化能力偏弱，了解和执行会计法律法规的能力较差，企业的财务管理能力偏低。更甚的是，小企业主或管理人员出于个人利益的动机而指使会计人员做假账和提供虚假会计报告时有发生。可以说，低素质的小企业会计队伍是造成和加剧我国会计信息失真的一个重要原因。如果我们针对不同规模的小企业分别推行不同的会计核算管理制度，比如实行会计委托代理制度，从而淘汰掉不合格的小企业会计队伍，就可能有利于提高会计信息的真实性、可靠性，进而在某种程度上缓解会计信息失真的现状，对提高反映企业的经营现象或资产状况的质量，为相关部门做正确决策提供真实信息。

（二）有利于完善小企业内部控制制度

现存小规模企业的特征集中体现为：所有权和管理权集中于少数人，组织结构简单；经营活动的复杂程度低，会计账目简单；制度和授权存在缺陷；不相容岗位分离有限；企业主（经理）凌驾于内控制度之上；管理人员会计知识有限；企业主（经理）可能支配所有的经营管理活动；注册会计师对会计报表的完整性认定难以获取充分、适当的审计证据；企业主（经理）的品德受到怀疑；企业主（经理）无视存在的内部控制；缺乏成文的内部控制制度，会计记录没有原始凭证支持或没有将原始凭证入账；等等。这些特征决定了小企业内部管理的混乱，很大程度上制约着企业的健康发展，降低了企业的市场竞争水平。推行小企业会计委托代理制度，由企业聘请会计中介机构代理记账业务，授权会计中介机构设计会计内部控制制度，可以整顿企业的内部管理秩序，改善公司内部治理结构。其效果集中体现在：提高小企业资金的安全性，健全的企业内控制度保证资金在一个合法的环境内运行，防止资金被不法侵占；提高企业资金的使用效率，树立企业主（经理）的资金时间价值观念，培养企业主（经理）依法治企的意识。

（三）有利于提高企业会计报告的可审性，降低其审计风险

企业会计代理制度的实施对贯彻《会计法》《企业财务会计报告条例》和规范小企业会计行为，促进小企业健康发展，都具有非常重要的现实意义，是整顿和规范小企业会计工作秩序的重要组成部分。小企业会计工作的规范化以及会计信息、会计质量的提高将提高小规模企业的可审性。统一了的小企业会计核算制度，便于注册会计师进行审计判断。此外，小企业会计代理制可降低小企业审计的固有风险和控制风险。审计风险包括固有风险、控制风险和检查风险。小规模企业的固有风险和控制风险通常较高，小企业会计代理制度的推行，进一步规范小企业的会计行为，减少了会计估计法的使用，必然会提高会计报表项目准正确性，降低小企业会计报表的固有风险。小企业的制度和授权存在缺陷，不相容职责分离有限，内部控制比较薄弱，企业主（经理）凌驾于内部控制之上的可能性较大，因此控制风险通常较难。随着小企业会计代理制度的逐步推行，企业主（经理）对内部控制的高度重视以及直接实施一些控制程序，在一定程度上弥补了内部控制的上述缺陷，降低了审计的控制风险和检查风险。

三、企业会计委托代理制的实行重点

（一）企业会计委托代理制度的适用主体要明确

这就要求对实行会计委托代理制度的企业应该有比较明确的界定标准，以保证会计委托代理制度有一个科学合理的适用范围。由于小企业的发展速度很快，经营规模、

职工人数、资产总额等指标经常变动，因此，小企业是否长期实行会计代理制度应该充分考虑原则性和灵活性相统一，要坚持适应事物不断发展的权变管理观念。

（二）企业会计委托代理制度适用的会计核算办法应简单、便于操作，披露的会计信息应通俗易懂、便于理解

这一原则是要求在制定小企业会计制度时，应针对小企业会计业务的特点，从会计科目的设置到会计报告的编制都应体现简单实用的指导思想。相对于大中型企业而言，小企业会计业务比较简单，会计信息使用者也主要限于企业管理部门、政府税务部门以及债权人。因此小企业会计核算过程中应强调会计核算办法的简单、易懂和便于操作，充分考虑小企业管理人员的能力和水平，兼顾会计核算实施过程中的成本效益原则。这样更有利于小企业普遍建立起简单、灵活、实用的会计核算系统，及时向信息使用者提供真实完整的会计信息。

（三）企业会计委托代理制度适用的会计准则应适当体现谨慎性原则

自 2001 年起在股份有限公司实行的《企业会计制度》充分运用了谨慎性原则，主要表现是提取八项资产减值准备。从目前我国小企业发展的实际情况来看，不少企业面临诸如设备陈旧、技术落后、研发投入不足、竞争能力不强、贷款困难等问题。如果从财务管理的角度来分析，小企业要实现稳健经营和健康发展，就需要向社会提供真实可靠的会计信息，避免虚盈实亏的情况发生。而要做到这一点，就应该在实行《小企业会计制度》时适当运用谨慎性原则。

（四）企业会计委托代理制度应尽可能地实现委托代理记账与委托代理纳税相统一

企业是推动一国经济发展、实现市场繁荣的重要力量，这就要求企业会计代理制度的实行要兼顾企业纳税的需要。小企业会计信息披露对象的重点在企业管理者和政府的税务部门，实现小企业会计委托代理和税务委托代理相统一，就会提高企业财务工作效率。

（五）小企业会计委托代理制度适用的会计制度应尽可能与国际标准相协调

我国加入世界贸易组织后，会计国际化趋向将更加明显，不论是《企业会计制度》《民间非营利组织会计制度》，还是《小企业会计制度》，都尽可能与国际标准相协调，这也是我国开放会计市场的必然结果。小企业会计制度与国际会计标准的协调，必将有利于企业在发展过程中吸收更多的国内外风险投资家的资本，增强自身的资金实力，从而赢得更加广阔的发展空间。

四、小企业会计委托代理制的保障机制

我国会计中介机构的市场地位已经确立，随着市场经济的发展，会计中介机构已经成为我国市场经济的重要组成部分，它在企业、政府和社会组织之间发挥的沟通、协调作用日益明显，它的社会地位日益突出。会计中介机构的会计委托代理业务是一种市场商业行为，受市场经济的约束与保护。因此，一旦小企业实行会计委托代理制度，它和会计中介机构发生的经济往来就会受到政府会计管理部门的监督，其合法权利自然地应被纳入已经建立起来的市场经济保障机制之中。

再者，提高会计中介机构从业人员的职业道德和业务素质也是小企业实行会计委托代理制度的有力保障。近几年，在政府会计管理部门和行业协会的大力指导和管理下，我国会计中介机构逐步走向规范化管理，行业自律行为规范得到贯彻实施，从业人员的素质得到了普遍提高，这是小企业实行会计委托代理制度的强力支撑。作为小企业会计委托代理业务的受托方，会计中介机构应该积极提升自己的品牌价值，树立行业权威，成为行业典范。会计中介机构的执业注册会计师除了熟悉运用《小企业会计制度》，还要坚持准则、诚实守信、严守秘密、热情服务，要有与会计职责相适应的职业道德水平。而作为会计委托代理业务的委托方，小企业主（经理）也要熟悉《小企业会计制度》和其他相关的会计制度，不得有授意、指使、强令会计中介机构及会计从业人员伪造、变更、隐匿、故意销毁会计资料的违法行为，保证会计原始凭证、资料的真实有效，共同推动小企业会计委托代理制度的健康发展。

第十章　会计发展的创新研究

第一节　大数据时代会计的发展

随着网络信息化的普及，各个企业都迎来了自己的大数据时代。无论是企业中的数据还是企业发展所需要的数据，在网络上都可以收集得到，这也使得会计的工作变得快捷也更加复杂了。会计可以非常轻松地获得自己需要计算的数据，但同时也需要对较多的数据进行分析。

网络信息的不断发展，使得人们从原来的生产时代进入了信息化时代。人们的生产生活无一不充斥着被网络所影响的改变，财务会计为了适应时代的发展也产生了相应的改变，网络信息的到来给企业提供便利的同时，也使企业的生存更加艰难，因此企业需要把握好机会，及时地做出正确的选择，这样才可以为自己的企业在风雨飘摇的市场中寻求一席栖身之地。

一、云会计环境

在网络高速发展的过程中，云计算成了被世界人们利用率最高的一项科技，在世界各地无论是企业还是个人都会有云计算的需求。它逐渐渗透到我们身边的每一处，不管是做什么行业的企业都需要运用到这项技术，当然如果想要让会计在这个时代得到更好的发展，也必须将这项技术融入到会计的学习中。这种计算方式一经推出，就受到这么多人的追捧，主要原因是它可以运用较低的成本实现较高的收益。传统的信息化环境是需要耗费较大的人力与资金来购买软件与端口的，但是云计算的方式完全不需要运用到这些烦琐而又复杂的过程，只需要向供应商购买自己所需要的这项服务，就可以很快地享受到云计算带来的好处。而且在云端进行的操作，它会实时地帮你进行记录，如果在计算之后想回去看原来的计算过程，也可以登录云端找到历史记录。在云端计算的大背景下，会计的工作变得更加便利，需要注意的是云计算的方法应用与会计的计算方法相统一之后，企业就可以针对自己需要运用的地方在云端进行购买，然后对自己公司的账目进行一个处理，可以用较低的成本获得较高效益，解决了财政部分对于会计这方面人力和财力的消耗，非常有助于企业的长远发展。

二、大数据时代对财会人员提出了新的要求

伴随着会计与计算机的融合，大部分的会计工作需要财会人员在计算机上进行操作，这样的方式虽然对财会人员的工作负担起到了减缓的好处，但同时也使其真实性得不到保障。尽管计算机中对于会计算法这方面非常精准，但是也可能由于人为的一些原因，使得会计算术最后的结果产生误差。如果会计人员藏有私心，在计算的过程中，运用不正当的方式，就会使得会计最后的结果是非正常的结果。因此伴随着信息化的不断提升，对于财会人员的道德品质有了更高的要求。

在计算机技术加入会计这个范围之后，会计的各项基本操作就发生了变化。比如，在对信息的收集与数据处理上面就要求相关人员具有良好的职业道德，并且可以遵守法律法规，不然没有专门的人员对其具体工作进行监管就可能会导致其产生触犯法律以及道德底线的事情。因此在聘用会计人员的时候，应该在其合同中与其签署保密协议，相关人员要保证进行真实有效的记录，不会存在虚假记账。会计人员如果想要顺应当代社会的发展形势，就必须对自身以及自身所具备的技能做出一定的改变，首先要具有创新意识，敢于在没有探索过的领域发挥自己的想象力，将现有的技术运用到自己擅长的工作中，不断地提升自己的专业化水平与知识能力。

三、大数据时代对会计数据的影响

在以前的会计计算中经常存在估算的概念，但由于现在网络信息的发展，计算机完全可以精准地对会计过程中所产生的数据进行精密的计算，因此不用凭借会计的经验来对数据进行估计分析，可以直接通过计算机的程序来得到正确的结果。提高运用会计获取信息的质量，并且将这一项成果与公司经营相关联去指导具体的工作。

会计的许多属性具有固定性，是不可人为改变的。例如会计数据这一概念，它所指的是实际发生的数字以及符号真实的记录下来，不允许相关人员对其进行改变或者笔误记错的情况出现。在我国的一些企业中，对于会计的标准都有各自的特点，没有统一的标准，这使得会计的工作性质具有一定的多样化。公司都会根据自身的实际情况，再结合会计的相关事实做出具体的部署，让公司的会计部门可以为自己的公司提供最高的效益。不同公司的不同处理方式产生的差异往往会产生差异化的会计数据。会计信息质量的优劣很大程度上依赖于 AIS 处理的原始会计数据的质量特征。企业的

购销存等一系列经济活动都会产生大量的数据，各个企业在不同时期，或在母子公司之间的不同业务中，都会根据自身的业务流程调整自己的实施战略，这样传统的数据处理就无法满足及时性要求。在大数据时代，经济活动的处理方式集中在云端，企业可以随时根据自己的需要灵活地选择相应的服务。

四、大数据时代面临的挑战

由于信息化的到来非常突然，科技发展的速度过快，且内容复杂多样，因此还没有时间形成完善的法律体系来对网络世界进行一个监督与管理，就会使网络带给我们便利的同时也产生许多无法解决的困难。在大数据时代，任何信息都是共用的，所有的企业都可以共享到很多信息，大家需要在这一变化过程中逐渐适应，并且合理地进行运用，相关的法律部门也要及时地去研究网络环境对我们生活造成的影响，及时地制定相关法律法规来保护我们身边每一个人的基本权益。

大数据来源的挑战。由于信息化时代的特点是网络上可以查询到任何一样东西的信息，那么我们所看到的信息的真实性就遭到质疑。它有可能是真实的，也有可能是经过他人的加工与捏造出来的虚假信息，因此在面对这样的信息环境时，我们每一个人都需要有判断信息真假的能力，并且合理地运用网络带给我们的便利。

客户认可度的挑战。信息化的发展是一种非常先进、前卫的思想，就会存在一些较传统的企业无法接受这种形式的改变。对于网络带来的任何事物都持有反对排斥的心理，因此会使网络推广的特征遭受到一定的限制作用，这就需要做出改变，去改变这一类企业的固有思想，让它们试着去接受新鲜的事物，为自己的企业带来更好的效益，可以存活于现在快速发展的激烈市场中。

网络传输的挑战。由于会计应用计算机来进行计算，那么就需要在网络上来完成一系列的会计核算，有一个弊端是无法忽视的，那就是网络带来的延迟，会因为数据量较大，在传送的过程中消耗较长的时间，以及较大的内存。

会计信息安全难保障。由于计算机的计算可以给人们带来很多便利，会使人们对这种方式的工作产生一定的依靠性。如果什么数据都输入计算机中，网络就会掌握全部的信息，一旦网络被病毒侵入或者不法分子获取到保密信息，那么个人的信息安全就受到了一定的威胁，因此在会计对信息进行处理的过程中，需要会计将一些保密信息不要存在计算机中。并且日积月累的大量数据会对电脑产生一定的负担，这就需要计算机不断地提升自己的性能。总而言之，由于现在网络的相关法律法规还不完善，会让许多不法分子对信息进行泄露与买卖。

内部控制制度缺乏。传统的会计与现在的计算机会计相比也不是一无是处的，也会在一些地方优于现在的会计制度。例如计算机会计形成的时间较短，其内部的体系还不完整，会有许多存在问题的地方，但是作为传统的会计，经过了不断的改进、不断的优化，经过好多次的实验才形成的，因此具备一定的成熟性，这是现代会计需要对传统会计进行继承与借鉴的地方。

五、大数据时代下会计发展的建议

为了顺应现在社会的快速发展，会计行业如果想要立足于经济市场，就应该合理地掌握信息资源的利用，并且将自己的会计学赋予一定的网络化属性。无论是简单的会计知识，还是会计技巧方面都需要加入网络的方式。在对资源进行收集的时候，要合理地利用企业共享信息的平台，在这个平台上面可以获取到许多有效的信息，但是同时也要注重对于平台信息保密性，让每个人的信息安全可以得到保护。在信息共享平台上面，大家相互分享信息、互相交流工作经验，将各自的资源进行一个合理的整合，充分发挥了集体的智慧，使得会计这个行业发展得更好更快，更稳定。信息化为会计带来的好处大于坏处，主要提高了会计对于信息处理的效率，同时也使较为复杂的会计算法可以通过计算机的方法变得简单又高效，但是对于网络信息中存在的一些泄露信息以及买卖信息的问题，国家及其相关机构应该实时观察市场中的问题，并确定相对应的解决方案使得网络化带给我们的好处越来越多，并将其存在的问题找到其根源并解决，让大家可以对网络信息实现，可依靠可相信。

企业转变传统观念。一个企业的发展方向，是由一个企业中的管理者及其相关人员来决定大体的发展趋势，如果想要让企业发展得较好，就必须让管理者掌握先进的思想观念。所以为了让企业事业，现代信息化社会的发展就应该将管理者从古板老旧的传统观念中解放出来，让他们愿意接受新鲜事，愿意用新式的解决方式来解决现在生活中遇到的问题。

就专业性这方面来说，可以提高财会人员的专业知识与职业道德素养。伴随着信息化的不断发展，对财会人员的要求也不断地提升，需要财会人员在掌握其自身专业知识的同时，也要对计算机的网络信息技术有熟练的操作能力。只有将财会人员的专业素养提升上来，才可以使整个公司的发展朝着更好的趋势去发展。

第二节 我国环境会计发展研究

环境会计的不断探索与发展，为我们的生活带来的是非常有利的影响，在其中产生的环境责任会使许多企业收敛自己污染环境的行为，并且对于被破坏的环境也及时地进行补救。这可以将整个社会的环境质量都提升上来，并且使我们的经济与环境和谐地发展。

环境会计这一概念自从被提出就受到了全世界人们的急切关注，因为当前全球的人类所面临的问题，就是环境不断地遭到破坏。因此这一概念一经提出就受到了大多数人的支持。

我国的政府及其相关部门非常注重环境会计这一个概念的实质性含义，对环境会计进行了一个深入的探索与研究，政府也是大力支持环境会计这一概念的宣传。随着环境会计的不断发展，我国的各个企业将自己对于环境污染的责任相对应的降低，会对环境进行一个补偿的作用，因此制定完善的环境和制度，不仅可以使环境会计得到发展，也会时我国的经济效益与环境效益实现相统一，在经济发展的同时也保护环境、爱护环境，达到经济与环境共同发展。

一、我国环境会计发展现状及存在的问题

（一）理论研究方面

近年来，生态环境治理作为国家治理体系现代化的重要组成部分，受到政府部门的高度重视，环境会计也随之兴起和不断发展，对环境会计的研究，受到了学术界和政府的高度关注，国内学者围绕环境会计展开了大量的研究工作。从相关书籍以及期刊中可以看出，我国在对环境这方面的会计中主要从以下几个方面来进行进行探究：一是环境会计的审核和计算；二是环境会计的信息披露制度；三是排放权交易会计；四是环境成本管理等。环境会计最先出现在西方一些先进国家，这些国家的经济水平较高，科技和人才资源较丰富，因此对这方面知识有较深的认知，后来随着我国经济水平的不断提升，人们不只追求经济效益，同时也看到环境问题的重要性，因此开始研究和重视环境会计的这方面发展。我国许多学者在这方面取得了较深的造诣，都是通过自己的研究将能源和资源进行整合和有效利用，将会计的专业性知识运用到环境治理中。我国的国家人员和各地政府部门也都投身于环境问题中，制定相关的法律条文，为保护环境提供了强力保证。也有学者从资源成本的角度来看待问题，将成本这

个概念与环境中发生的具体问题结合起来，为环境治理问题提供了相关的理论依据。国家的各个企业及个人都在用相关的会计知识来对污染和破坏问题思考解决方案，使环境问题与经济问题得到平衡，实现可持续的发展价值。

我国在对环境会计进行探索与研究的过程中虽然取得了一定的成效，同时也发现了一些问题。首先，由于这一概念是从西方国家引入进来的，我国认为它对实际问题的解决具有一定的指导作用，因此投入了大量的心力让学者进行研究，但是由于没有实验操作的经验，只能从资料或者书上来进行学习，所以它的侧重点是对于理论上的研究，其实际性不强，主要的成就也都是偏理论性的。其次，我国对于环境会计的研究是从较具体的方面来进行的，没有从整体的宏观角度来进行分析，由于环境具有不确定性，随着时代的发展，也不能再用原来的角度来看待环境问题，所以会导致在认知上存在一定的偏差。环境会计应该是将微观与宏观相连接，然后研究产生的结果才具有实践性，但显然我国只从微观角度进行研究，并没有对宏观角度做过多的考虑。最后，我国虽然在这方面取得了一些成就，但都是比较一般的成就，没有在原来的基础上获得更高的灵感，创造出更适合时代发展的环境会计。虽然可以供我国现在一般水平使用，但是无法为全球的环境会计提供指导作用，在国际上发表的关于环境会计的期刊也相对较少，只有在国内的论文内容相对较多，说明我国的环境会计还没有走向国际舞台。

（二）应用研究方面

由于我国环境会计起步较晚，相关法律法规体系不健全，尚未出台与环境会计信息披露相关的法律法规，对企业与环境会计有关信息披露要求比较笼统和空乏。由于我国企业对于环境会计的认知还没有形成一个完整的体系，只认识简单的部分，还不足以去指导实践活动。了解环境会计的企业只处于少部分，大部分的公司是没有环境会计这一概念的。这主要是由于缺乏政府的宣传，并且由于大家都不是很了解，所以各个企业在对环境会计信息披露的这项任务上表现得积极性不强，因此为我国全部企业这一方面信息披露的管理带来了一定的阻碍作用。这样的发展形式不利于我国企业的长远发展，也会导致环境会计在我国的企业中难以得到发展并且没有支持力量。

在国内由于对环境会计知道的人不多，且只处于那一部分人员的研究，因此对于这方面的相关论文、文献较少。但是国外与国内形成鲜明的对比，由于国外早就有环境会计这一概念的认知，因此他们在对这方面的研究投入了较多的心血，并取得了较高的成就。国外的许多企业都将环境会计列入自己企业的规范制度中，并且进行具体的实施，而我国将这一概念停留在理论研究的阶段，还没有付诸实际行动，人们还没有形成环境会计的这一理念，并且对于这方面的相关工作方法持有不支持和抵触的太多。政府应该想办法加强对环境会计的宣传以及具体的解说，让更多的人们和企业了解到环境会计这一概念，可以为企业和我国经济带来的丰厚效益，推动环境会计在我国的积极发展，将理论研究落实到实际操作上面。

二、环境会计与生态补偿的耦合关系

（一）生态补偿与环境会计互为补充，相互发展

由于我国从理论性的角度对于环境会计已经有了较多的研究，因此在环境抵偿这一方面会为其提供相应的理论依据。所谓的环境补偿就是保护环境，可以获得相应的收益，如果对环境造成污染，就需要支付相应的责任及其处理费用。也就是说，环境补偿的这一概念既是对企业及个人的鼓励和奖赏，也是对污染者与破坏者的惩罚。环境会计在对环境补偿提供理论依据的同时也得到了环境补偿的及时反馈。环境补偿这一概念的提出可以让人们更加重视环境在我们生活中的重要性，二者之间相互配合，共同维护社会的生态平衡以及保护环境。环境会计作为一门刚步入探究的学科，还没有自己完整的一套研究体系，也没有对其进行彻底的理解，因此无论是指导性还是理论性都存在着许多问题没有解决，而环境补偿已经成立和建立了一段时间，有一定的基础和基本完善的体系，也可以推动环境会计的进一步发展，二者之间相互促进使得我国企业越来越重视环境问题，在追求经济效益的同学也要兼顾环境，不然就会对自己破坏的环境负担一定的责任。

（二）环境会计发展为生态补偿标准的合理确定提供了依据

一个平等的补偿估算和预测可以为环境抵偿提供操作依据，可以用来衡量企业和个体对资源的消耗以及对环境的损耗程度进行评估，运用专业的环境会计补偿机制可以为实现生态价值提供技术支持。在当今的社会发展中，环境问题越来越严重，人们在发展经济的同时，是以牺牲环境为代价的，因此对环境的破坏进行补救和治理，是为个人义不容辞的责任。大到国家，小到个人每个人都要为自己对环境造成的负担承担相应的责任，并将环境会计的概念引进生态保护中，对环境抵偿标准的合理确定会更为客观。因此，环境会计的不断发展和完善能够为生态系统的价值补偿和定价提供理论支持。

（三）环境会计的实施有助于生态补偿制度的建设与发展

将经济发展和环境优化两个问题一起兼顾，不能以破坏环境为代价去发展经济，这是不符合当下人们所追求的时代主题的。政府必须制定对环境保护相对应的法律法规，将保护环境的意识传达给全体人民，让每个人都有环境保护的意识；让企业明白需要在保护环境的前提下在对经济进行发展，在开采资源时要注意不能过量，在工业发展时，尽可能减少污染，否则就需要对环境承担责任；科研人员也要不断探索如何

让自然资源进行循环利用，减少资源的耗量，提高资源的利用率，伴随着社会各类人群的一同努力，环境抵偿的体制逐渐得到了支持和发展，对我们的环境起到了一定的保护与绿化作用。

三、生态补偿视域下我国环境会计发展策略

（一）加强以生态补偿为核算内容的环境会计制度建设

环境抵偿虽然是从环境角度来看待问题，但是所运用的解决方法是经济调控，通过经济的方式来制衡人们对于环境产生的负担。由于这些年来经济的快速发展，各个国家在追求经济利益的时候，都没有将环境的承载能力考虑到发展中，因此对环境产生了不可弥补的破坏，但近些年来自然灾害频发，像是大自然对我们的警示，人们意识到再这样不顾及环境地盲目发展，迟早有一天会将从大自然中索取的都归还给大自然，并且环境是我们每个人赖以生存的条件，保护环境应该是我们每个人都要有的责任，因此一系列保护环境的措施就都开始逐渐出现。运用会计的方式将自然界中的物质进行统计，并且限制人们的过度开采以及开发，对已经形成破坏的环境制订长期的补救计划。

（二）重构以会计核算和生态补偿机制相衔接的环境会计核算体系

环境会计是通过会计的方法来对环境中的问题进行有效解决，并提出解决措施，最后使环境保护和经济活动都可以得到较好的发展，但由于我国在这方面研究的时间较短、实验经验不足，因此好多想法没有办法付诸行动，提供的更多的是知识上的理论指导，但是对于环境抵偿这方面我国做得很好，也拥有较稳固的知识和实验基础。这两者之间也存在着内在联系，它们的共同目标是一样的，都是想让我们生活在更好的环境中，在保护环境的同时发展经济，并且两者之间都是从环境的角度去看待问题，希望可以通过不断努力将生存环境得到更好的保护，并对发生破坏的环境进行补救。环境会计较原来的会计优化的地方在于，它不再只是将发展经济作为唯一的目的，而是看到了现在社会发展过程中的环境问题。随着经济的不断发展，人们对于环境资源的需求越来越大，也会对环境造成一定的负担，使得我们生存的环境条件变得越来越不好，如果还不加以治理的话，将会使我们人类失去生存的家园。在这样的大背景下，提出了环境会计这一概念，这种模式主要是运用会计的相关知识以及各类算法来对环境问题进行严格估计预算，并且引入了其他与环境有关的会计要素，将各类方法与条件都融合在一起提出对环境破坏和造成的负担，人类应该承担相应的责任方法来使我们生存的环境进行改善，并遏制企业与个人对于环境无限的索取，当企业在对环境造成破坏或者需要环境给予一定的资源的时候，应当对环境支付一定的资金，支付的这部分资金用于缓解环境压力，以及补救被破坏的环境。

（三）完善以环境会计为主要工具的生态补偿监管体制

近年来，在政府和相关部门的大力推动下，环境抵偿工作实践取得了长足的进步，生态环境保护工作也获得了良好的效果，但是建立和完善环境抵偿机制是一项长期而又复杂的工程，其中涉及环境抵偿主体的界定、补偿标准的合理确定、环境抵偿评价指标体系以及环境抵偿收费制度和环境抵偿公共制度的建设等方方面面，而环境抵偿标准的确定和生态补偿评价指标体系的建立是其中的重点。所以要对环境抵偿的概念进行进一步的优化，争取让改进之后的制度可以去指导现实生活中的问题。环境会计应该配合着抵偿发挥监管的作用。当用环境会计作为计量工具时，可以精准地计算出企业和个人在生活工作中对环境是否产生了影响，通过会计的表达方式将环境责任及环境负担都表述清晰，并对环境发生的破坏收取一定的抵偿费用，这部分费用用于支付环境修复和环境绿化所需要的费用，这种制度的执行需要相关部门的支持，国家相关部门要将环境抵偿落实到实际中去，使环境与生产相统一。

第三节　新经济条件下的会计发展

新经济与传统经济相比具有很多不同的特点，新经济的变化对会计也提出了多方面挑战。会计需要应势而变，新经济需要会计的更多参与。本节在回顾新经济的特征、会计面临的困境和新经济对会计的期望之后，提出会计需要超越反映职能，服务于宏观经济、政治文明、道德文化和生态文明，以实现会计发展与社会进步的协同。

企业的发展模式与人们生活方式都发生了很大的改变，因此会计这门学科就现在来看，不太符合现在的生活发展模式，如果想要让会计在未来能够得到较好的发展，就需要不断提升会计的相关能力，并且对会计人才提出更高的要求。他们除了掌握自己这门学科之外的知识，还需要对其他各个领域都有所涉及，才能将会计的学习更加多样化，以便适用于不同的场合可以使会计在发展的过程中找到自己的一处安身之所。会计在今后的发展方向，应该以新经济发展为前提，从中寻求与之相协调的方式来发展。

一、新经济的特征

社会上占主导地位的产业决定了社会经济形态。"新经济"一词源于美国，最初是指 20 世纪 90 年代以来信息、生物、材料等新兴技术的飞速发展使得美国实际 GDP 和人均收入史无前例地长期强劲增长的现象。"新经济"不仅被理解为经济质量和结构的变化，同时还包括市场运行、社会运转、生产过程和产业组织等发生的巨大变化。发展至今，新经济具有了不同的内涵，人们普遍认为新经济主要是一种持续高增长、低通胀、科技进步快、经济效率高、全球配置资源的经济状态。我国经济在经历了多年的高速增长之后，依靠要素投入的"传统经济"逐渐淡化，依靠知识和技术投入的新经济勃然兴起。新经济的特征主要表现在以下几方面：

（一）知识、信息成为经济发展的主导因素

在网络信息占据整个市场之前，全球的经济主要源于第二产业的发展，在那个时期，人们普遍追求的都是经济可以为人们带来的收益。成本是当时计量收益多少的一个基本概念，无论是经济活动中的哪一部分都可以用成本的多少来表示。在企业中员工与老板属于一种雇佣的关系，老板负责对员工支付劳动报酬，员工则为老板做相应的工作来赚取支付报酬，这是在经济活动中最简单最基础的一种关系。这种阶层的经济活动只能为社会带来较少的收益，每个劳动者的价值得不到合理的体现，但是由于现在已经步入了新时期，国家对高科技以及高素质的人才要求很高，同时需要支付给人才的劳动报酬也就相应增加，成本不再是决定劳动者获得报酬的因素，其专业知识、综合素养、附加技能都成了评判一个劳动者为社会创造收益的标准。

（二）新经济模式是一种绿色的、先进的、可持续的发展模式

在当今的社会发展模式中，科学与技术的力量非常强大，对于人才以及劳动力的提供也是相当充裕的，企业和个人都在朝着更好的方向发展，但是同时也迎来了一系列的环境问题。这部分环境问题是由原来社会的性质所决定的，在科技还没有这么发达的时候，人们只能依靠对自然资源的开采，以牺牲环境为代价来换取经济利益，虽然获得了一定的资金，但同时所付出的环境成本也是很大的，需要现在用更多的资金才可以将之前所造成的环境破坏进行弥补。

（三）社会精神文明程度的提升

物质是意识的前提，当人们有了基本的物质水平之后，才会对意识层面的财富进行追求。在工业时期的发展过程中，人民的生活水平普遍较低，没有办法实现全部的温饱，因此会有许多企业及其个人在追求利益的同时，没有办法实现精神上的丰富，就可能会对自己做出来的经济活动不做约束，导致许多产品不合规等质量问题，但是在现代的社会发展过程中，人们的生活水平得到了提高，基本生活有了保障，就会更加注重意识层次的满足。不再只对金钱和利益感兴趣，也在不断提升自己的道德与品质。当下的人们普遍受到较高的教育，因此对于人格塑造方面会有较高的修养，也会对自己所做的行为做出一定的约束控制，让商人在追求利益的同时关注环境污染的问题，由此我们可以发现丰富精神世界可以指导我们在现实生活中做出正确的决定和选择。

二、会计面临的困境

会计的历史变革也是一个具有时代性的长期发展历程，会计学是为了服务企业及其个人的计算方面而产生的，但随着社会经济的不断发展，对会计计算的要求也越来越高，因此会计不能停留在原来传统意义的记账上面，应该学会利用不同时期的优势项目来融合自己的专业技术，并且对社会关注的焦点发挥其应有的作用。会计的整个发展历程是由简单到复杂，由单一到多样的过程，由最开始的原始社会系绳的方式来计算自己每天的工作量多少到现在可以通过计算机的方式，实现一个企业及公司全部有关于财务方面的工作，但是会面对一些难以解决的问题，由于社会变化速度快，现在会计的使用显得有些力不从心，没有办法很好地适应时代变化去提出具有针对性的功能，新经济带给我们发展的同时，对会计这个学科提出了新的挑战。

（一）会计前提受到挑战

会计是主要针对各行业的经济领域进行计量，目前根据对具体行业经济计算的统计，会计的计量方向主要是针对各公司的资金往来情况、与他人公司的借贷情况、日常支出资金数量等方面，会计这一职业深入了各行中范围极广。但是根据各企业反馈的情况来看，都认为本公司的会计职责分工不清晰，对于一些经济类的概念把握不够，还停留在原来对于此定义的固定含义之中，并没有结合新市场条件下对于此含义的扩展更新，这样会干扰外界对公司形象的认知。还有会计在进行公司业务计算时多用线上交易往来的方式进行，不接受传统的纸币结算方式，使公司与公司在合作时受到影响。最后就是会计计算的根据不明确，不接受新的经济知识的更新，总是将目光集中于对企业资产生产成本的计算，不对影响最大的人工进行统计，财务明细的具体细则也不够清晰，使其所做出的结果与社会和人们的需求相距较远，相应的对于会计行业的信任度会下跌。

（二）会计要素设置不科学，影响了会计信息的有用性

一直以来，会计不断地转换自己的职能，目的就是更加适应社会发展，然后为企业提供相关的财务工作。无论是哪一个时期影响会计的因素都不相同，但归根结底，都是由于国家经济的发展程度不同，而对会计提出了新的要求，但是要想让会计得到长远的发展，就不能只发展符合企业要求的会计知识，应该从根本上解决问题，从国家层次上的经济发展来寻找会计应该发展的趋势，并做出具体的措施。当前我国面临的主要的问题就是环境这方面的问题，因此会计应该以解决环境问题为发展目标，对自己的职能进行扩展。将会计相关的属性以及方法与环境学相结合，找到环境污染以及环境破坏的问题，应用会计的核算与预期对环境提前进行补救和预测，并运用自身

的专业知识对自然界中的资源进行一个合理的配置，使资源可以得到充分合理的利用，将专业的会计知识与实际发生的环境问题相结合。

（三）会计局限于微观层面，影响了会计价值的进一步实现

会计这个概念是由于最开始的时候，人们产生劳作之后，为了记下劳动的成果而做的记录，后来为了迎合企业的发展而展开一系列的财务活动，大部分学者将会计这门学科定义为经管的学科，研究会计在经济这方面的发展。因为会计涉及的各种活动以及它自身的要素都是围绕着经济活动展开的，因此大家把它定性为与经济最为密切也是可以理解的，但是伴随着我们社会的不断发展，会计不能只解决经济问题，而忽视精神上带给人们的贫瘠，因为人们的生活水平不断提高，除了对于物质方面的追求以外，更多的是对精神层次的丰富以及对权利的追求。所以要想让会计得到更好的发展，就不应该只关注经济，应该综合地看待现在社会发展中的政治变化与文化输入将这几个因素综合之间的关系，将它们联系起来制定符合时代要求的会计发展方向。

（四）会计视野局限于经济领域，没能反哺政治、文化

从总体来看，最初会计的诞生并不是为了经济，而是具有非物质性目的。目前会计学科属于管理学，也曾被归类为经济学，足以见得人们把会计当作经济管理的一部分，定性为经济管理学科。这也许是因为近代以来，世界各国都在追求经济的发展。事实上，经济生活仅仅是人们生活的一部分，除了经济生活以外，同时还有精神生活、文化生活。随着社会的进步，精神生活、文化生活的重要性最终会超过经济生活。政治对会计的影响主要体现在以下几方面：首先，政治影响经济环境，通过经济环境影响会计的发展与变化；其次，不同的政治模式，对会计的目标、职能等的要求不同；最后，不同的政治模式下，人们的行为方式不同，也会影响会计实务的具体操作。会计的目光应该超越经济，关注政治文明、文化建设。

三、新经济对会计的期望

由党最近召开的几次全国人民代表大会中的会议内容可以看出，会议主要表达的是在抓经济的同时也要兼顾生态问题，让人们的生活水平得到提高的同时，也保护我们的生存环境。会议的内容不只是为我国的发展提供了指导作用，也为会计在未来的发展提供了大趋势的方向。

（一）宏观经济调控需要会计参与

虽然会计是作为经济学较小的一个分支，但是其中的内容却是很完善丰富的，因此可以为我国的经济提供一定的理论支撑。一个国家的综合国力不单单是指其经济发展水平如何，也要看这个国家的政治与文化水平，将这三方面相结合而得到的综合国

力水平。会计的应用也同样适用这个道理，会计的发展推动经济的发展，同时也应该观察是否对政治有作用。会计的检查与监管就会为政治方面的工作提供具体的操作能力，会计可以运用自身专业的监管能力来对政治工作过程中一些不良风气进行缉查监管，并对属于政治方面的财务工作进行查阅，为我国的政治发展贡献自己的一份力量，同时也提高了自己的工作职能，会计在帮助政治发展的同时，也可以使会计在社会中的地位得到提升。因此会计与政治发展之间也存在着密切的联系，如果应用得当的话，会使我国的政治发展产生很好的积极影响。

（二）政治文明提升需要会计支撑

许多学者认为，只有将人的精神层次提高上来才可以为整个社会带来经济效益。价值观念以及文化都是密不可分的影响因素，如果想要让一个国家的社会得到进一步的发展，可以先从文明的制度入手来解决问题，联系会计的相关知识就可以知道，会计可以精准地算出社会生产过程中所产生的经济效益，以及社会过程中涉及的各类财务问题。如果一个会计的道德素质处于一般水平，可能会受到金钱以及权力的诱惑，对自己的职业产生错误的操作，就会给社会和企业带来一定的损失，所以提高财务人员的思想以及道德品质也是非常重要的。当人们的思想觉悟都提升上来之后，就可以拥有一个公正公平公开的社会环境，为我国的发展提供文化上的保障。

（三）社会文明的改善需要会计配合

在工业时期，个人与企业获得了较大的经济利益，同时也对环境造成了许多不可弥补的破坏。因为工业发展的过程中，需要对许多资源进行开采利用，并且会向环境中排放废气和废弃物，那个时期的人们物质生活得不到保障，因为无暇顾及对于环境的破坏，只是一味地追求经济利益，将自己的生活水平得到提高，因此工业化带给我们丰厚的经济收益同时，也使我们赖以生存的生态环境变得恶劣。但对现在的人们来说，物质生活基本达到了满足，需要考虑的是如何对已经破坏的环境进行补救，并且在未来发展经济的时候，一定要注重对环境的保护，切不可再以牺牲环境为代价来获取经济收益。会计就可以在这个时候发挥其专业性的作用，它可以为企业计算出环境责任，并且对于已经破坏的环境找到相应的企业，让其负一定的环境责任。通过精密的计算出对环境的破坏程度，然后折算成环境补偿费，让企业知道对于破坏环境是需要承担一定责任的，这一制度的实施需要相关法律法规来作为强力保障，因此需要国家和政府出台相关法律，宣传保护环境的意识。

（四）生态文明建设需要会计同步

工业社会虽然给人类社会积累了财富，但也使生态环境付出了巨大代价。在发展经济的过程中，人们为了获得足够的利润，总是在破坏自然生态环境，企业在生产过程中虽然获得了利润，却没有考虑对自然环境承担的责任，很多企业开山毁林、大量排放废水废气，导致环境不断恶化。随着新经济时代的到来，社会发展模式发生了新的变化。人们在获得财富的同时，也看到了保护环境的重要性。在这方面，会计准则应该承担自己的责任，这是生态文明建设对会计提出的挑战，同时也是会计未来发展的动力与方向，会计学界与业界应该认真对待这个问题。目前企业财务报告中的会计利润是多方面事项的综合，并没有真正反映企业的收入、成本与费用，特别是生态环境补偿问题。

四、会计职能拓展的领域

最近国家颁布了关于会计行业改进的新要求，主要是针对会计的相关理论性概念范围进行修正，确立会计理论概念前进的方向。保持会计职业内容始终要与社会市场和企业的新观念相融合，再加入中国特色关于经济部分的想法，对于其基础性的知识方面要弥补其匮乏的现状，还不能只对大的经济概念进行范围性的钻研，要扩大对具体知识的深入理解。在传统的会计领域人们主要是接触经济概念的大方面，将会计职责带入政府管理工作之中取得的成果还是满意的，但是解析具体的经济细则要求还有待人们的开发。同时会计的相关概念还和我国其他领域进行了融合，使我国的服务、金融行业都产生了新的发展模式，而且环境会计的理念被各企业所接受，有效提高了企业之间关于环境问题的认识。

（一）宏观经济

经过我国一些经济学者的观察解析，将会计的职能内容带入了新型企业的具体经营之中，统计后明确了对这些企业进行会计管理方式的运营可以有效增加其经济收益，并且可以通过各企业公布的结算信息对其未来的经济状况做出预估。同样新型企业的发展模式对于会计模式的改进也有其特别作用，企业分股管理的政策融入会计领域之后，提高了会计行业的评价统计能力，加快了对企业经济往来信息的计算速度。目前在定义会计行业相关行为时，首先要看是否符合国家提出的相关经济理念，然后才能开始会计行为大纲规范的制定。还有金融专家提出要将会计统计方式与我国的金融问题相结合来思考，需要为会计的计算提供企业准确的相关信息，否则无论会计将应用公式和规律探究的再清晰，也无法做出准确方向上的估计，同时为了让会计与其他产业进行有效的合作，其自身需要将专业名词进行简化，使双方能够在了解的基础上进行专业解析。

（二）政治文明

有许多经济专家都将会计的相关计量方式与国家经济政策的制定相联系进行分析，

认为二者都强调具体方案对于实施过程的重要作用；认为对会计的行为内容进行规范应该也要结合国家理念的要求，相关准则不能超过国家从整体上对于各行业边界的限定，同时会计的计量改进也要考虑国家发展经济领域的需要，从来国家政治的发展和会计行业的革新都是同步进行的。并且会计行业对于其从业人员的培训也应该严格把控，在人员对具体企业进行往来资金结算统计时要遵守法治要求，这样就可以借助各行业在法治和经济领域的遵守行为促进社会尽快达成其在文化范围内的要求。各行业和国家对于会计职责规范的管理都比较关注，都想在会计计算审查领域有自己的力量，帮助自己实现不正当的其他私人想法，这种现象会自经济行业向上发展到政治层面，最终使政治内容开始变质。所以目前最好的方案应该是将对于政府的会计统计独立于其他部门之外，最好将其公开由人民共同检查，既能使会计核查方面更加快捷，也能使政府财政更加透明。

（三）社会文化

在人们的固有印象中会将会计定义为企业之间经济计算的工具，对于会计本身的文化内涵却无人挖掘，人们只关注其计算领域的实际应用。在人类长久的文化变迁历史中，产生了许多各行业之间融合的新型产业类型，会计行业的出现就是如此。因为企业之间经济来往比以前任何一个时期都密切，所以其往来资金的具体状况就需要专门的机构来为其统计，会计行业是在此情况下迅速壮大的，这是经济领域的变化带动会计行业的改进。文化理念的不断更新也使会计产业产生了新面貌，如在社会提倡稳健文化时，会计也是向着这个方向改进。并且当会计行业秉承着公正和合理合法的观念时，对于各企业的资金数据都进行清晰的统计和明确的记录，整个社会的氛围也会相应地向更好的方向提升，这是会计领域带给社会基层文化方面的新气象。所以在我国内部企业、我国和外国企业之间合作交流更加频繁的情况下，更要注重对会计行业具体部分的监管，不断更新会计计算需要的工具，对于社会公共财产的审计应该更加透明，并且将统计核查的每一个具体步骤都认真记录。同时还要吸收国外计算统计的发展经验来创新我国会计审查的方法，减少目前会计对各个项目进行清算的时间成本，提高整体工作效益使其能为更多需要的主体进行服务。同时还要注意对会计人员的教育培训，使会计行业从内部向外散发诚信理念，这样会计人员进入各个企业就能带动社会的氛围变化。

（四）生态文明

由于资本的贪婪，加之人们认识的局限性，在经济发展的过程中，很多国家的发展都以牺牲环境为代价。企业为了追逐高额利润，大量消耗能源、矿山，排放废水废气，会计利润增加了，可人类生存的环境被破坏了。企业积累了财富，公众却因为环境的恶化，身心健康受到了很大危害。企业的这种做法与人们追求幸福生活的愿望背道而驰。美好的自然环境是人类千百年来赖以生存的基础，同时也是人类为之奋斗的目标。为了促进生态文明建设，在制定会计准则的过程中，要将自然资源、环境保护纳入会计准则研究范围，注重环境会计的研究。在考虑保护自然环境的同时，重新定义资产与负债、费用与利润的内涵，使会计真实核算企业的费用，真实地反映企业的利润。从会计制度设计、成本核算，到利润的形成，都要注重生态文明建设。会计工作者也要在实务工作中认真贯彻绿色发展的理念。

会计是环境的产物，同时又反作用于环境。回顾历史，会计在人类文明进程中发挥了重要作用。在新经济条件下，会计环境发生了新的变化，这种变化是挑战也是机遇，会计未来的发展是摆在会计学界面前的崭新课题。总之，会计应顺应时代发展需要，服务于宏观经济、政治文明、社会文化和生态文明建设，将会计职能与社会需求有机结合，实现会计发展与社会进步的良性互动。

参考文献

[1] 肖悦，黄嘉妮．"1+X"证书制度视阈下高职大数据与财务管理专业人才培养模式构建研究 [J]．中国农业会计，2023，33（3）：3.

[2] 石兰英．企业会计的财务管理与内部控制研究 [J]．理财：收藏，2023（4）：3.

[3] 袁建国．新会计制度下财务管理模式探讨 [J]．经济师，2023（3）：2.

[4] 王国宾，李晓丽．管理会计在高校财务管理中的应用及推广研究 [J]．理财：收藏，2023（3）：3.

[5] 陈志球．会计成本控制下企业的财务管理模式构建问题研究 [J]．老字号品牌营销，2023（1）：3.

[6] 徐舒敏．新高校会计制度下的高校财务管理工作研究 [J]．中国管理信息化，2023，26（4）：3.

[7] 陈美莲．试论新会计准则下企业财务管理的创新思考 [J]．商业观察，2023，9（4）：4.

[8] 张磊．"互联网+"背景下乡镇企业财务管理的转型路径 [J]．中国乡镇企业会计，2023（3）：3.

[9] 李劲松．新会计制度下的企业财务管理工作 [J]．首席财务官，2023，19（3）：3.

[10] 周雪琦．基于新会计制度下行政事业单位财务管理研究 [J]．中文科技期刊数据库（全文版）经济管理，2023（3）：4.

[11] 王兆云．基于业财融合背景的建筑企业财务管理优化研究 [J]．中国农业会计，2023，33（4）：3.

[12] 刘小飞．基于管理会计智能化的企业财务管理体系优化策略探讨 [J]．企业改革与管理，2023（4）：3.

[13] 刘超．数字化背景下企业财务管理信息化的应用研究 [J]．国际商务财会，2023（3）：4.

[14] 王锐．高校财务内部审计及风险预警研究：评《新时期高校财务管理创新探索与发展》[J]．中国油脂，2023，48（1）：1.

[15] 张媛，周滔，林欣然．数字财务背景下电网企业财务管理职能演变的路径探究 [J]．中国总会计师，2023（3）：3.

[16] 陈小霞 . 新会计准则视域下国企财务管理创新策略研究 [J]. 中文科技期刊数据库（全文版）经济管理，2023（3）：4.

[17] 吴楠 . 新经济背景下国有企业财务管理创新路径研究 [J]. 今商圈，2023（3）：4.

[18] 邓燕 . 新经济背景下国企财务管理创新问题研究 [J]. 理财：收藏，2023（1）：3.

[19] 吴琳琳 . 混合所有制改革背景下国有企业财务管理模式的转型和创新研究 [J]. 企业改革与管理，2023（4）：3.

[20] 张晓红 . 新时代国企混改背景下的财务管理问题与创新 [J]. 现代企业，2023（4）：3.

[21] 黄倩雪 . 新时代"1+X"证书背景下高职财务管理课程教学改革研究 [J]. 商业会计，2023（2）：3.

[22] 周旻盈 . 新会计制度下行政事业单位财务管理的探究 [J]. 市场周刊，2023，36（5）：4.

[23] 刘丽君 . 新时期强化企业会计财务管理内部控制的有效策略 [J]. 中国集体经济，2023（9）：4.

[24] 杨雨菲 . 浅谈新时期企业会计财务管理中的内部控制 [J]. 中文科技期刊数据库（全文版）经济管理，2023（3）：4.

[25] 马凤君 . 新时期强化企业会计财务管理的路径探索 [J]. 中国市场，2023（8）：3.

[26] 袭瑞鹏 . 新医改背景下医院财务管理与会计核算 [J]. 理财：收藏，2023（4）：3.

[27] 吴灵均 . 新会计制度背景下的企业财务管理优化策略分析 [J]. 商场现代化，2023（2）：3.

[28] 于晓霞 . 新会计制度背景下的财务管理模式的优化 [J]. 辽宁经济，2023（2）：5.